MW01713990

dzień dobry

buenos dias

good morning

χαίρετε

dobro jutro

hola

வணக்கம்

السلام عليكم

cycle 2

CE1

Le nouvel atelier de français

Sous la direction de Dominique ROURE
Inspecteur de l'Éducation Nationale

Jean-Louis BRAY
Professeur des écoles

Geneviève COLLET
Maître formateur

Jacky CRÉPIN
Inspecteur de l'Éducation Nationale

François FONTAINE
Instituteur

Christian LAMBLIN
Instituteur

Sylvie VÉRAN
Conseillère pédagogique

BORDAS

Écrire l'alphabet

a b c d e f g h i j k l m n o p q r s t u v w x y z

A B C D E F G H I J K L M N O P Q R S T U V W X Y Z

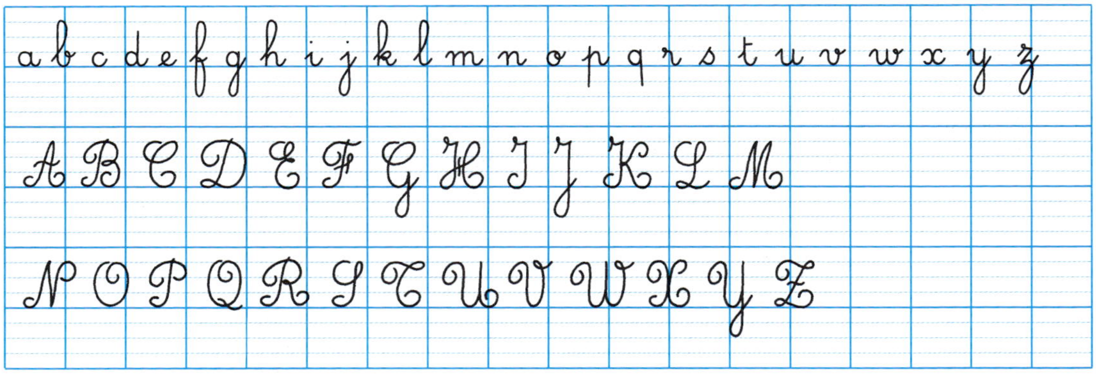

Édition : Sylvie Jos / Anne-Sophie Baumann
Fabrication : Patricia Poinsard
Iconographie : Christian Limouzy
Illustrations : Unité 1 et pages 174 à 191 : Nathalie Lemaire
Unités 2, 7 et pages 48 et 93 : Christian Quenehen
Unité 3 et pages 165 à 173 : Aifelle
Unités 4 et 9 : Francine Vergeaux
Unité 5 et pages 2, 92 et de 138 à 155 : Laure Emmanuelle Delval
Unité 6 et pages 136 et de 156 à 164 : Sofi
Unité 8 : Rebecca Dautremer
Maquette de couverture : Sarbacane
Dessin de couverture : Yves Calarnou
Maquette intérieure : Marie-Christine Carini
Réalisation : FNG

ISBN 2-04-729421-5

AVANT-PROPOS

Livre unique, l'« atelier de français » a été créé pour promouvoir une pédagogie globale d'acquisition de la langue, basée sur les interactions entre *le dire*, *le lire* et *l'écrire*, ainsi qu'entre les activités réflexives et les activités d'expression et de communication.

Amener l'enfant à un usage efficace de l'écrit et de l'oral impose en effet de développer ses capacités d'expression et de communication dans des situations variées tout en approfondissant sa réflexion sur le fonctionnement de la langue. Ces deux démarches loin d'être cloisonnées, nécessitent d'être associées sans confusion, ni dispersion, particulièrement au cycle des apprentissages fondamentaux.

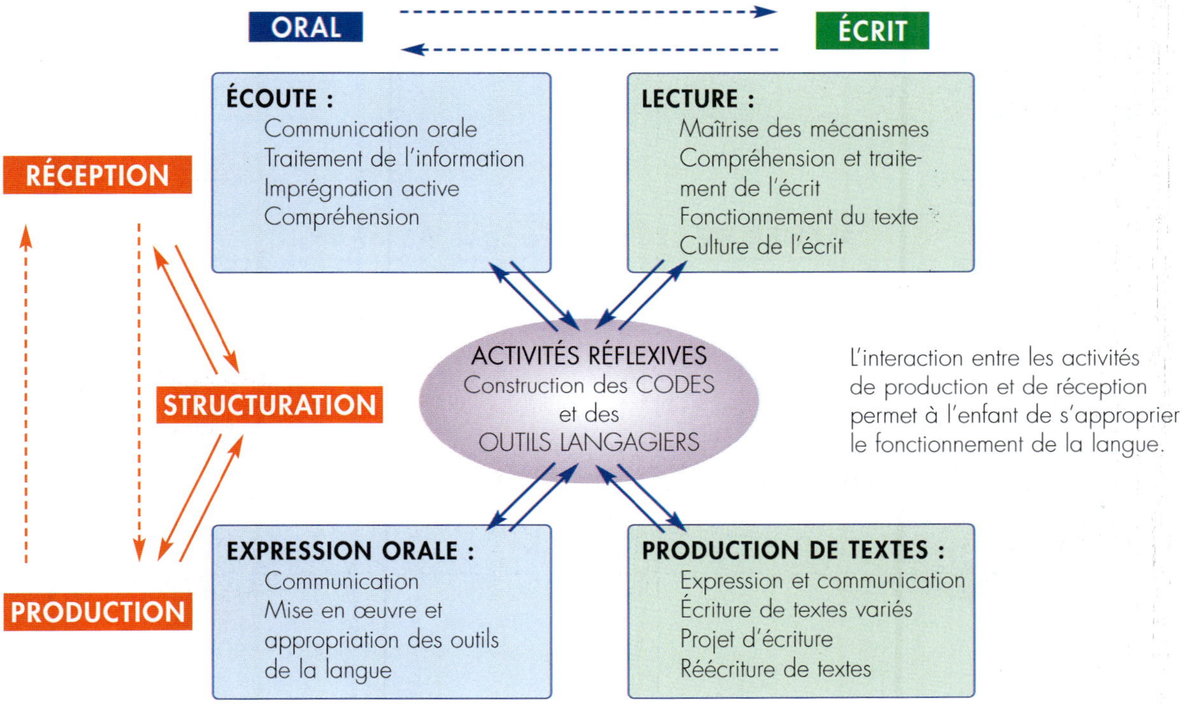

Il s'agit de construire la langue écrite et la langue orale dans leur complémentarité et leur spécificité.

Cette nouvelle édition poursuit et développe les choix pédagogiques mis en œuvre dans les différents ouvrages de la collection :

- en accordant une place encore plus importante à l'oral (page spécifique à chaque unité) et aux textes (4 textes dans chaque unité),
- en variant les activités d'écriture (activités d'écriture guidée et mini projets d'écriture),
- en approfondissant la réflexion sur le fonctionnement des textes (activités de compréhension et d'analyse du fonctionnement de l'écrit),
- en enrichissant les activités instrumentales et en développant l'acquisition des mécanismes de lecture.

Livre unique de français, cet ouvrage regroupe les différents types d'activités à proposer dans les classes de cycle 2, afin de construire l'ensemble des compétences attendues dans la maîtrise de la langue.

Régulière et rigoureuse, la structure de ce manuel a été conçue avec soin, afin d'inciter à la mise en œuvre d'une démarche d'apprentissage cohérente et progressive. Elle permet aisément à l'enseignant de faire des choix dans l'utilisation de cet ouvrage en fonction de sa classe et de sa propre démarche pédagogique.

Les auteurs

ORGANISATION

Thème	Texte 1	Compétence travaillée	Texte 2	Compétence travaillée	Texte 3	Compétence travaillée	Texte 4
1. Les animaux	*La petite poule rouge*, p. 8	Repérer les événements, p. 9	*Pauvre Jérome !*, p. 10	Organiser des événements, p. 11	*Le bœuf et l'âne*, p. 12	Débuter un conte, p. 13	*Trois petites oies*, p. 14
2. Les sorcières	*Un sorcier pas comme les autres*, p. 22	Identifier des personnages, p. 23	*La rencontre*, p. 24	Présenter des personnages, p. 25	*La sorcière maladroite*, p. 26	Désigner des personnages, p. 27	*Trop de disparitions !*, p. 28
3. La cuisine	*Les règles d'or*, p. 36	Repérer des indications, p. 37	*Quelques conseils*, p. 38	Donner des conseils ou des interdictions, p. 39	*La galette du Petit Chaperon rouge*, p. 40	Identifier une recette, p. 41	*Champignons en salade*, p. 42
ATELIER DE LECTURE, pages 48 et 49							
4. La famille	*Lettres*, p. 52	Découvrir une lettre, p. 53	*Lettre de Peppo*, p. 54	Identifier une lettre, p. 55	*Lettre à Delio*, p. 56	Poser des questions, p. 57	*Lettre à Papa et Maman*, p. 58
5. Le corps / la différence	*L'arracheur de dents (1)*, p. 66	Repérer des dialogues, p. 67	*L'arracheur de dents (2)*, p. 68	Suivre un dialogue, p. 69	*Un drôle de fils*, p. 70	Présenter des paroles, p. 71	*Tiloupiot en colère*, p. 72
6. La Terre	*Quand la Terre tremble (1)*, p. 80	Repérer des informations, p. 81	*Quand la Terre tremble (2)*, p. 82	Organiser des informations, p. 83	*Pourquoi la pluie tombe-t-elle du ciel ?*, p. 84	Utiliser des connecteurs de temps, p. 85	*L'orage à l'école*, p. 86
ATELIER DE LECTURE, pages 92 et 93							
7. Les moyens de transport	*Une course de voitures écologiques*, p. 96	Identifier des informations, p. 97	*La folie V.T.T.*, p. 98	Utiliser des informations, p. 99	*Comment fonctionnent les trains souterrains ?*, p. 100	Préciser les lieux, p. 101	*À bord de « l'Océanor »*, p. 102
8. Mystères	*L'étrange escalier*, p. 110	Ordonner des événements, p. 111	*Un beau désordre*, p. 112	Ordonner un récit, p. 113	*Pauvre Antonin (1)*, p. 114	Construire un récit, p. 115	*Pauvre Antonin (2)*, p. 116
9. Fêtes et spectacles	*L'habit d'Arlequin*, p. 124	Repérer le héros, p. 125	*Angelina et les attractions*, p. 126	Décrire le héros, p. 127	*Nine à l'opéra (1)*, p. 128	Enchaîner les actions, p. 129	*Nine à l'opéra (2)*, p.130
ATELIER DE LECTURE, page 136							

DU MANUEL

1

Dans cette unité tu vas apprendre à :

- *1. Repérer les événements.*
- *2. Organiser des événements.*
- *3. Débuter un conte.*
- *4. Organiser un récit.*

à l'oral

- *Raconter une histoire connue.*

Quel animal n'est pas à sa place ici ? Pourquoi ?

à l'oral

Observer

Vocabulaire

1. Nomme tous les animaux que tu vois sur la page de gauche. Comment peux-tu les regrouper ?

2. Retrouve, sur l'illustration, les animaux qui habitent dans :
l'écurie – le poulailler – la bergerie – l'étable – la porcherie – le clapier.

3. À chaque fois, un animal ne fait pas partie de la série. Cherche-le et explique pourquoi :
   - une lapine – une poule – une truie – une jument – un mouton – une brebis.
   - le poulain – le porcelet – le crapaud – le poussin – le veau – l'agneau.
   - le coq – la chèvre – le lapin – le cochon – le cheval – le mouton.

S'exprimer

◆ Tu as sans doute déjà vu des animaux à la campagne ou dans une ferme. Raconte ce que tu as fait…

Les as-tu caressés ? Avais-tu peur ?
Les as-tu nourris ? Avais-tu un animal préféré ?

Raconter une histoire connue

◆ À deux, choisissez un animal de conte que vous connaissez et racontez son histoire.

Pour vous aider :

- Cherchez, sur la page de gauche, les animaux que vous avez déjà rencontrés dans un conte. De quelle(s) histoire(s) s'agit-il ?
- Préparez votre récit en reprenant cette histoire :
Qui sont les autres personnages ? Que se passe-t-il au début ? Qu'arrive-t-il ensuite ? Comment l'histoire finit-elle ?

1 Repérer les événements

La petite poule rouge

La petite poule rouge grattait dans la cour quand elle trouva un grain de blé !

– Qui est-ce qui va semer ce grain de blé ? dit-elle.

– Pas moi, dit le dindon.

– Ni moi, dit le canard.

– Ce sera donc moi, dit la petite poule rouge, et elle sema le grain de blé.

Quand le blé fut mûr, elle dit :

– Qui va porter ce grain au moulin ?

– Pas moi, dit le dindon.

– Ni moi, dit le canard.

– Alors je le porterai, dit la petite poule rouge ; et elle porta le grain au moulin.

Quand le blé fut moulu, elle dit :

– Qui est-ce qui va faire du pain avec cette farine ?

– Pas moi, dit le dindon.

– Ni moi, dit le canard.

– Je le ferai alors, dit la petite poule rouge ; et elle fit du pain avec la farine.

Quand le pain fut cuit, elle dit :

– Qui est-ce qui va manger ce pain ?

– Moi ! cria le dindon.

– Moi ! cria le canard.

– Non, pas vous, dit la petite poule rouge. Moi et mes poussins, nous le mangerons.

Clack ! clack ! Venez mes chéris !

S. Cone Bryant et N. Caputo, *Petites Histoires à raconter*, © Nathan / HER.

Le titre de l'histoire : ....

Les auteurs : *S. Cone Bryant et N. Caputo*

Le titre du livre : *Petites Histoires à raconter*

L'éditeur : *Nathan / HER*

Lire

1. Sur la page d'entrée, cherche tous les noms d'animaux dans lesquels on entend le son [k].

2. Dans le texte, recherche :

– deux mots dans lesquels la lettre **c** s'entend **[k]**,
– deux mots dans lesquels la lettre **c** s'entend **[s]**.

3. a. Complète chaque mot, puis lis-le à voix haute :

le •anard – un ••rbeau – la •igogne – un •aneton – un •rapaud – un •oq
un es•argot – une pu•e – une va•he – un •heval – un é•ureuil – la •igale.

b. Classe-les maintenant selon ce que tu entends c = [k] ou c = [s].

Comprendre

1. Réponds aux questions à l'aide du texte.

Où se passe cette histoire ?
Qui sont les personnages ?
Que fait la poule avec le grain de blé ?

2. Retrouve la fin des phrases :

Quand le blé est mûr, •	• elle le mange avec ses poussins.
Quand le blé est moulu, •	• elle porte le grain au moulin.
Quand le pain est cuit, •	• elle fait du pain avec la farine.

3. Relis le texte, puis remets ces phrases en ordre pour reconstruire l'histoire.

a. Quand le blé fut moulu, elle fit du pain avec la farine.
b. La petite poule rouge mangea le pain avec ses poussins.
c. La petite poule rouge trouva un grain de blé et le sema.
d. Quand le blé fut mûr, elle le porta au moulin.

Écrire

◆ Complète les phrases à l'aide du texte :

Elle ... le grain de blé. Quand le blé fut mûr, elle ... le grain de blé au ...
Quand le ... fut moulu, elle fit du ... avec la ... .

2 Organiser des événements

Pauvre Jérôme !

p. 174

Jérôme a bien du souci. Et tout ça, à cause de quoi ? à cause de qui ? D'une peluche ! Vicki ! Une petite souris noire qui, tous les soirs, fait la comédie. Vicki n'est jamais fatiguée, ne veut jamais se coucher !

Et Jérôme, tous les soirs, chante des chansons, raconte des histoires pour endormir Vicki, sa petite souris noire.

Un jour, pourtant, Jérôme se dit : « Maintenant, ça suffit ! [...] Il faut faire quelque chose. »

Alors, il décide d'en parler aux amis.[...]

Et Thierry dit : « Je sais ! Je sais ! Cette souris ne mange pas assez. Au dîner, donne-lui à ronger, à grignoter, du gruyère, du chocolat. Après ça, tu verras, elle s'endormira. »

Ce soir-là, Vicki se régale tant et tant que le hoquet la prend. Et... Comment dormir avec des Hic et des Hoc qui reviennent tout le temps ?

Alors Jérôme va voir Léon : « Je connais ! Je connais ! Cette souris a peur du noir. Il faut la rassurer. Laisse donc allumé ! Tu verras, elle s'endormira ! »

Ce soir-là, Vicki voit la nuit, la lune belle, les étoiles jolies. Mais elle voit aussi la danse des chats au-dessus des toits. Et... Comment dormir quand le cœur va trop vite Toc TocToc, TocToc Toc ? [...]

Jérôme est très en colère. Vraiment cette souris exagère !

Alors il va voir Gaël. Et Gaël dit : « Tu n'es pas assez sévère. Dès huit heures, au lit. Un bisou, bonsoir, bonne nuit. C'est tout. C'est fini. Tu t'en vas. »

De fait, ce soir-là... Vicki ne pleure pas, n'appelle pas.

Geneviève Laurencin, *L'histoire d'une petite souris qui ne voulait pas dormir*, coll. *Folio Benjamin*, © Éditions Gallimard, D.R.

Comprendre

◆ Pourquoi Jérôme a-t-il du souci ? Que fait-il pour résoudre son problème ?

Vocabulaire

1. Relis le texte et relève tous les mots qui font penser au moment du coucher.

2. Associie chaque expression à son explication :

Jouer au chat et à la souris •	• partir silencieusement
Se cacher dans un trou de souris •	• se courir après
Filer comme une souris •	• ne pas se faire remarquer

Découvrons comment organiser des événements

1. Retrouve qui donne ces conseils :
   a. Cette souris ne mange pas assez.
   b. Cette souris a peur du noir.
   c. « Tu n'es pas assez sévère. »

2. **a.** À l'aide du texte, retrouve quel est le premier événement, le deuxième et le troisième.
   b. Quel mot indique chaque événement ?

3. Relie chaque conseil à ce que fait Vicki.

Cette souris ne mange pas assez. Au dîner, donne-lui à ronger, à grignoter. •	• De fait, ce soir-là, Vicki ne pleure pas, n'appelle pas.
Cette souris a peur du noir. Il faut la rassurer. Laisse donc allumé ! •	• Ce soir-là, Vicki se régale tant et tant que le hoquet la prend.
« Tu n'es pas assez sévère. Dès huit heures, au lit. Un bisou, bonsoir, bonne nuit.» •	• Ce soir-là, Vicki voit la nuit mais aussi la danse des chats.

Écrire

◆ Imagine que la peluche de Jérôme est Firmin, un lapin blanc. Complète chaque phrase en faisant les changements nécessaires. Aide-toi du texte.

Et Jérôme, tous les soirs, chante des chansons pour endormir ... , ...
Thierry dit : « Je sais ! ... ne mange pas assez. Donne-... à ronger, à grignoter. Après ça, tu verras, ... s'endormira. »

3 Débuter un conte

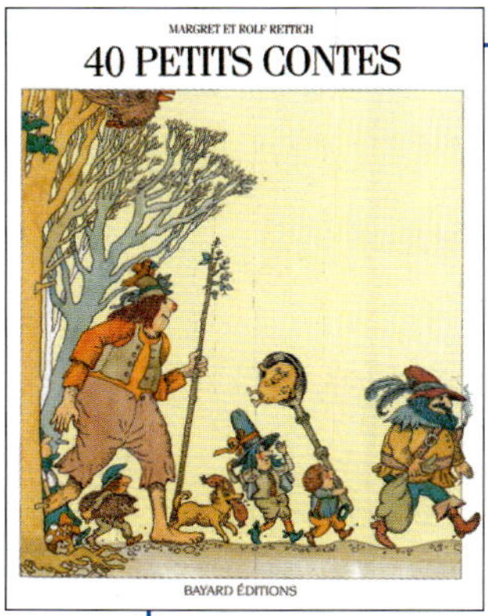

p. 138

Le bœuf et l'âne

Il était une fois un paysan qui comprenait le langage des animaux. Ainsi savait-il ce qu'ils avaient sur le cœur.

Et c'est pourquoi les bêtes étaient heureuses chez lui. Elles avaient de la paille propre, une nourriture suffisante et toujours de l'eau fraîche. Et elles n'étaient pas forcées de travailler au-dessus de leurs forces.

C'est l'âne qui était le plus gâté. Il restait à se prélasser[1] tout le jour [...]. Le bœuf avait plus à faire. Il devait tirer la charrue, tourner la roue à eau et faire tourner la meule[2]. Le soir il était bien fatigué et il jalousait l'âne paresseux. Il lui dit un jour :

– Tu as la belle vie, tu restes toute la journée couché sur ta litière[3], tu manges, tu bois [...]. Si je pouvais rien qu'une fois avoir une belle vie comme toi !

L'âne répondit :

– C'est facile ! Écoute, le matin, tu n'as qu'à faire comme si tu étais malade. Reste couché, baisse la tête et ne mange rien. Ne te lève surtout pas, même s'il te frappe. Tu vas voir, il va te laisser à l'étable et tu pourras passer une bonne journée !

Le bœuf dit :

– Tu es rusé, je ferai comme tu dis.

Mais le paysan était dans les environs et avait tout entendu.

Le lendemain, le valet vint lui dire :

– Le bœuf reste couché, il ne mange rien et ne se lève pas [...].

Le paysan répondit :

– C'est qu'il est malade [...].

Et il emmena l'âne aux champs pour le remplacer.

Margret et Rolf Rettich, *40 petits contes*, © Bayard Éditions, D.R.

1. se prélasser : se reposer

2. la meule : grande roue qui écrase les grains en tournant

3. la litière : couche de paille dans l'étable

à l'oral

D'après toi, pourquoi les animaux n'ont-ils pas tous la même activité ?

Lire

1. Sépare les mots correctement pour retrouver les phrases du texte.
   - Ilétaitunefoisunpaysanquicomprenaitlelangagedesanimaux.
   - Tuaslabellevieturestestoutelajournéecouchésurtalitière.

2. Retrouve les mots qui conviennent :
   - Elles avaient de la **maille** propre, une **pourriture** suffisante et toujours de l'eau **fraise**.
   - C'est l'âne qui était le plus **pâté**.
   - Le bœuf devait **cirer** la charrue, tourner la **boue** à eau et **taire** tourner la **moule**.

Découvrons comment débuter un conte

1. Cette histoire commence par une formule. Laquelle ?

2. Connais-tu d'autres formules qui commencent les contes ?

3. Relis le début du texte, puis complète ces phrases, sans regarder le texte :
   ... qui comprenait le langage **...** . **...** savait-il ce qu'ils avaient sur le cœur. Et **...** les bêtes étaient **...** chez lui. Elles avaient de **...**, une nourriture **...** et toujours de **...** .

4. Reprends le début des textes, pages 8, 10 et 12.
   Repère de quel personnage on parle. Qu'a-t-il de particulier ?

Comprendre

1. Raconte l'histoire en expliquant ce que veut le bœuf.

2. Cherche dans le texte la phrase qui répond à ces questions :
   a. Pourquoi les bêtes sont-elles heureuses chez le paysan ?
   b. Quel est le plus gâté des animaux ?

   Explique pourquoi.

3. Dans le texte, cherche et recopie deux phrases :
   a. celle qui explique *la belle vie de l'âne.*
   b. celle qui montre que *le paysan sait que le bœuf n'est pas malade.*

4 Organiser un récit

Trois petites oies

Il était une fois trois petites oies qui broutaient l'herbe d'un pré. Le renard vint à passer et leur dit [...] :

– Savez-vous que ce pré m'appartient ? Je repasserai tout à l'heure et, si vous y êtes encore, je vous mangerai toutes.

Et les petites oies de se démener[1], de se consulter[2]. L'aînée[3] dit à la cadette[4] :

– Aide-moi à faire ma petite maison, et moi je t'aiderai à faire la tienne.

La cadette aida l'aînée. Mais quand l'aînée eut sa maisonnette, elle s'y enferma et refusa d'aider la cadette.

Alors la cadette dit à la petite :

– Aide-moi à faire ma petite maison. Tu vois ce que m'a fait ta sœur ; je l'ai aidée et maintenant elle ne veut pas m'aider.

– Oh ! mais moi je t'aiderai si tu m'aides.

Mais c'est que la cadette fit comme l'autre ! La petite l'aida, et quand elle eut sa maison elle s'enferma dedans.

Et la petite resta toute seule... Elle se mit à pleurer.

Un forgeron vint à passer ; il lui dit :

– Pourquoi pleures-tu, petite oie ?

– Eh bien, j'ai aidé les autres à faire leur petite maison, parce que le renard va venir nous manger, et maintenant elles ne veulent pas m'aider, moi !

Le forgeron la plaignit et se mit à lui faire une petite maison. Et à la porte, il planta des pointes qui au lieu d'être tournées vers l'intérieur étaient tournées vers l'extérieur...

Marie-Louise Tenèze, *Trois petites oies*, collection Fontanille,

1. **se démener :** s'agiter dans tous les sens
2. **se consulter :** se demander conseil
3. **l'aînée :** la plus âgée
4. **la cadette :** qui est plus jeune que l'aînée

à l'oral

Imagine ce que va faire le renard en revenant dans le pré...

Vocabulaire

1. Complète l'alphabet.

a – b – c – … – e – … – g – h – … – … – … – l – m –
n – … – … – … – … – s – t – u – … – … – … – … – z.

2. Classe ces mots dans l'ordre alphabétique :

- lion – renard – gazelle – oie – hérisson – zèbre – brebis.
- écurie – niche – bergerie – volière – poulailler – clapier.

3. Retrouve, dans chaque liste, le mot qui n'est pas à sa place, puis replace-le correctement :

- alligator – boa – crocodile – girafe – éléphant.
- champ – désert – forêt – jungle – savane – pré.

Comprendre

1. Que veut le renard au début du conte ?

2. a. Que font les oies ?

b. Quelle oie se fait construire la première maison ?

3. Relis le texte et remets l'histoire en ordre :

a. La cadette demande à la petite de l'aider à construire sa maison.
b. La petite se fait aider par un forgeron qui passait par là.
c. Le renard dit aux oies qu'il les mangera si elles ne partent pas du pré.
d. L'aînée demande à la cadette de l'aider à construire sa maison.

4. a. Que vient faire le forgeron ?

b. Pourquoi propose-t-il de faire une maison à la petite oie ?

5. D'après toi, pourquoi le forgeron plante-t-il les clous vers l'extérieur ?

6. Sur une copie du texte, colorie ce que se disent le forgeron et la petite oie, puis lis ce dialogue en imaginant la tristesse de l'oie.

Prépare ta lecture en lisant plusieurs fois ce passage en silence, puis oralement quand tu es prêt.

Lire

1. **Essaie de lire cet extrait du texte, en silence, puis à voix haute.**

Alors la cadette dit à la petite Aide-moi à faire ma petite maison Tu vois ce que m'a fait ta sœur je l'ai aidée et maintenant elle ne veut pas m'aider Oh mais moi je t'aiderai si tu m'aides

Que remarques-tu ?

2. **Compare avec le texte, page 14, puis, sur une copie de ce texte, indique la ponctuation.**

Découvrons comment organiser un récit

1. a. **Parmi ces encadrés, lequel donne tous les éléments de l'histoire ?**

(A) Les oies broutent dans le pré. Le renard passe dans le pré. Les oies décident de construire une maison. Un forgeron arrive et plante des clous.

(B) Les oies sont dans le pré. Le renard observe les oies. Il s'approche pour les manger. Elles décident de construire des maisons.

(C) Les oies broutent dans le pré. Le renard menace de les manger. L'aînée et la cadette construisent leur maison. La petite se fait construire sa maison par le forgeron.

b. **À l'aide du bon encadré, raconte l'histoire à l'oral, puis par écrit.**

2. **Lis ces phrases et recopie celles qui correspondent à l'histoire :**

Le début :
- **a.** Le renard passe dans le pré et observe les oies.
- **b.** Le renard menace les oies de les manger.
- **c.** Les oies broutent l'herbe d'un pré sans voir le renard.

Ce qui se passe :
- **a.** L'aînée et la cadette se font aider pour construire leur maison.
- **b.** L'aînée et la cadette construisent une maison à la petite.
- **c.** Les trois oies construisent chacune leur maison.

La fin :
- **a.** La petite oie va chercher le forgeron pour l'aider.
- **b.** La petite oie pleure, toute seule, au milieu du pré.
- **c.** Un forgeron construit la maison de la petite oie.

Organiser un récit

◆ Tu vas maintenant devoir **organiser un récit à partir d'images**.

De l'oral à l'écrit

1. Observe ces images et raconte :

Où se passe l'histoire? Qui sont les personnages ? Que se passe-t-il ?

a. Écris une phrase pour chaque dessin.

b. Essaie de relier tes phrases entre elles.

c. Compare ton histoire avec celles de tes camarades.

Philippe Coudray, *L'ours Barnabé*, Restons calmes ! © Mango Jeunesse.

À toi d'écrire

2. À l'aide de ce que tu viens de faire, raconte l'histoire par écrit.

Pour t'aider

Choisis des mots et des phrases pour écrire ton histoire :

un ours – une forêt – un arbre – le soleil – une pomme – une chèvre – il tire – il cueille – il s'accroche – elle s'approche – elle mange – elle cueille – il regarde – il est content – il est en colère – elle s'en va.

Carte d'identité — LE CHAMEAU

Classe : Mammifères

Famille : Camélidés

Taille : jusqu'à 2 m de haut

Poids : jusqu'à 700 kilos

Lieu de vie : les steppes d'Asie

Nourriture : entre 10 et 20 kilos de plantes fraîches par jour

Le chameau est un animal domestique ou sauvage qui vit en Asie. Il a deux bosses dans lesquelles il stocke de la graisse. Quand il n'a rien à manger ou à boire, il puise dans sa réserve de graisse.
Ses bosses se vident alors et pendent sur le côté, il mange l'herbe au ras du sol mais aussi le feuillage des arbres.

Ses cousins sont :
- **le dromadaire :** il vit dans les déserts chauds d'Afrique du Nord, d'Asie et d'Australie. Il n'a qu'une seule bosse.
- **le lama, l'alpaga, la vigogne :** ils vivent en Amérique du Sud, dans les montagnes.

Observons

1. De quoi parle ce document ?
2. Quelles informations trouve-t-on sur la carte d'identité ?
3. Recherche le nom de tous les cousins du chameau.
4. Après avoir lu le texte, que sait-on sur le chameau d'Asie ?

À ton tour

5. Prépare une fiche documentaire sur un animal de ton choix. Pour cela recherche toutes les informations nécessaires en BCD et classe-les en plusieurs rubriques.

Le coin du poète

Tigre assaillant un taureau, panneau composé de marbres colorés précieux, IVe s. ap. J.-C., Palais des conservateurs, Rome.

Le loup vexé

Un loup sous la pluie
sous la pluie qui mouille,
loup sans parapluie
pauvre loup gribouille.

Est-ce qu'un loup nage ?
Entre chien et loup,
sous l'averse en rage,
un hurluberloup ?

Le loup est vexé
parce qu'on prétend
que par mauvais temps
un loup sous la pluie
sent le chien mouillé.

Claude Roy, *Enfantasque*,
© Gallimard.

À voix haute

1. Écoute attentivement ce poème. Que remarques-tu à la fin des vers ?

2. Que vois-tu sur le tableau ? Sais-tu où vivent ces animaux ?

À toi d'écrire

3. a. Dans le poème, remplace *loup* par *tigre*, puis souligne tous les mots qui parlent de *la pluie*.

b. Remplace les mots en couleur par : *soleil, brûle, sommeil, bidule.*

4. Réécris la première strophe du poème en t'aidant de ce que tu viens de faire…

2

Dans cette unité tu vas apprendre à :

- *1. Identifier des personnages.*
- *2. Présenter des personnages.*
- *3. Désigner des personnages.*
- *4. Écrire un passage sur un personnage.*

à l'oral

- *Inventer une histoire.*

Que vois-tu dans ce dessin, qui n'existe pas dans la réalité ?

à l'oral

Observer

Vocabulaire

1. À ton avis, qui habite dans la maison ?
Quels détails te permettent de répondre ?

2. Quel est le personnage que tu n'aimerais pas voir un soir devant la fenêtre de ta chambre ? Pourquoi ?

3. Recherche, dans le dessin, cinq détails qui font penser aux histoires de sorcières. Par quoi faudrait-il les remplacer pour évoquer le monde des fées ?

S'exprimer

1. Tu rencontres une sorcière. Elle te propose de réaliser un vœu. Que vas-tu lui demander ? Pourquoi ?

2. Si les sorcières et les fées existaient vraiment, penses-tu que les gens seraient plus heureux ? Pourquoi ?

Inventer une histoire

◆ Observe le petit garçon avec un sac à dos sur la page de gauche.
Tu vas inventer son histoire…

Pour t'aider, réponds d'abord à ces questions :
- Comment s'appelle ce garçon ? Quel âge a-t-il ?
- Qu'y a-t-il dans son sac ?
- Pourquoi la sorcière veut-elle l'attraper ?
- Comment le garçon va-t-il réagir ? Que peut-il faire ?
- Comment cette histoire va-t-elle se terminer ?

Quand l'histoire est prête, raconte-la à tes camarades.

1 Identifier des personnages

Un sorcier pas comme les autres

Timothée Youplaboum était fils de sorcière, petit-fils de sorcière, mais lui : pas sorcier pour deux sous[1] ! Au moment même où il est né, c'était déjà tout raté ! Un garçon, voyez-vous ça, alors qu'on avait toujours été sorcière de mère en fille dans la famille ! […]

À quatre ans, pour faire plaisir, il transformait déjà les potions[2] de sa maman en mousse au chocolat. Et la maman de Timothée lui passait la main dans les cheveux en disant : « C'est bon mon chéri, c'est très bon, mais il va falloir que tu apprennes à faire des potions ! »

Timothée ne voulait pas […].

Sa mère décide alors de l'envoyer à l'école des sorciers.

En voyant Timothée, le directeur dit : « Pas de gros nez, pas de verrue sur le visage, c'est dommage ! »

Mais comme Timothée était d'une grande famille de sorcières, le directeur décida de le garder. Il paraît qu'aujourd'hui encore le pauvre homme s'en mord les doigts[3]. C'est que gentil comme il était, Timothée s'est fait plein d'amis et que, petit à petit, tous ses amis sont devenus affreusement gentils, terriblement polis, épouvantablement bons cuisiniers, mais pas du tout sorciers !

Au bout d'un an, Timothée était renvoyé chez lui avec un bonnet de fée sur la tête et une pancarte accrochée dans le dos sur laquelle on pouvait lire :

Beaucoup de bonne volonté,
incapable de méchanceté,
impossible d'en faire un sorcier.

Marie-Agnès Gaudrat, *Timothée, fils de sorcière*, coll. *Bayard Poche*, n° 48 © Bayard Éditions, D.R.

1. **pour deux sous :** du tout
2. **des potions :** des médicaments liquides
3. **s'en mordre les doigts :** le regretter

Le titre du texte : ....

Le titre du livre : ....

L'auteur : *Marie-Agnès Gaudrat*

L'éditeur : *Bayard Éditions*

Lire

1. Un mot du texte a été découpé en 6 syllabes, puis les syllabes ont été mélangées. Quel est ce mot ?

BLE | POU | É | TA | MENT | VAN

2. Repère les syllabes d'une même couleur.
Remets-les dans l'ordre pour retrouver des mots du texte.

CHO | CHE | MO | REC | CO | LAT | TI | THÉE | VEUX | DI | TEUR

3. Recopie ces mots en séparant les syllabes par un trait :

Exemple : garçon ➜ gar / çon

télévision – fée – méchanceté – ordinateur – récréation – explorateur.

Que remarques-tu ?

Comprendre

1. Quels sont les personnages dont on parle dans le texte ?

Timothée | le père de Timothée | le directeur de l'école
la sœur de Timothée | les amis de Timothée | la mère de Timothée

2. Repère ce qui est *vrai* et ce qui est *faux*.
Puis, transforme le texte pour que tout soit *vrai*.

Timothée est une fille. Sa maman est une sorcière. Timothée a une verrue sur le nez. Il va à l'école des sorciers. Le directeur pense que Timothée est trop gentil. Il n'a aucun ami. Au bout d'une semaine, le directeur le renvoie de l'école parce qu'il travaille mal. Timothée ne sera jamais sorcier.

3. Sur l'illustration, page 20, lequel des deux garçons est Timothée ?
Comment l'as-tu reconnu ?

Écrire

◆ Complète oralement les phrases prononcées par Timothée.
Recopie le dessin et les phrases sur ton cahier.

Je m'appelle .... Ma maman est une ...., mais moi, je ne serai jamais un .... parce que je suis trop .... C'est pour ça que le directeur m'a .... de ....

2 Présenter des personnages

La rencontre

Nicolas est triste. Il pense que ses parents ne l'aiment plus. Il rencontre une dame dans la rue...

p. 140

La dame a un manteau noir, de drôles d'oiseaux sur son chapeau et du poil sur son menton. Nicolas pense que c'est une sorcière. Elle l'emmène dans sa maison.

Une vraie maison de sorcière avec des rideaux en queues de lapins et une douzaine de chats rose et bleu. Et la dame dit :

– Je voudrais bien savoir pourquoi tes parents ne veulent plus de toi.

– Mais parce qu'ils ont un autre bébé, répond Nicolas. Moi, je suis trop grand pour les intéresser !

– Tu sais quoi ? dit la dame. Je suis la sorcière Kipeutou. Alors, ton bébé, on le transforme en quoi, pour s'en débarrasser ? Nicolas réfléchit.

– Et si vous me transformiez, moi, en bébé, peut-être que mes parents m'aimeraient fort, comme avant !

« Perdix qui crie. Corbeau qui croâ.
Redeviens petit petit, Nicolas. »

Et elle prend le bébé Nicolas dans ses bras et va sonner chez ses parents :

– Je vous rapporte votre petit Nicolas. Je l'ai trouvé dans la rue, il était perdu.

Papa est tout triste.

– Vous vous trompez, madame, notre Nicolas est un grand garçon. Il jouait au foot avec moi comme un champion !

Maman a les yeux rouges, elle dit :

– Mais, madame, on a déjà un bébé, c'est notre grand garçon qui nous manque, il me faisait de si beaux dessins.

Comprendre

◆ À ton avis, comment va se terminer cette histoire ?

Vocabulaire

◆ Un soir, tu rencontres une sorcière ! À toi de la décrire à ta façon.

a. Aide-toi des mots proposés pour parler de :

- son nez *(long, court, droit, crochu, pointu, rond...)*
- ses yeux *(petits, grands, brillants, méchants, gentils, noirs, rouges...)*
- ses lèvres *(fines, épaisses, droites, tordues, vertes, roses...)*
- ses vêtements *(noirs, blancs, neufs, rapiécés, gais, tristes...)*
- sa voix *(grave, aigüe, claire, chevrotante...)*

b. Reprends tous les mots que tu as choisis pour faire le portrait de la sorcière et la décrire à tes camarades.

Découvrons comment présenter un personnage

1. a. Sur une copie du texte, colorie toutes les phrases qui donnent des informations sur la sorcière.

De quoi parle-t-on en premier ?
Quelle formule magique utilise-t-elle ?

b. Numérote ces informations de 1 à 4 dans l'ordre du récit :

- le nom de la sorcière
- ses vêtements
- sa formule magique
- sa maison

c. Essaie de donner ces informations dans un ordre différent. Est-ce que cela est possible ? Pourquoi ?

2. Au début du texte, pourquoi dit-on que la sorcière est *une dame* et non une sorcière ? À partir de quand dit-on *la sorcière* ? Pourquoi ?

Écrire

◆ Une histoire identique est arrivée à Émilie. Elle n'a pas rencontré une sorcière, mais un sorcier !
Que pourrait dire son papa à la fin du texte ? Et sa maman ?
Transforme les paroles du père ou de la mère et recopie-les sur ton cahier à partir de la ligne 20.

3 Désigner des personnages

La sorcière maladroite

Malapata, l'horrible sorcière, adore faire peur aux gens. Elle aperçoit Petit Pierre sur le chemin de l'école.

Elle se lance en chute libre[1], mais elle rate son atterrissage, le bout du manche à balai heurte brusquement le sol, et Malapata se retrouve à plat ventre devant Petit Pierre. Petit Pierre s'écrie : « Pauvre Mamie ! » et l'aide à se relever. Malapata se sent si ridicule qu'elle souhaite disparaître dans un trou de souris. Et aussitôt, elle rapetisse sous les yeux de Petit Pierre, ébahi[2]. Quand il la voit comme ça, pas plus grosse qu'une souris, Petit Pierre ramasse Malapata et la met dans son cartable, entre sa trousse et son goûter. Malapata est folle de rage […].

Petit Pierre arrive à l'école et se trouve bien vite dans le bureau du directeur.

Le maître dit : « Allons Pierre, montre à Monsieur le directeur l'horrible chose que tu as apportée ! » […]

Malapata saute sur le bureau du directeur en criant : « Horrible chose vous-même ! »

Elle enfourche[3] le stylo-plume et elle s'envole droit vers la fenêtre. Seulement la fenêtre est fermée, le stylo percute[4] la vitre et Malapata se retrouve à nouveau aplatie par terre. Petit Pierre s'écrie : « Pauvre Mamie ! » Et il se précipite pour la ramasser. Alors Malapata se met à hurler : « Je ne suis pas ta mamie ! »

Brigitte Bidal, *Contes de sorcières, loups et draculoups*

1. **en chute libre :** sans parachute
2. **ébahi :** très étonné
3. **enfourcher :** se mettre à cheval sur
4. **percuter :** heurter

à l'oral

Quelle chose incroyable aimerais-tu apporter à l'école ?

Lire

1. Remets les mots en ordre pour retrouver la phrase du texte :

- s'envole Elle elle vers le droit stylo-plume fenêtre. et la enfourche

2. Combien de fois le nom de la sorcière est-il bien écrit dans cette liste ?

Malapata – Mapapata – Malapata – Matapata – Malalata – Malapata – Matalapa – Malapata – Malapata – Matapala – Malapata – Malalata.

Découvrons comment désigner des personnages

1. Repère tous les mots désignant Malapata. Combien en trouves-tu de différents ?

2. Indique si chaque mot en couleur parle de Petit Pierre ou de Malapata.

Et il l'aide à se relever. Malapata se sent si ridicule qu'elle souhaite disparaître dans un trou de souris. Et aussitôt, elle rapetisse sous les yeux de Petit Pierre ébahi. Quand il la voit comme ça, pas plus grosse qu'une souris, Petit Pierre ramasse Malapata et la met dans son cartable.

3. Transforme les phrases suivantes en utilisant *le*, *la*, *l'*, *lui* :

Ex : Petit Pierre ramasse Malapata. → Petit Pierre la ramasse.

– Malapata rate son atterrissage. → Malapata ...

– Pierre aide Malapata à se relever. → Pierre ...

– Malapata parle au directeur. → Malapata ...

Comprendre

1. Sur l'illustration, page 20, reconnais-tu des personnages de l'histoire ?

2. Explique pourquoi Malapata est en colère du début à la fin de cet extrait.

3. Associe chaque personnage à ce qu'il a fait, et remets les actions en ordre :

	• enfourche le stylo-plume.
Petit Pierre •	• met Malapata dans son cartable.
	• rate son atterrissage.
Malapata •	• arrive à l'école.
	• répond au directeur.

4 Écrire un passage sur un personnage

Trop de disparitions !

La sorcière, on n'a pas su tout de suite qu'elle était sorcière. On a cru tout d'abord que c'était une vieille dame comme les autres [...].

Elle habitait une petite maison avec un petit jardin autour et des grilles donnant sur la rue.

Et puis voilà qu'un jour un taxi a disparu, un beau taxi tout bleu avec un chauffeur russe. On a recherché partout, mais on n'a retrouvé ni l'homme ni la voiture. Mais le lendemain matin, tout le monde a vu derrière les grilles, dans le jardin de la sorcière, une belle citrouille toute bleue, et tout près d'elle un gros rat rouge, assis sur son derrière, avec une belle casquette bien coquette, posée sur sa tête. Alors il y a des gens qui ont fait des réflexions[1].

p. 176

Deux jours après, c'est une couturière qui a disparu [...]. Cette fois, on l'a cherchée pendant toute une semaine. Et puis, la semaine passée, on s'est aperçu que la sorcière avait depuis peu une araignée mauve qui lui tissait des rideaux sur ses fenêtres, de beaux rideaux brodés. [...]

Et puis le mois suivant, ce sont trois personnes qui ont disparu : un agent de police, une femme de ménage et un employé du métro. On a fouillé toutes les caves, inspecté tous les égouts, et l'on n'a rien trouvé du tout. Mais dans le jardin de la sorcière, il y a trois animaux nouveaux : un chien vert, une chatte jaune et une taupe orange [...].

Alors les gens de mon quartier se sont mis en colère. Ils ont pris la sorcière et l'ont menée chez le commissaire.

Pierre Gripari, *La sorcière et le commissaire*,

1. **faire des réflexions :** dire des choses pas gentilles

à l'oral

Si tu étais à la place du commissaire, que ferais-tu ?

Vocabulaire

1. a. Recopie ces mots en les classant par ordre alphabétique :

zéro – abricot – fuite – hache – manteau – wagon – brouette.

b. Cherche le premier mot de ta liste dans le dictionnaire.

Est-il au début ou à la fin du dictionnaire ?

Cherche ensuite le dernier mot de ta liste.

Est-il au début ou à la fin du dictionnaire ?

Comment expliques-tu cela ?

2. Si ton prénom était dans le dictionnaire, quel mot serait placé juste avant ? juste après ? *Aide-toi de ton dictionnaire pour répondre.*

3. Romain ignore le sens du mot en rose :

J'aime bien les chevaux.

Il cherche ce mot dans son dictionnaire mais il ne le trouve pas !
Quels conseils peux-tu lui donner ?

4. a. Recherche les mots en rose dans ton dictionnaire. Que remarques-tu ?

Julie met sa belle robe et elle fait un bisou à son papounet chéri.

b. Comment expliques-tu l'absence de certains mots dans le dictionnaire ?

Comprendre

1. Qui raconte cette histoire ?
Est-ce le commissaire, la sorcière ou un habitant du quartier ?

2. Comment les gens ont-ils compris que la sorcière était responsable des disparitions ?

3. a. Complète ces phrases en t'aidant du texte :

– Le chauffeur de taxi s'est transformé en ... et sa voiture en ... .
– La couturière a été transformée en ... et l'agent de police en ... .
– La ... a été transformée en chatte jaune et l'... en taupe orange.

b. La sorcière a transformé la couturière en araignée. Pourquoi est-ce amusant ? En quoi aurait-elle pu transformer un gardien de nuit ?

4. Quels personnages de l'histoire reconnais-tu sur l'illustration, page 20 ?

Lire

◆ Lis attentivement ce texte :

La sorcière se précipita sur Petit Pierre. Il essaya de s'échapper mais elle le rattrapa aussitôt. Il se mit alors à crier à pleins poumons. Alertée par les cris, une boulangère sortit dans la rue. Elle jeta un gâteau à la crème en direction de la sorcière. Il s'écrasa entre ses deux yeux ! La sorcière paniqua. Elle lâcha Petit Pierre et s'enfuit.

Quel personnage désigne chacun des mots imprimés en couleur ?

Découvrons comment utiliser des personnages dans un récit

1. a. Lis ce passage :

La sorcière rencontra Joé, le maçon, qui discutait avec son frère Polo.
– Tu ne nous fais pas peur ! s'exclama Polo.
– On sait se défendre ! ajouta Joé en enfonçant sa casquette sur sa tête.
– N'importe quoi ! s'écria la sorcière. Vous voyez ce petit chien rose ?
Et bien c'est Gaspard, le charcutier. Lui aussi se croyait plus fort que moi.
Même chose pour Anna, la fleuriste : elle vole au-dessus des toits de Paris !

b. Observe l'illustration.
Quels sont les personnages que tu reconnais ?

Quel personnage as-tu reconnu en premier ?
Pourquoi ? Comment as-tu identifié Joé ? Et Polo ?
As-tu trouvé Gaspard et Anna ?
Quels sont les détails qui t'ont aidé ?

2. Un des deux passants va prendre la parole. Complète la phrase pour qu'on sache lequel des deux parle.

– Que se passe-t-il ? demanda ...

Écrire un passage sur un personnage

Projet d'écriture

◆ Tu vas **rédiger un passage sur un nouveau personnage** de l'histoire de la sorcière, page 28.

De l'oral à l'écrit

1. Voici trois nouveaux personnages.

Ils ont été transformés par la sorcière !

a. Observe bien chacun des personnages et devine en quoi la sorcière l'a transformé.

b. En t'aidant de la rubrique *Découvrons*, page 30, imagine une courte histoire pour raconter ce qui s'est passé pour chacun de ces personnages. Tu peux bien sûr ajouter des détails et modifier des phrases.

2. Raconte ton histoire à tes camarades. Qu'en pensent-ils ?

À toi d'écrire

3. Choisis le personnage que tu préfères et écris un texte pour raconter ce qui s'est passé.

Pour t'aider

Ces mots peuvent t'aider à écrire ton histoire :

un transporteur de fonds – de l'argent – un fourgon – un cambrioleur masqué – un sac – des bijoux – un bûcheron – une hache – la forêt – un écureuil – des noisettes – il surveille – une pie – un nid – un castor.

Lire une page du dictionnaire

La sorcière sur son balai.

e.

sorcière (nom fém. : *une sorcière*). Dans les contes, les sorcières jettent des sorts, en général pour faire du mal. On dit qu'elles se promènent sur un balai qui vole.

sort (nom masc. : *un sort*). **1.** La sorcière lui avait jeté un sort : dès qu'il parlerait, des grenouilles sortiraient de sa bouche. **2.** Tirer un nom au sort, c'est le tirer au hasard, sans choisir.

sortir (verbe). **1.** C'est partir, quitter un endroit, aller dehors : Maman, nous **sortons** jouer dans le jardin. Je **sors** de l'école à 4 heures. **2.** C'est trop difficile, je ne **m'en sors** pas, c'est-à-dire je n'y arrive pas. b.

a.

sosie (nom masc. : *un sosie*). Si ce n'est pas Pierre, c'est son sosie, c'est-à-dire quelqu'un qui lui ressemble tout à fait.
☐ attention, **e** à la fin. f.

sot (adjectif : *il est sot, elle est sotte*). C'est un autre mot pour bête, stupide, idiot.

______ (nom fém. : *une sottise*). C'est une bêtise : Tu dis des sottises. J'ai fait une sottise.
☐ attention, **tt**.

sou (nom masc. : *un sou*). **1.** Autrefois, le sou était une pièce de monnaie qui ne valait pas très cher. **2.** Aujourd'hui, on dit souvent « des sous » pour « de l'argent ». c.

d.

souci (nom masc. : *un souci*). **1.** C'est une fleur jaune. **2.** Se faire du souci, c'est s'inquiéter. Avoir des soucis, c'est être ennuyé, avoir des problèmes.

Observons

1. Que voit-on sur cette page ?
2. Pourquoi y a-t-il des mots écrits en gras ?
3. Comment ces mots sont-ils classés ? Pourquoi ?
4. Retrouve le mot caché. Quels indices as-tu utilisés ?
5. Indique la lettre qui correspond au renseignement donné par le dictionnaire :

– le mot est un nom féminin : …	– la règle à retenir : …
– le premier sens du mot : …	– le mot est un verbe : …
– le deuxième sens du mot : …	– le mot est un nom masculin : …

À ton tour

6. Choisis une définition dans ton dictionnaire et lis-la à haute voix.
Tes camarades doivent trouver le mot correspondant.
Celui qui trouve choisit une autre définition qu'il lit à la classe…

Le coin du poète

Conseils donnés par une sorcière

(À voix basse,
avec un air épouvanté,
à l'oreille du lecteur.)

Retenez-vous de rire
dans le petit matin !

N'écoutez pas les arbres
qui gardent les chemins !

Ne dites votre nom
à la terre endormie
qu'après minuit sonné !

À la neige, à la pluie
ne tendez pas la main !

N'ouvrez votre fenêtre
qu'aux petites planètes
que vous connaissez bien !

Confidence pour confidence :
vous qui venez me consulter,
méfiance, méfiance !
On ne sait pas ce qui peut arriver.

Jean TARDIEU, « Monsieur Monsieur »,
Le fleuve caché, Éditions Gallimard.

La sorcière

La sorcière de Malines
Est tombée dans la bassine
Que le diable a préparée
Pour brûler la fée.
Le bon Dieu qui n'a rien vu
S'est assis dessus.
Voilà la sorcière étouffée
Sans que personne l'ait voulu
Dieu lui-même ni la fée
Ne l'ont su.
Le diable s'est encouru.
Lanturlu.
Cours après, petit bossu.

Maurice CARÊME, *L'Arlequin*,

3

Dans cette unité tu vas apprendre à :

- *1. Repérer des indications.*
- *2. Donner des conseils et des interdictions.*
- *3. Identifier une recette.*
- *4. Écrire une recette.*

à l'oral

- *Donner une recette.*

Que fais-tu chez toi pour aider dans la cuisine ?

à l'oral

Observer

Vocabulaire

1. Parmi les aliments représentés sur la page de gauche, lesquels reconnais-tu ? Donne leur nom et décris-les. Comment les mange-t-on ?

2. Choisis un aliment de la page de gauche et décris-le sans le nommer. Tes camarades devront le reconnaître.

3. a. Quels aliments pourrais-tu ranger sous ces étiquettes ?

légumes | fruits | viandes et poissons | desserts.

b. Proposes-en deux autres à ranger sous chaque étiquette.

S'exprimer

◆ Sur la page de gauche, choisis l'aliment que tu préfères. Présente-le :
Comment est-il ? Quel goût a-t-il ? Pourquoi l'aimes-tu ? Quand le manges-tu ? Avec quoi ? Comment ?...

Donner une recette

◆ Donne la recette d'un plat ou d'un dessert que tu sais préparer...

Pour t'aider :

- Pense à indiquer le nom de ta recette et à dire si c'est une entrée, un plat principal, un dessert ou un goûter.
- Fais la liste des ingrédients nécessaires (les aliments avec lesquels tu prépares ta recette).
- Explique tout ce qu'il faut faire et dans quel ordre (utilise des mots comme : *laver, couper, écraser, mélanger, ajouter,* etc.).

Les règles d'or

La cuisine, c'est drôle, mais attention aux casseroles brûlantes et aux couteaux ! Tu dois absolument connaître et respecter quelques règles élémentaires[1], illustrées ici. Applique-les chaque fois que tu fais la cuisine.

Attention

N'entreprends[2] rien s'il n'y a personne pour t'aider. Ce gant dessiné signifie danger. Adresse-toi à un adulte chaque fois que tu le vois apparaître sur une illustration. Fais-toi aider par une grande personne si tu dois utiliser un couteau pointu ou mettre quelque chose au four. Et n'hésite jamais à demander un conseil.

1. **élémentaires :** simples
2. **entreprendre :** commencer
3. **les ingrédients :** les aliments utilisés

p. 178

p. 142

Se servir du four

Demande toujours à un adulte d'allumer le four à ta place. Il faut parfois préchauffer le four, c'est-à-dire l'allumer avant de commencer à cuisiner : de cette façon, il est à la température souhaitée quand on y met les ingrédients[3]. N'ouvre pas la porte pendant la cuisson. Respecte les temps indiqués dans la recette. Et n'oublie pas d'éteindre l'appareil lorsque ton plat est prêt !

Angela Wilkes, *Des recettes faciles, La cuisine des enfants*, © Larousse / HER, 1995.

Le titre du texte : ....

L'auteur : ....

Le titre du livre : ....

L'éditeur : *Larousse / HER*

Lire

1. Lis ces mots à voix haute et retrouve-les dans le texte :
apparaître – illustration – par – parfois – température – appareil – attention.

2. Lis ces mots à voix haute et classe-les dans le tableau :
carotte – préparer – radis – ravioli – travailler – tarte – marmite – farine – écraser – marmelade – salé – plat – lapin – étaler – avaler – chocolat – glace.

ar	ra	al	la
carotte	*radis*	*salé*	*plat*

Comprendre

1. a. Combien y a-t-il de parties dans le texte ? De quoi parle chacune d'elles ?
b. Que faut-il faire quand on voit un gant dessiné ?
c. Qui doit allumer le four ?
d. Quand faut-il l'éteindre ?

2. Relève dans le texte :
– trois choses que l'on te dit de faire,
– deux choses que l'on te dit de ne pas faire.

3. Recopie la phrase qui résume le mieux le texte :
- Dans une cuisine, on s'amuse mais il faut faire attention.
- Le four sert à faire cuire les aliments.
- Dans une cuisine, on peut aider les grandes personnes.

Écrire

◆ Remets ces phrases dans le bon ordre et écris-les. *(Attention à la ponctuation !)*
- La attention c'est cuisine, mais drôle, aux casseroles et aux couteaux ! brûlantes
- Demande à ta place. le four d'allumer toujours à un adulte

2 Donner des conseils ou des interdictions

Quelques conseils

1. Avant toute chose, lave-toi les mains et mets un tablier pour ne pas te tacher. Pense aussi à retrousser tes manches.

2. Attention aux couteaux ! Tiens-les toujours la pointe en bas et sers-toi d'une planche à découper.

3. Lorsque tu utilises la cuisinière, place toujours les casseroles avec le manche sur le côté. Cela t'évitera de les renverser.

4. Pour tourner tes sauces, utilise une cuillère en bois et tiens fermement le manche de la casserole.

5. Si tu dois manier des plats chauds ou faire quelque chose de difficile, demande de l'aide à un adulte.

6. Ne pose pas les plats chauds directement sur la table, mais sur une planche en bois ou un dessous-de-plat.

Angela Wilkes, *Des recettes faciles, La cuisine des enfants*, © Larousse / HER, 1995.

Comprendre

◆ À quoi servent ces paragraphes ? Lequel interdit de faire quelque chose ?

Vocabulaire

1. Cherche les mots « ingrédients » et « ustensiles » dans ton dictionnaire, puis relève et recopie tous les noms d'ustensiles que tu trouves, page 38.

2. Lis ces mots et classe-les en deux colonnes :

ingrédients / ustensiles

farine – lait – bol – couteau – sel – plat – assiette – œuf – moutarde – fouet – vinaigre – planche à découper – poêle – huile – sucre – ail.

Découvrons comment donner des conseils ou des interdictions

1. Repère les mots en rose dans le texte. À quoi servent-ils ?

2. Relie ceux-ci aux groupes de mots qui conviennent. *(Aide-toi du texte.)*

lave-toi •	• à retrousser tes manches
mets •	• les mains
pense •	• les plats chauds sur la table
sers-toi •	• les casseroles avec le manche sur le côté
place •	• un tablier
ne pose pas •	• d'une planche à découper

3. a. Utilise ces groupes de mots pour donner trois conseils et trois interdictions. Commence toujours par les verbes.

- demande – ne coupe pas – lave – coupe – ne mets pas – ne laisse pas
- la salade – les oignons en petits morceaux – la table – les robinets ouverts – la permission d'utiliser le four – tes mains dans le four chaud.

b. Oralement puis par écrit, donne le contraire de ces ordres.

Écrire

◆ Réécris ces drôles de conseils pour qu'ils deviennent bons en changeant les parties en rose. *(Tu peux relire les paragraphes 1 et 6…)*

Surtout, ne te lave pas les mains avant de commencer. Ne mets pas de tablier pour te tacher. Lorsque tu utilises la cuisinière, ne place jamais les casseroles avec le manche sur le côté. Pose les plats chauds directement sur la table pour l'abîmer.

La galette du Petit Chaperon rouge

Pour trois jolies galettes [...]

Ingrédients :

– 100 grammes de farine
– 80 grammes de beurre ramolli (sorti une heure à l'avance)
– 40 grammes de sucre
– une pincée de sel
– 3 jaunes d'œufs
– une cuillère à soupe de lait.

• Sur une planche, faire une petite montagne avec la farine.

• Creuser une fontaine[1] au centre, y mettre le beurre coupé en morceaux, le sucre, le sel et deux jaunes d'œufs [...].

• Pétrir[2] le tout avec les doigts en incorporant[3] peu à peu le lait.

• Travailler la pâte pour la rendre lisse. En faire une boule, la poser dans une assiette et la laisser reposer une bonne heure dans le réfrigérateur.

• Fariner[4] la table , étaler la pâte avec un rouleau [...] et y découper trois galettes rondes à l'aide d'un bol retourné.

• Poser ces galettes sur la plaque du four beurrée. Avec un pinceau les dorer[5] avec un jaune d'œuf. Faire cuire 15 minutes à four moyen [...]. Dès la sortie du four, décoller les galettes de la plaque. Les laisser refroidir sur une grille ou une planche.

• Avec un peu d'imagination [...], on peut découper des galettes en forme [...] de cœur, de pomme, d'étoile, de lune...

Élisa de Meurville et Serre, *Petit livre gourmand à l'usage des enfants*, © Éditions Glénat, D.R.

1. **creuser une fontaine :** faire un petit creux
2. **pétrir :** mélanger
3. **incorporant :** ajoutant
4. **fariner :** mettre de la farine
5. **dorer :** donner une couleur dorée

à l'oral

As-tu besoin d'aide pour préparer ces galettes ? Pourquoi ?

Lire

1. Retrouve la fin des mots pour lire ces phrases à voix haute :

Sur une plan***, faire une petite mon*** avec la fa***.
Creuser une fon*** au centre, y mettre le beu*** coupé en mor***.

2. Remplace les mots fous par ceux qui conviennent et lis ces phrases :

Travailler la pâte pour la **pendre** lisse. En faire une **poule**, la poser dans une **asperge** et la laisser reposer une bonne **beurre** dans le **téléviseur**.

Découvrons comment identifier une recette

1. Parmi les silhouettes suivantes, laquelle ressemble le plus à la recette de la page 40 ?

2. Sur une copie de la page 40, colorie :

– le titre en rouge
– l'illustration en bleu
– la liste des ingrédients en jaune
– les différentes étapes en vert.

3. a. Recopie les éléments qui peuvent servir à composer une recette :

une liste d'ingrédients – la date – les différentes étapes – une illustration – une formule de politesse – un titre – une liste d'ustensiles – une opération.

b. Classe-les dans l'ordre où ils peuvent apparaître.
Compare ton travail avec celui de ton voisin.

Comprendre

1. Le texte, page 40, sert à :
a. donner des nouvelles du Petit Chaperon rouge.
b. raconter une histoire sur les galettes.
c. préparer des galettes.

2. Quel texte pourrait-on ajouter à la recette ?

a. Ustensiles : une planche – une assiette – un rouleau – un bol – un pinceau.

b. À la fin de l'histoire, le Petit Chaperon rouge et sa grand-mère sont sauvés par les bûcherons.

c. Nous avons mangé les galettes et nous avons bu du jus d'orange. Les galettes étaient très bonnes et il n'en est pas resté une seule.

4 Écrire une recette

Champignons en salade

Pour deux personnes

Il faut :

150 g de champignons de Paris
1/2 cuillère de moutarde
1 cuillère à soupe de jus de citron
1 gousse d'ail écrasée
sel et poivre
3 cuillères à soupe d'huile d'olive
1 cuillère à café de persil haché

Ustensiles :

papier absorbant
1 couteau
1 saladier
1 presse-ail
1 linge propre
1 couvercle

• *Préparation : 15 mn*

• Gratter le pied[1] des champignons pour enlever la terre. Laver rapidement les champignons, les sécher et les couper en lamelles.

• Dans un saladier mettre la moutarde, le jus de citron, la gousse d'ail écrasée, le sel, le poivre et l'huile d'olive. Bien mélanger. Ajouter le persil, les champignons dans le saladier, en tournant plusieurs fois pour qu'ils soient bien enrobés[2] de sauce.

• Couvrir le saladier avec un linge propre plié en 4 et un couvercle, et le laisser au réfrigérateur 2 ou 3 heures.

Texte français de Monique Souchon, *Mon premier livre de cuisine*,

1. **le pied :** le bas
2. **enrobés :** recouverts

à l'oral

Cette recette est-elle facile à préparer ? Pourquoi ?

Vocabulaire

1. Associe une étiquette à chaque liste de mots :

ingrédients •	• poulet – steak haché – rôti – côtelette
ustensiles •	• pomme de terre – haricots – carottes – chou
fruits •	• fourchette – bol – cuillère – planche – assiette
viandes •	• sel – farine – œufs – sucre – lait
légumes •	• cerise – fraise – pomme – poire

2. Ajoute deux mots à chacune des listes de l'activité précédente.

3. Quelle étiquette convient le mieux à cette liste ?

tarte aux pommes – yaourt – glace au chocolat – crème caramel – flan – salade de fruits.

gâteaux | goûters | desserts | fruits

Comprendre

1. Complète les phrases et justifie ta réponse avec le texte :

a. Cette recette sert à préparer *(un plat chaud / un plat froid)*.
b. La salade de champignons est *(un dessert / une entrée)*.
c. Cette salade est *(rapide / longue)* à préparer.
d. Avec 150 g de champignons on prépare une salade pour *(deux / quatre)* personnes.

2. Relis la recette et recopie seulement les mots indiquant ce qu'il faut faire avec les champignons :

laver – cuire – sécher – écraser – aplatir – couper – dorer.

3. Pourquoi faut-il gratter le pied des champignons ?

4. Remets les étapes de la recette dans l'ordre :

– Mélanger les champignons avec la sauce dans un saladier.
– Couvrir la salade et la mettre au réfrigérateur.
– Laver et couper les champignons.
– Préparer la sauce de la salade.

5. Combien y a-t-il d'étapes dans la recette ?

Lire

1. Relis à toute la classe (à voix haute), la première étape de la recette, page 42. Prépare ta lecture en lisant le texte devant une glace.

2. a. Compare cet extrait avec le texte, page 42 :

> Gratte le pied des champignons pour enlever la terre. Lave rapidement les champignons, sèche-les et coupe-les en lamelles.

Que remarques-tu ?

b. Continue à transformer le texte de la même façon.

Découvrons comment organiser les étapes d'une recette

1. a. Replace les verbes suivants dans l'ordre de la recette, page 42.

> Mettre – couvrir – laver – ajouter – laisser – gratter – couper – tourner – sécher – mélanger.

b. Colorie en rouge ceux de la première étape, en bleu ceux de la deuxième et en vert ceux de la troisième.

2. Les étapes de la préparation d'une salade de tomates ont été mélangées. Remets-les dans l'ordre :

Laver les tomates et les essuyer.

Laisser refroidir une heure au réfrigérateur.

Mettre les rondelles de tomates dans un saladier.

Bien tourner pour mélanger.

Ajouter de la vinaigrette et du persil.

Couper les tomates en rondelles avec un couteau.

3. Ces dessins représentent les différentes étapes d'une recette facile à réaliser. Remets-les dans l'ordre.

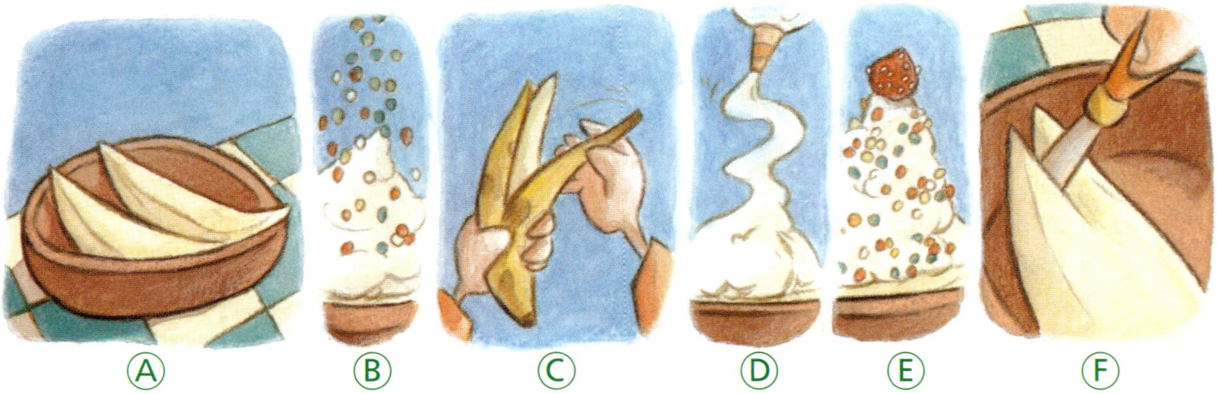

Écrire une recette

◆ Tu vas maintenant **écrire une recette à partir de dessins.**

De l'oral à l'écrit

1. a. Reprends les dessins de la page précédente dans le bon ordre. Explique ce qui est fait à chaque dessin.

Ex : Sur le premier dessin, on épluche une banane.

b. Donne une consigne pour effectuer chacune des actions décrites par les dessins.

Ex : Épluche une banane. ou *Épluchez une banane.*

2. a. Fais la liste des ingrédients dont tu as besoin. Compare ta liste avec celle de ton voisin.

b. Fais de même pour les ustensiles.

À toi d'écrire

3. a. Écris une phrase pour chaque dessin en numérotant chaque étape de la recette. Donne un titre à ta recette et présente-la sur une feuille sans oublier la liste des ingrédients et des ustensiles nécessaires.

b. Améliore ta recette en répondant aux questions de cette grille :

	Oui	Non
• J'ai donné un titre à ma recette.		
• On repère bien les listes des ingrédients et des ustensiles.		
• Les différentes étapes sont présentées dans l'ordre.		
• J'ai utilisé des verbes différents (poser, mettre, ajouter...).		
• Je m'adresse toujours à la même personne.		

4. Écris maintenant ta recette préférée.

Pour t'aider

- Retrouve la silhouette de la recette, page 41.
- Prévois une place pour chaque partie (titre, listes, étapes, illustration).
- Fais un dessin pour illustrer ta recette.
- Utilise la grille ci-dessus.

Projet d'écriture

Lire des étiquettes alimentaires

Observons

1. Quels ingrédients trouve-t-on dans les CHOCO KRISPIES ?

2. Quelles sont les marques des différents yaourts ? Jusqu'à quand peut-on les consommer ?

3. Quelle est l'autre façon de nommer un *yaourt* ? Écris-la.

4. Quels sont les poids indiqués sur certains emballages ?

À ton tour

5. Réalise une étiquette alimentaire. Pour cela :
   – dessine le produit de ton choix,
   – invente le nom d'une marque et écris-le en gros sur ton dessin,
   – donne la liste des ingrédients contenus dans ton produit,
   – indique le poids du produit emballé,
   – précise la date limite de conservation.

L'homme potager
de Giuseppe Arcimboldo,
Muséo Civico, Ala ponzone,
Crémone, Italie.

Si six cents couteaux-scies

Si six cents couteaux-scies,

Si six cents couteaux-scies,
Scient, en six,

Si six cents couteaux-scies,
Scient, en six,
Six cent six saucisses,

Si six cents couteaux-scies,
Scient, en six,
Six cent six saucisses,

Qu'obtient-on au total ?
Une cuisine sale.

Pierre CORAN, *Comptines pour ne pas zozoter*,
Direlire © Casterman S.A.

À voix haute

1. Dans ce poème, quel son entends-tu le plus souvent ?
2. De quoi parle ce poème ?
3. Que vois-tu sur ce tableau ? Qu'y a-t-il de curieux dans le tableau et dans le poème ?

À toi d'écrire

4. À ton tour, choisis un son, puis écris des phrases dans lesquelles tu répèteras ce son le plus souvent possible.
5. a. Choisis trois fruits ou légumes sur le tableau, et écris trois courtes phrases qui se terminent par ces noms.
   b. Trouve et écris des phrases pour rimer avec celles que tu viens d'écrire.

L'atelier de lecture

1. Lire

Lis cette histoire en commençant par la colonne de gauche, puis raconte-la à voix haute sans t'aider du texte.

Il fait nuit.
Bébé hérisson quitte son nid pour aller voir les étoiles.
Il sort et, la tête en l'air, admire la nuit étoilée.
Il trottine et s'extasie sur la beauté de l'univers.
Il va si loin qu'à la fin il se perd. Le voilà dans le désert. La nuit est encore plus noire car le ciel est couvert.
Le bébé se cogne à un cactus et s'écrie :
– Maman, c'est toi ?
– Oui, répond la mère attentive.
Car ce n'était qu'un rêve, Bébé n'avait pas quitté sa tanière !

2. Lire et écrire

Zoé est la fille de la fée Zoa. Aujourd'hui, elle est très triste parce qu'elle a été punie à l'école.

**Si tu veux savoir pourquoi, remets dans le bon ordre les mots des phrases qui suivent.
Écris ensuite toute l'histoire en imaginant le début.**

- voulait sa Zoé faute faire à zéro dictée.
- magique. a une formule cherché Elle
- elle s'est formule ! trompée de Malheureusement,
- maîtresse transformé sa en Elle a grenouille !

L'atelier de lecture

3. Utiliser les indices

Lis cette nouvelle aventure de Bébé hérisson en complétant les mots qui ne sont pas écrits en entier.

Bébé h... découvre la forêt en automne. Il court et fait des galip... dans les feuilles m... qui recouvrent le sol. Tout à c..., il reçoit une châtaigne s... la tête. Aïe, ça fait m... ! Bébé hérisson rega... en l'a... et aperçoit des diz... de chât... suspendues aux branches d'un a... .
– Ça alors ! s'écrie B... hér... . Je ne savais p... que les hérissons pondaient des œufs dans l... arbres ! Décidément, la vie est plei... de mys... !

4. Lire pour jouer

a. **Je choisis un nom d'animal qui a 5 lettres.**
En mélangeant ces 5 lettres, je peux faire les mots *CHINE* et *NICHE*.
Quel est l'animal que j'ai choisi ?

b. **La fée Zoé est si affamée qu'elle dit certains mots en commençant par la dernière lettre !**
Lis rapidement son texte puis essaie de découvrir ce qu'elle demande !

Oh la la que j'ai miaf ! Donnez-moi vite un gros suocsuoc, ou bien une assiette de setirf avec une belle essicuas. Comme nossiob, un grand talocohc au tial me fera le plus grand bien. Et comme dessert, une ecalg au lemarac ! Je vais me relagér !

5. Charades

- Mon premier n'est pas haut.
- Mon deuxième n'est pas beau.
- Les sorcières utilisent mon tout pour se promener.

Qui suis-je ?

- Mon premier est papa.
- Mon deuxième n'est pas bas.
- Les voyageurs attendent le train sur mon troisième.
- Mon tout est un oiseau exotique.

Qui suis-je ?

4

Dans cette unité tu vas apprendre à :

- *1. Découvrir une lettre.*
- *2. Identifier une lettre.*
- *3. Poser des questions.*
- *4. Écrire une lettre.*

à l'oral

- *Demander des informations.*

Nomme tous les personnages et raconte ce qu'ils font...

à l'oral

Observer

Vocabulaire

1. a. Reconstitue les couples des membres d'une famille :
- mère – sœur – cousine – nièce – tante – grand-mère.
- grand-père – frère – oncle – neveu – père – cousin.

b. Retrouve, sur l'illustration, qui sont les parents, les grands-parents...

2. Qui est-ce ? Trouve le mot exact.
- Elles sont nées le même jour et ont la même maman ; ce sont des ...
- C'est la mère de mon père ; c'est ma ...
- C'est le mari de ma tante ; c'est mon ...

S'exprimer

◆ Tu vas présenter ta famille : indique les personnes qui la composent, puis donne leur prénom, leur âge, en expliquant qui elles sont...
Tu peux compléter en ajoutant d'autres informations.
Apporte des photographies pour t'aider à faire cette présentation.

Demander des informations

◆ Tu vas t'absenter quelques jours car tu participes à une sortie organisée par ton école. Tu vas donc enregistrer un message sur ton répondeur pour expliquer à tes amis où tu vas.

Pour t'aider :
- Avant de t'enregistrer, pense à ce que tu veux dire dans ton message.
- N'oublie pas de donner ton nom et de demander à celui qui appelle de se présenter. Indique où tu vas aller, ce que tu vas faire.

Quand tu es prêt, enregistre ton message au magnétophone, puis écoute-le. N'as-tu rien oublié ? Est-ce que l'on comprend tout ?

1 Découvrir une lettre

Lettres

p. 144

Melun, le 26 décembre 2000

Ma chère Elodie,

J'ai bien reçu ta carte postale de Gérardmer mais tu ne donnes pas beaucoup de détails. J'aimerais bien savoir comment s'est passé ton voyage et comment tu occupes tes journées. Quels jeux faites-vous ? Quelles visites sont organisées ? Comment est ta chambre ?

Moi je suis en bonne santé et je pense beaucoup à toi.

Ecris-moi vite, je t'embrasse.

Ta mamie.

Lyon, le 12 décembre 2000

Cher Père Noël,

Dans quelques jours, ce sera Noël, et moi je serai en vacances à la montagne, à Gérardmer, car ma maman est en voyage et ne peut pas me garder. J'aimerais bien que tu apportes mes cadeaux chez ma Mamie. A la maison il n'y aura personne et si tu les apportes dans le centre de vacances où je serai, j'ai peur que cela fasse de la peine à certains camarades qui n'auront rien dans leurs chaussures.

J'ai bien travaillé à l'école et Maman me dit toujours que je suis une grande fille.

Ce que j'aimerais par dessus tout pour Noël, mais peut-être que tu ne pourras pas te le procurer, c'est un livre de poésies. J'adore les poèmes, surtout ceux qui parlent de rêves et de pays lointains.

Grosses bises, merci d'avance et si tu le peux, pense aussi à Maman.

Elodie.

P.S. : J'ai oublié de te dire que j'aime bien aussi les jeux vidéo et que je voudrais bien pouvoir écouter mes cassettes sur un baladeur.

P.S 2 : Voici l'adresse de Mamie :
Madame Massiple G., 16 rue E. Hemingway 77000 Melun.

Lire

1. a. Dans la lettre d'Élodie, relève tous les mots où l'on voit *ai* et *oi*. Lis-les à voix haute. Qu'entends-tu ?

b. Dans la lettre de la mamie, relève tous les mots où l'on entend *[a]* et *[wa]*.

2. Recopie ces mots et entoure en couleur les lettres *ai* / *ia*, *oi* / *io* :

Myriam – Antonio – Liliane – Violette – Tiphaine – François – Germaine – India – Benoît – Lio – Éloi – Alain – Marion – Baudouin – Christian.

Lis ces mots. Que remarques-tu ?

3. Choisis le mot qui convient, puis relis chacune des phrases :

– J'aimerais *(bien / bein)* que tu m'apportes au *(mois / moins)* deux cadeaux.
– Certains camarades n'auront *(rien / rein)* dans leurs chaussures.
– Je sais que tu habites *(loin / lion)* mais ne *(veines / viens)* pas trop tard.

Comprendre

1. a. Pour chaque lettre, indique :

– qui écrit ? à qui ?
– la date de la lettre et la ville d'où elle est envoyée.

b. Quelle lettre a été écrite la première ? Explique pourquoi.

2. a. Dans la lettre de la mamie, relève les questions.

b. Pourquoi pose-t-elle toutes ces questions ? Justifie ta réponse.

3. Réponds par *vrai* ou *faux*.

– La mamie a reçu une carte postale d'Élodie.
– Élodie a reçu une carte postale de sa mamie.
– Élodie est à l'école à Gérardmer.
– Élodie est en vacances avec sa maman.
– Élodie écrit au Père Noël pour lui demander des poèmes.

Écrire

◆ En prenant modèle sur la lettre de la mamie, recopie correctement celle-ci :

Toulouse, le 4 janvier 2000 Cher Papa, C'est bientôt la fin des vacances et je suis un peu triste. Mais samedi, nous allons faire une grande fête tous ensemble. Je te fais de gros bisous. Nadia.

Lettre de Peppo

Jeudi 12 septembre

Mon cher frère,

Ma femme est à l'hôpital depuis hier, car elle doit accoucher dans un mois et on lui recommande le repos.

Moi-même, je pars sur un chantier au Vénézuela. Ma femme se désolait ce matin et me demandait en pleurant à qui elle pourrait bien confier nos deux enfants. Je lui ai tout de suite dit : « Ma chérie, sèche tes larmes. Pense à Giorgio ! Les enfants seront heureux chez lui : c'est un tel blagueur ! »

Je mettrai nos chers petits au train de dimanche matin.

Je sais que tu te réjouis déjà de les accueillir sous ton toit. J'ai prévenu l'école de ton quartier et le directeur est d'accord pour recevoir, pendant un mois, Federico et Giulietta, tes chers neveu et nièce.

Nous t'embrassons tous !

Ton frère Peppo

Marie-Aude Murail,
L'oncle Giorgio,
coll. *J'aime Lire*,
© Bayard Poche, D.R.

Comprendre

- Qui écrit cette lettre ? À qui est-elle destinée ?

Vocabulaire

1. **Relis le texte puis complète avec les mots suivants :**

frère – mari – oncle – fille.

Peppo est le ■ de Giorgio. – Giulietta est la ■ de Peppo. – Federico est le ■ de Giulietta. – Giorgio est l'■ de Federico et Giulietta. – Peppo est le ■ de la dame qui est à l'hôpital.

2. **Réponds par** *vrai* **ou** *faux*.

– Ma grand-mère est la mère de maman.
– Paul est mon cousin : c'est le frère de papa.
– Amélie est ma sœur : nous avons le même nom de famille.
– Papa a une sœur : c'est ma tante.
– Le papa de mon papa est mon oncle.
– Le père de maman est mon grand-père.

Découvrons comment identifier une lettre

1. **Relève la date de la lettre.**

2. **Quelle est la formule du début de la lettre ?**

3. **Retrouve la formule de politesse.**

4. **Observe les silhouettes de la lettre.**

Repère les différentes parties sur la lettre de Peppo.
Qu'écrit-on dans chaque cadre ?

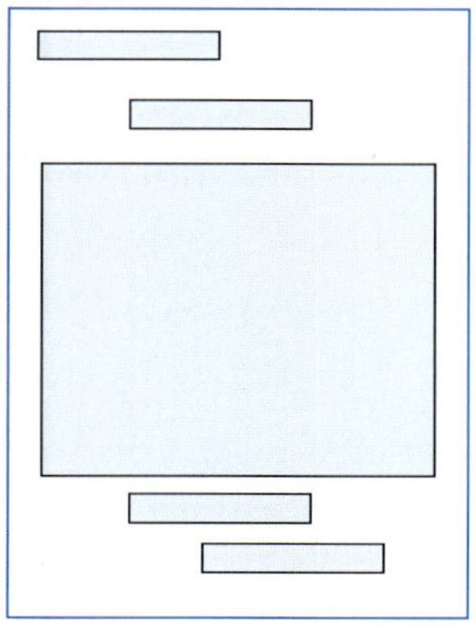

5. **Reproduis les silhouettes des lettres de la page 52.**

Écrire

◆ **Sarah a écrit à sa maman ; remets tous les éléments en ordre pour reconstituer sa lettre. Aide-toi de ce que tu as fait dans le** *Découvrons*.

À bientôt. / Je suis dans une petite maison, près de la plage, depuis une semaine. / Je te fais de gros bisous. / Chère Maman, / Sarah. / Samedi 9 juillet 2000, / Il fait très beau et je me baigne tous les jours. / J'ai rencontré plein de copines.

3 Poser des questions

Lettre à Delio

Cher Delio,

Pourquoi ne me parles-tu plus de ton perroquet ?

Est-il encore vivant ?

Peut-être que tu ne m'en parles plus parce qu'une fois je t'ai fait remarquer que tu n'arrêtais pas d'en parler ?

Sacré Delio, tu me feras toujours rire !

Tania veut que je t'écrive qu'à ton âge j'avais un petit chien et que j'étais fou de joie de l'avoir. Tu vois ! Il est vrai qu'un petit chien, même s'il est tout petit, donne beaucoup plus de satisfactions qu'un perroquet (mais tu penses peut-être le contraire), car il joue avec son maître, il s'attache à lui... Il faut croire que le mien était resté un bébé chien : pour me prouver son enthousiasme, il se mettait sur le dos et se faisait pipi dessus.

[...] Il avait le poil noir et long et ressemblait à un caniche en miniature. Je l'avais tondu comme un lionceau, mais il faut reconnaître qu'il n'était pas beau ; à vrai dire il était plutôt laid, et même franchement laid, maintenant que j'y repense. Mais comme il m'amusait, et comme je l'aimais ! [...]

Alors, mon cher Delio, tu m'en donneras, maintenant, des nouvelles de ton perroquet ?

Je t'embrasse.

Antonio

Antonio Gramsci, *L'arbre du hérisson*,
© Messidor La Farandole, D.R.

à l'oral

Si tu pouvais vivre avec un animal, lequel voudrais-tu ? Explique pourquoi.

Lire

1. Relis silencieusement cet extrait de la lettre (lignes 7 et 8) et retrouve les mots qui manquent :

   Tania veut que • t'écrive qu'à • âge •'avais un petit chien et que •'étais fou de joie de •'avoir.

2. Certains mots sont mal écrits. Retrouve-les, corrige-les puis relis ce passage :

   Il avait le piol nior et long et ressemblait à un cainche en minaiture.
   Je l'avais tondu comme un loinceau, mias il faut reconnaître qu'il n'était pas beau ; à vria dire il était plutôt liad.

Découvrons comment poser des questions

1. Relève les questions que pose Antonio au début de sa lettre.

   Comment les as-tu reconnues ?

2. Lis et recopie les questions que posent ces trois enfants.

   Que remarques-tu ? Que peux-tu dire des réponses de leur père ?

3. Trouve les deux autres façons de poser la question suivante : « Tu as un chien ? ». Aide-toi des questions posées par les trois enfants.

4. Antonio voudrait savoir d'autres choses sur le perroquet :

   la couleur de ses plumes, son âge, ce qu'il mange, etc.

   Écris les questions qu'il pourrait poser à Delio.

Comprendre

1. De quoi parle cette lettre ? Pourquoi Antonio pose-t-il autant de questions ?
2. De quels animaux parle-t-on ? Pourquoi Antonio parle-t-il de son chien ?

Lettre à Papa et Maman

Chers Papa et Maman,

Nous, Nicole et Vincent, vos enfants, nous nous permettons de vous signaler qu'il y a une chose qui n'est ni belle ni bonne et qui ne nous procure aucun plaisir. Cette chose s'appelle « le mercredi ».

p. 180

Qu'est-ce qu'un mercredi devrait être pour nous ?

1°) Une journée sans histoire, où on pourrait dormir le matin un peu plus longtemps que les jours d'école.

2°) Une journée sans bousculade, où on pourrait réviser nos leçons et faire nos devoirs tranquillement en prenant tout notre temps.

3°) Une journée sans tristesse, où on pourrait se faire plaisir et jouer avec des copains l'après-midi.

Au lieu de cela, notre mercredi c'est :

1°) Une journée épuisante, puisqu'on se lève aussi tôt que les autres jours.

2°) Une journée épuisante, puisqu'on n'a même pas le temps de préparer notre travail scolaire.

3°) Une journée épuisante, puisqu'on a des activités fatigantes, pas toujours amusantes et tellement nombreuses...

Vous savez maintenant que le mercredi nous épuise au lieu de nous reposer, et nous ennuie au lieu de nous distraire.

Chers Papa et Maman, il est encore temps de réparer vos erreurs. Nous vous demandons de réfléchir très vite, de prendre de bonnes décisions et de nous les communiquer sans tarder.

Nicole et Vincent, pleins d'espoir.

Lucien-Guy Touati et Claude-Rose, *La fièvre du mercredi*, Castor Poche © Flammarion.

à l'oral

Et toi, qu'aurais-tu envie de faire le mercredi ?

Vocabulaire

1. **Trouve la phrase où le mot *histoire* a le même sens que dans :**

une journée sans histoire.

a. Il nous raconte des histoires merveilleuses.

b. Il cherche des histoires à tout le monde.

c. Vercingétorix est un personnage de l'histoire de France.

2. **Trouve la phrase où le mot *lever* a le même sens que dans :**

on se lève...

a. Le soleil se lève à l'horizon.

b. La pâte lève lentement.

c. Je me lève à 8 heures.

d. Le brouillard se lève.

3. **Complète avec un des mots proposés, puis explique le sens de chaque phrase :**

envoyé – enveloppe – lettre – lettres – adresse.

- Elle écrit une ... à son voisin. – Il y a vingt-six ... dans l'alphabet.
- En partant, il lui ... un signe de la main. – Le facteur lit l'... sur l'enveloppe.
- Maman ... son bébé dans la couverture. – Il colle un timbre sur l'...
- Jérôme a ... le ballon dans la rue. – J'ai ... ta carte par la poste.

Comprendre

1. **Qui écrit cette lettre ? À qui ?**

2. **a.** **Pourquoi les enfants écrivent-ils à leurs parents ?**
b. **Que font-ils habituellement le mercredi ?**

3. **Que demandent Nicole et Vincent à leurs parents ?**

4. **Pour les enfants, qu'est-ce qu'une journée sans histoire, sans bousculade, sans tristesse ?**

5. **Retrouve les trois paragraphes où Nicole et Vincent expliquent qu'ils n'aiment pas le mercredi.**

6. **Prépare ta lecture : prononce plusieurs fois les mots difficiles pour ne pas hésiter. Lis à voix haute en montrant que les enfants ne sont pas contents !**

Lire

1. Retrouve la première question que posent les enfants dans le texte.

2. Quelles sont les trois réponses que proposent les enfants ?

3. Lis les questions suivantes et associe-les aux réponses proposées.

Questions

- Savez-vous ce qu'est le mercredi, pour nous ?
- Le mercredi est-il une bonne et belle journée ?
- Aimons-nous le mercredi ?
- Que voulons-nous faire le mercredi ?
- Est-ce que nous voulons faire de nombreuses activités ?

Réponses

- Nous voulons passer une journée tranquille.
- Oui, si nous pouvons jouer avec nos copains.
- C'est une journée épuisante !
- Non, on préfère jouer tranquillement.
- Non, car on doit se lever tôt, se dépêcher et faire plein d'activités.

Découvrons comment écrire une lettre

1. Voici la lettre que Rémi a écrite à son copain Charles :

Je suis dans ma nouvelle maison / pour moi tout seul /
depuis un mois déjà et ça / et c'est génial ! / me plaît beaucoup. /
J'ai une chambre / Ma sœur ne m'embête plus avec /
J'espère qu'aux prochaines / ses jeux de fille ! / mon village. /
vacances tu pourras venir. Je te ferai visiter /

a. Recompose le texte en remettant les phrases dans l'ordre.

b. Choisis la formule que Rémi écrira au début de sa lettre :

Mon ami Charles, – C'est Rémi. – Salut Charles, – Mon cher Charles, – Bonjour Charles, – Cher Charles, – À bientôt Charles.

c. Choisis la formule avec laquelle il finira sa lettre :

Je t'embrasse. – Grosses bises, à bientôt. – Écris-moi, à bientôt. – Salut. Ton copain. – Amicalement. – À bientôt.

2. Reprends cette lettre et présente-la comme il convient.
Puis signe la lettre à la place de Rémi.

Écrire une lettre

◆ Tu vas maintenant **écrire une lettre**.

De l'oral à l'écrit

1. a. Tu vas écrire une lettre à ton (ou ta) cousin(e).
Tu vas lui raconter ce qui se passe dans ta classe ou chez toi.
Pose-lui des questions sur la ville ou le village où il vit, sa maison, sa chambre, son école, ses copains...

b. Compare tes questions avec celles de tes camarades et retiens celles que tu préfères.

c. Réfléchis à ce que tu veux lui dire : ce qui s'est passé à l'école, dans ta classe, tes activités, tes camarades, un événement du club de sport...

Raconte-le à ton voisin. Comprend-il ce dont tu parles ?

À toi d'écrire

2. À l'aide de ce que tu viens de faire, écris la lettre.

Pour t'aider

- Pense à écrire la date, la formule du début.
- Après ton texte, n'oublie pas la formule de politesse et ta signature.
- Pour rédiger ta lettre correctement, tu peux relire les lettres que tu as étudiées précédemment.

Lire des photos

Ⓐ

Ⓑ

Observons

1. Observe les deux photos et compare-les. Quelles ressemblances et quelles différences vois-tu ?

2. Quelle est la plus ancienne ? La plus récente ? À quoi le remarques-tu ?

3. Comment reconnais-tu les grands-parents, les parents et les enfants ?

4. Sur la photo B, qui sont les personnes que l'on ne voit pas sur la photo A ?

5. Classe les personnes de chaque photo, de la plus âgée à la plus jeune.

À ton tour

6. Recherche, chez toi, une photo représentant toute ta famille. Décris-la et reconstitue les couples :
tes grands-parents,
tes parents,
tes oncles et tantes,
tes frères et sœurs...

Grand-mère

Grand-mère
Se courbe toujours vers la terre
Et au début
Je me demandais ce qu'elle avait perdu
Mais elle n'a rien perdu du tout
Elle a plein de tours polissons
Et si elle plie comme ça les genoux
À les rentrer sous le menton
C'est pour mieux jouer à saute-mouton

René de OBALDIA, *Innocentines*, © Grasset.

Toujours, ô mon père, ô ma mère,

Toujours, ô mon père, ô ma mère,
Je veux tendrement vous aimer,
Ma mère, oh ! combien tu m'es chère !
Des mots ne sauraient l'exprimer.
Parmi de cruelles alarmes
C'est toi seule qui m'a nourri :
Si tu m'as bien des fois souri,
J'ai dû te coûter bien des larmes.
Longtemps, ô mon père, ô ma mère,
Soyez mon exemple ici-bas ;
Longtemps, vous pourrez, je l'espère,
Veiller tous les deux sur mes pas.
Vous qui protégez ma faiblesse,
Je saurai peut-être, à mon tour,
Par mon tendre et pieux amour
Vous faire une heureuse vieillesse.

Maurice BOUCHOR, *Chants populaires pour les écoles*,
© Hachette Livre, D.R.

Un deux ou trois

Recherchons les enfants
les parents des enfants
les enfants des enfants
les cloches du printemps
les sources de l'été
les regrets de l'automne
le silence de l'hiver.

Philippe SOUPAULT, *Poèmes et poésie*,
© Grasset.

5

Dans cette unité tu vas apprendre à :

- *1. Repérer des dialogues.*
- *2. Suivre un dialogue.*
- *3. Présenter des paroles.*
- *4. Écrire un dialogue.*

à l'oral

- *Faire ton portrait.*

En quoi cette classe est-elle différente de la tienne ?

à l'oral

Observer

Vocabulaire

1. Combien y a-t-il d'élèves dans cette classe ?
Combien de garçons et combien de filles ?

2. Qu'est-ce qui permet de reconnaître la maîtresse ?

3. Deux enfants de la classe se présentent. Peux-tu les reconnaître sur le dessin ?

   « Bonjour ! Je m'appelle Sam et j'ai sept ans. Mes cheveux sont bruns.
   Je porte une chemise blanche et il me manque deux dents. »
   « Salut ! Je m'appelle Chloé. Je suis assez grande et j'adore les tresses frisées.
   J'ai une robe à fleurs. »

4. À ton tour, choisis un enfant dans le groupe. Donne-lui un nom et présente-le à tes camarades. Vont-ils le reconnaître ?

S'exprimer

◆ Les enfants (mais aussi les adultes !) se moquent parfois de ceux qui ne sont pas comme eux.
À ton avis, pourquoi font-ils cela ?
Que faudrait-il leur dire pour qu'ils arrêtent ?

Faire son portrait

◆ À toi de faire ton propre portrait !

   Pour t'aider :
   - Relis les portraits de Sam et de Chloé.
   - Tu peux bien sûr ajouter d'autres renseignements.

Dis ton portrait à tes camarades.
Est-ce qu'ils t'ont reconnu ? Sont-ils d'accord avec toi ?

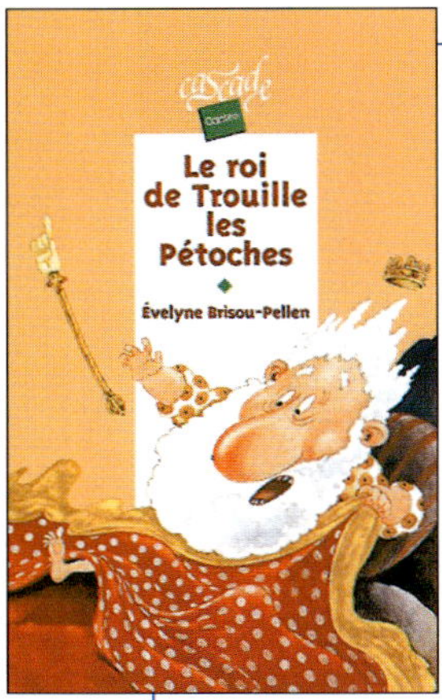

L'arracheur de dents (1)

p. 146

p. 182

Jehan se faufila jusqu'au premier rang, pour mieux voir. Et ce qu'il vit le stupéfia : l'homme venait de glisser le bout de son épée dans la bouche d'un grand gaillard[1], livide[2] de peur, qui était assis sur un tabouret.

Tout le monde retenait son souffle. Un bruit sec. L'homme assis porta aussitôt la main à sa bouche, tandis que celui qui tenait l'épée se mettait à rire :

– Alors ? s'écria-t-il. Avez-vous senti quelque chose ?

– Non point, dit l'autre, je dois reconnaître que je n'ai pas mal.

Comme par magie, la foule se détendit d'un coup. Il y eut des murmures soulagés ; on commençait à respirer. C'est alors seulement que Jehan comprit qu'il avait affaire au fameux arracheur de dents dont on lui avait parlé. Mais c'était bien la première fois de sa vie qu'il voyait ôter une dent à l'aide d'une épée !

– Vous qui souffrez, reprit le petit homme, n'hésitez pas ! Demain, je ne serai plus là, mais si vous ne vous décidez pas tout de suite, votre mal, lui, sera toujours là. Un denier ! Un denier seulement, et Guillaume vous débarrasse sans douleur de votre vilaine dent gâtée.

Tout autour, les commentaires allaient bon train : c'était vrai, l'opéré n'avait pas eu l'air de souffrir ! Jamais encore on n'avait vu chose pareille ! Alors une cuisinière se décida, et puis le vieux potier, qui se fit arracher trois dents à la suite, émerveillé de s'en tirer sans aucune douleur. C'est à ce moment que le roi s'approcha accompagné de son fils aîné. Autant le roi était aimé pour sa justice et sa bonté, autant on se méfiait du prince, un jeune homme sournois[3], qu'on disait avare-à-manger-la-queue-des-pommes.

1. **un gaillard :** un homme robuste et fort
2. **livide :** blanc
3. **sournois :** faux, menteur

Évelyne Brisou-Pellen, *Le roi de Trouille les Pétoches*, coll. *Cascade Contes*, © Éd. Rageot.

Le titre du texte : .... L'auteur : ....

Le titre du livre : .... L'éditeur : *Rageot*

Lire

1. **Lis ces mots et repère les lettres muettes** (les lettres qu'on n'entend pas).

une dent – un bras – l'estomac – un habit – le front – une sculpture – blond.

2. **Dans ces phrases, entoure les lettres** *(en)* **:**

en bleu quand elles forment un son, en rouge quand elles sont muettes.

- Les enfants de l'école jouent souvent dans la cour.
- Les dentistes enlèvent uniquement les dents en mauvais état.
- Les chiens s'approchèrent lentement de moi, puis ils se couchèrent et s'endormirent tranquillement à mes pieds.

3. **Recherche dans le texte tous les** *en* **muets et compte-les.**
Compare ton résultat à ceux de tes camarades.

Comprendre

1. **Remets ces phrases dans l'ordre du récit :**

a. Le roi arrive avec son fils.
b. Il soigne plusieurs personnes.
c. Un dentiste lui arrache une dent.
d. Jehan voit un homme assis.
e. Le dentiste cherche de nouveaux clients.
f. L'homme s'étonne car il n'a pas mal.

2. **Qui est Guillaume ?**

3. **Retrouve la phrase «** *Avez-vous senti quelque chose ?* **», ligne 8 du texte.**
Qui la prononce ? Comment le sais-tu ?

4. **Sur une copie du texte, colorie :**

– en bleu les paroles dites par le dentiste,
– en vert les paroles dites par l'homme soigné.

Quel personnage parle le plus ?

Écrire

◆ **Avec ces mots, complète et recopie la phrase :**
roi – dent – tabouret – Guillaume – cuisinière – épée – dent cariée – main.

La ... du ... s'assied sur un ... et elle met la ... sur sa joue car elle a mal à une ... . s'approche avec son ... et hop ! La ... tombe par terre !

L'arracheur de dents (2)

– Mon fils, s'exclama le roi, voilà le moment de vous faire arracher cette vilaine dent qui vous fait souffrir.

Le prince […] réfléchit un moment, puis finalement il s'avança.

– C'est bon, dit-il d'une voix sèche, arrachez-moi la grosse du fond.

Et il s'assit.

Guillaume se mit à rire :

– Allons, Monseigneur ! on paie d'avance !

– Je suis le fils du roi ! répliqua le prince.

– Vous avez bien de la chance, Monseigneur […].

À la surprise générale, le fils du roi ne fit pas d'autres difficultés et n'essaya pas de marchander[1]. Il glissa sa pièce dans la main de Guillaume. Celui-ci y jeta un coup d'œil et, sans rien dire, la laissa tomber dans sa bourse[2] de ceinture. Puis il introduisit l'épée sur le bord de la gencive… et la dent sauta en l'air.

– Vous n'avez pas souffert ? demanda Guillaume […].

– Non, grommela le fils du roi. Encore heureux !

Et il se leva pour partir. Puis d'un coup, il pâlit, glissa un doigt dans sa bouche :

– Mais, j'ai toujours aussi mal à ma dent… ma mauvaise dent est toujours là !

– Ça ne m'étonne pas, dit Guillaume avec grand calme, vous vous étiez malheureusement trompé et m'aviez payé avec une pièce fausse, je me suis malheureusement trompé aussi, et je vous ai arraché une dent saine[3].

Et tout le monde éclata de rire, tandis que, rouge de colère et de confusion[4], le fils du roi se perdait dans la foule.

1. **marchander :** discuter pour faire baisser le prix
2. **la bourse :** le porte-monnaie
3. **saine :** en bonne santé
4. **confusion :** honte

Évelyne Brisou-Pellen, *Le roi de Trouille les Pétoches*, coll. *Cascade Contes*, © Éd. Rageot.

Comprendre

◆ Aimerais-tu que Guillaume s'occupe de tes dents ? Pourquoi ?

Vocabulaire

1. Cherche cinq mots de la même famille que *dent*. (Aide-toi du dictionnaire.)

2. Relève dans le texte cinq mots qui désignent des parties du corps.

3. Recopie les numéros de ce dessin sur ton cahier. Indique le nom de la partie du corps correspondant à chaque numéro.

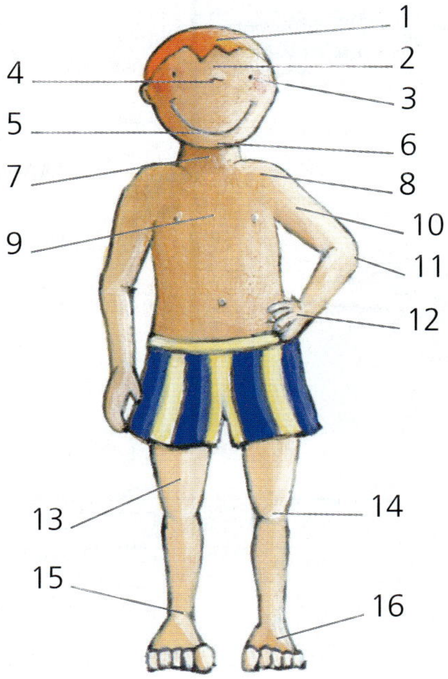

Découvrons comment suivre un dialogue

1. Voici une phrase du texte : – *Je suis le fils du roi ! répliqua le prince.*

- – Quels sont les mots que prononce le prince ?
- – À quoi servent les autres mots de cette phrase ?
- – Pourquoi y a-t-il un tiret devant la phrase ?

2. Combien de personnages prennent-ils la parole dans ce texte ?

3. a. Sur une copie du texte, colorie :

- – en vert les paroles prononcées par l'arracheur de dents,
- – en bleu celles prononcées par le prince,
- – en rouge celles prononcées par le roi.

b. Quel personnage ne parle qu'une seule fois ?

c. Qui prend le plus souvent la parole : le prince ou Guillaume ?

4. Relis la dernière réplique de Guillaume, à la fin du texte. Faut-il la lire sur le ton de la colère ? Pourquoi ?

Écrire

◆ Recopie les six premières lignes du texte. Utilise trois couleurs différentes :

- – rouge pour les paroles prononcées par le roi,
- – vert pour celles prononcées par le prince,
- – bleu pour le texte qui n'est pas prononcé par les personnages.

3 Présenter des paroles

Un drôle de fils

Pour se sentir moins seul, Gepetto, le menuisier, se met à fabriquer un pantin à partir d'un morceau de bois.

« Je vais l'appeler Pinocchio, décida-t-il. C'est un joli nom. Ça lui portera chance. »

Gepetto sculpta[1] les cheveux, puis le front, puis les yeux, puis le nez. Mais voilà que ce nez se mit à s'allonger et s'allonger encore. Le pauvre Gepetto essaya de le raboter[2], mais plus il le taillait, plus le nez du pantin s'allongeait. Découragé, Gepetto se mit à sculpter la bouche du pantin. La bouche n'était pas terminée qu'elle se mit à rire et à chanter !

« Vas-tu t'arrêter de rire ? » gronda Gepetto.

Le pantin cessa de rire mais tira la langue.

Gepetto commençait à avoir peur, mais il fit comme si de rien n'était. Il façonna[3] le corps de sa marionnette. Il fit le menton, le cou, les épaules, la poitrine et les bras.

Puis il lui fit une main et aussitôt la main tira la moustache du vieux menuisier.

« Petit fripon[4] ! s'exclama Gepetto. Tu n'es pas encore terminé et déjà tu me fais des misères. Ce n'est pas bien du tout. Pourquoi es-tu méchant avec ton père ? »

Gepetto en avait les larmes aux yeux. Le fils qu'il se fabriquait lui-même était un vilain garnement.

Il se remit malgré tout au travail et fit à Pinocchio deux jambes et deux pieds. Puis il prit le pantin sous le bras, le posa sur le parquet et l'aida à marcher, car Pinocchio avait les jambes engourdies.

Peu à peu, le pantin se mit à marcher tout seul et à sauter. Enfin, il courut vers la porte et s'enfuit.

Carlo Collodi, *Pinocchio*, adapté par John Ford, © Éditions Marshall Cavendish, D.R.

1. **sculpter :** tailler dans le bois
2. **raboter :** diminuer avec un outil spécial
3. **façonner :** préparer
4. **fripon :** polisson

à l'oral

Que va devenir Pinocchio ?

Lire

◆ Compare avec les phrases du texte et trouve les mots qui ont changé :

a. Je vais t'appeler Pinocchio, décida-t-il.

b. Mais voilà que son nez se mit à s'allonger et s'allonger encore.

c. La bouche n'était pas terminée qu'elle commença à rire et à chanter.

d. Puis il fit une main et aussitôt la main tira les moustaches du vieux menuisier.

Découvrons comment présenter des paroles

1. Imagine Gepetto qui discute avec un ami :

– Il y a beaucoup de marionnettes dans l'atelier...
– Oui. Mais certaines ne sont pas terminées.
– Ce n'est pas grave. Demain, je reste chez moi pour travailler.
– Moi aussi.

a. Sait-on qui parle en premier ? Pourquoi ?

b. Que faut-il ajouter pour savoir qui parle ? Relis le texte, page 70, pour trouver des exemples.

c. Relis les quatre phrases en indiquant qui prend la parole, selon toi.

2. a. Cherche la phrase qui correspond à celle du texte :

– Petit fripon ! murmura Gepetto.
– Petit fripon ! hurla Gepetto.
– Petit fripon ! s'exclama Gepetto.
– Petit fripon ! dit Gepetto.

b. Gepetto dit-il la même chose dans ces phrases ? Qu'est-ce qui change ?

c. Dis les paroles de Gepetto à haute voix en montrant bien ce qui change.

Comprendre

1. À quoi vois-tu que ce n'est pas une histoire vraie ?

2. Complète ce texte pour qu'il corresponde à l'histoire :

Gepetto fabrique un ... pour se sentir moins ... . Mais la marionnette s'anime. Son nez ... et elle fait des ... à son père. Le pantin est ... avec son père et lui tire la ... ! Une fois terminée, la marionnette s'... .

Tiloupiot en colère

Tilou est un kangourou handicapé. Son petit frère, Tiloupiot, pense que les gens se moquent de Tilou…

Tiloupiot se met en colère. Il ne supporte pas qu'on se moque de son grand frère. Il a envie de faire la bagarre, mais en même temps il se sent malheureux.

« C'est toujours pareil, chaque fois qu'on se promène avec Tilou, tout le monde nous regarde… Dis maman, ça sera toujours comme ça ?… partout où on ira ?

– Toi aussi, Tiloupiot, tu remarques ce que les gens ont de travers… le monsieur qui a un gros nez, la dame avec un drôle de chapeau, ou celle qui louche. Tu te moquais même de Zita parce qu'elle zozote. Mais depuis qu'elle est devenue ta grande amie, son cheveu sur la langue, tu l'oublies ! Elle sait tellement bien raconter les histoires. Alors quand on regarde Tilou bizarrement, pense d'abord que tu l'aimes très fort, puis pense à tout ce qu'il a dans la tête et qui fait que c'est le plus génial des grands frères kangourous. »

Tiloupiot a le cœur plus léger. Décidément les mamans sont très fortes quand il s'agit de consoler !

Valérie Paulin et Chantal Pétrissans, *Ne me regarde pas de travers*, © Groupe Fleurus/Mame.

à l'oral

Est-ce que tu t'es déjà moqué de quelqu'un ? Pourquoi ?

Vocabulaire

1. Un dictionnaire donne cette définition du mot *langue* :

langue (nom fém. : une langue). **1.** La langue est dans la bouche. Grâce à la langue, tu peux parler, tu peux goûter les aliments. **2.** Le français, l'anglais, l'espagnol sont des langues, c'est-à-dire un ensemble de mots pour parler.

a. Compare cette définition avec celle donnée par ton dictionnaire. Vois-tu des différences importantes ? Comment expliques-tu cela ?

b. Pourquoi répète-t-on le mot *langue* entre les parenthèses ?

c. Le mot *langue* a-t-il le même sens dans les phrases en exemple ? À quoi servent les deux numéros écrits en gras ?

2. Recherchez ensemble le mot *mine* dans votre dictionnaire. Comparez ce que vous avez trouvé. Combien de sens différents ce mot a-t-il ?

Comprendre

1. a. Comment se nomment les deux kangourous sur l'illustration, page 72 ?

b. Qui sont les deux personnages qui prennent la parole dans le texte ?

2. Indique le nom de ces quatre kangourous :

Ⓐ Ⓑ Ⓒ Ⓓ

Qu'est-ce qui t'a permis de les reconnaître ?

3. a. Le titre du texte correspond-il au début ou à la fin de l'histoire ?

b. Pourquoi Tiloupiot a-t-il le cœur plus léger à la fin de l'extrait ?

4. Pourquoi l'auteur a-t-il écrit cette histoire ?

– parce qu'il aime bien les kangourous.
– pour aider les enfants à accepter les personnes différentes.
– pour se moquer des kangourous.

Lire

◆ **Complète ce texte en indiquant qui parle. Aide-toi du dessin.**

Lucie, Maya, Olivier et Farid sont tous en CP. Mais pas dans la même classe.

– 4 + 4, ça fait 8, dit ... .

– Pas du tout ! ajoute ... . C'est 5 + 3 qui font 8 !

– Vous vous trompez tous les deux ! s'exclame ... . Pour faire 8, il faut 6 + 2.

– Vous êtes vraiment nuls ! s'écrie ... . Tout le monde sait que 8, c'est 7 + 1 !

Lucie Maya Farid Olivier

Découvrons comment écrire un dialogue

1. Lis attentivement cette histoire, puis réponds aux questions.

Jules se précipite vers ses parents qui l'attendent à la porte de l'école.

– Vite, il faut m'emmener chez le médecin ! s'écrie Jules.

– Mais pourquoi ? demande la maman, inquiète.

– Tu es malade ? ajoute le papa.

– Mais non ! répond Jules. Si je veux aller chez le médecin, c'est parce que le maître a dit que je devais soigner mon écriture !

a. À quoi sert le texte en rose ? et celui en bleu ? et celui en noir ?

b. Le nom du personnage qui parle est-il placé *avant, au milieu* ou *après* ses paroles ? Pourquoi le groupe de mots répond Jules n'a-t-il pas été placé à la fin des paroles de Jules ?

c. À quoi servent les tirets ?

2. Comment peut-on montrer qu'un personnage pose une question ? Comment montre-t-on qu'il répond à une question ?

Écrire un dialogue

◆ Tu vas **écrire une petite histoire sous forme de dialogue**.

De l'oral à l'écrit

1. Observe bien ces trois dessins :

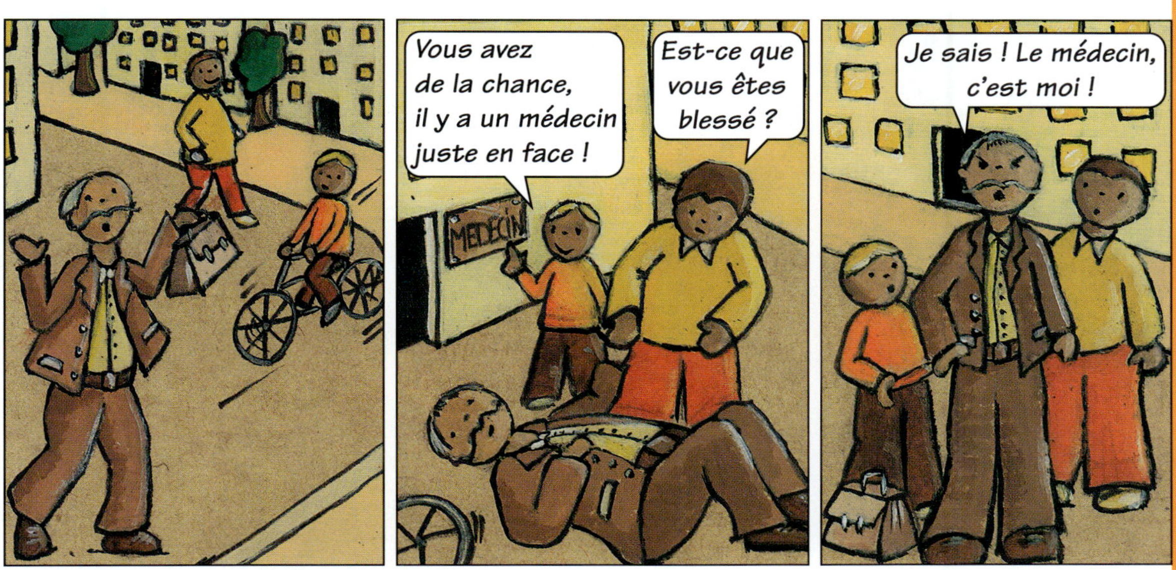

Raconte cette histoire à un camarade qui ne la voit pas.

- Commence par lui dire ce que fait Jules. Ensuite, explique qu'il renverse quelqu'un et qu'un passant vient aider cette personne.
- Que dit le passant ? Que dit Jules ?
- Que répond le blessé ? Sur quel ton ?

À toi d'écrire

2. **Complète l'histoire, puis recopie-la sur ton cahier.**

Jules fait du vélo sur le trottoir. Tout à coup, ... ! Un passant s'approche.

– Est-ce que vous êtes blessé ? demande ...

– ..., dit Jules, ... !

– Je sais ! ... le monsieur. Le médecin, c'est moi !

Pour t'aider

- Utilise le travail que tu as fait auparavant à l'oral.
- Choisis bien le *dernier* verbe qui montre que l'homme n'est pas content !

Lire une carte d'identité

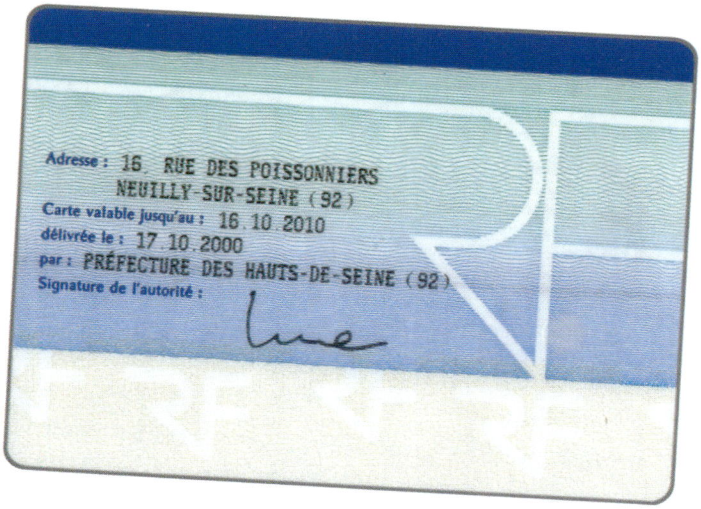

Observons

1. Comment s'appelle ce document ?
2. À quoi sert-il ? Quand l'utilise-t-on ?
3. Que signifie ce signe : RF ?
4. Connais-tu d'autres documents qui permettent à un enfant de donner son identité ? et à un adulte ?
5. Qui a délivré cette carte ?
   Jusqu'à quelle date est-elle valable ?

À ton tour

6. Fabrique ta carte d'identité.
   Pour cela, relève tous les renseignements dont tu as besoin.

Le coin du poète

Le sérieux de Man Ray,
carton, ficelle et boutons,
50 × 32,5 cm,
Collection Giorgo Marconi, Milan.

Trois microbes

Trois microbes, sur mon lit,
Se consultent, bien assis.
L'un s'appelle Scarlatine
Il parle d'une voix fine.
L'autre s'appelle Rougeole
Et prend souvent la parole.
Et le troisième, Oreillons,
Ressemble à un champignon.
Ils discutent pour savoir
Lequel dormira ce soir
Dans mon beau petit lit blanc.
Mais fuyons tant qu'il est temps !
Ces trois microbes ma foi,
Dormiront très bien sans moi.

Jean-Louis VANHAM,
Dans la lune,

À voix haute

1. Lis ce poème, puis écoute tes camarades le lire. Que remarques-tu ?

2. Observe l'œuvre de Man Ray. Avec quoi l'artiste l'a-t-il fabriquée ?

b. Quel est son titre ?

c. Quels objets utiliserais-tu pour fabriquer un tableau qui s'appellerait : *Le microbe* ?

À toi d'écrire

3. a. Remplace les noms des microbes du poème par trois autres noms de maladie.
Ex : Varicelle, Grippe…
Trouve des mots qui vont rimer avec ces nouveaux noms.

b. Réécris les huit premiers vers en t'aidant de ce que tu viens de faire.

6

Dans cette unité tu vas apprendre à :

- *1. Repérer des informations.*
- *2. Organiser des informations.*
- *3. Utiliser des connecteurs de temps.*
- *4. Rédiger des informations.*

à l'oral

- *Décrire un phénomène.*

Raconte ce qui se passe d'inhabituel… Qu'est-ce qui a provoqué cela ?

à l'oral

Observer

Vocabulaire

1. a. Lis ce texte en le complétant avec les mots suivants :

secours, dégâts, à l'abri, barrée, arrachés, fils électriques, arbres.

La tempête a coupé les ... et déraciné les ... . Les ... sont importants : des toits ont été ... , la route est ... par un arbre. Les gens restent ... dans les maisons en attendant les ... .

b. Repère sur les photos ce que tu viens de dire.

2. Dis quel élément naturel provoque chaque phénomène :

neige – pluie – vent – froid

tempête – verglas – avalanche – inondation

S'exprimer

◆ On dit que la tempête est une *catastrophe naturelle* parce que c'est la nature qui provoque de gros dégâts. Connais-tu d'autres catastrophes naturelles ? Lesquelles ?

Décrire un phénomène

◆ Imagine que tu vois les scènes de la page de gauche par ta fenêtre. Tu téléphones à ton ami pour lui décrire ce qui se passe.

Pour t'aider, réponds d'abord à ces questions :
Par quoi vas-tu commencer ? Lui dire bonjour ? Prendre de ses nouvelles ?
Comment sont les toits des maisons ? Pourquoi ? Qu'est-il arrivé aux voitures ? Pourquoi ? Le train peut-il circuler ? Où sont les branches d'arbres ? Est-ce normal ? Comment sont les poteaux électriques ? Pourquoi ? Le courant électrique circule-t-il encore dans le fil ?

Quand tu es prêt, enregistre-toi au magnétophone.

p. 148

Quand la terre tremble (1)

18 avril 1906, San Francisco, Californie. Le jour n'est pas encore levé. Dans quelques instants, cette belle ville des États-Unis sera détruite.

À 5 heures du matin, les cristaux des lustres des maisons tintinnabulent[1], sans raison. Puis un grondement terrible monte de l'intérieur de la Terre. Les murs et le sol se mettent à trembler. Les habitants sont réveillés en sursaut. Des morceaux de plafond tombent sur leur lit. Tout le monde se précipite dans la rue. Les briques se disloquent[2], les poutres cassent. Ça semble durer longtemps. Pourtant, la première secousse du tremblement de terre qui commence n'a duré qu'une minute !

Un peu plus tard, les secousses reprennent. Les dégâts se multiplient. Des crevasses[3] s'ouvrent dans la chaussée. Les rails du tramway se tordent. Le pavé se bombe. Les maisons s'écroulent. Des chevaux affolés passent au galop, entraînant une carriole vide... Plus grave : sous la terre, les conduites de gaz et d'eau se cassent. Le gaz s'enflamme, et l'eau va manquer pour éteindre l'incendie qui débute. À San Francisco, beaucoup de maisons sont en bois. Quelques heures après le tremblement de terre, un incendie se déclare. Et l'eau est coupée ! Trois jours après, l'élégante ville californienne est un amas[4] de ruines fumantes.

Les pompiers font sauter à la dynamite des rangées de bâtiments en flammes. Ils espèrent étouffer le feu sous la pluie des décombres[5]. Ils détruisent même des maisons intactes[6] pour empêcher les flammes de gagner du terrain.

Albertine Lantcoëf, *La terre en colère*, coll. *L'encyclopédie buissonnière*, © D.R.

1. tintinnabuler : produire de petits sons

2. se disloquer : se séparer

3. crevasses : trous

4. amas : tas

5. décombres : morceaux de bâtiment

6. intactes : entières

Le titre du texte : ....

Le titre du livre : ....

La collection : ....

Lire

1. Relis le texte jusqu'à la ligne 12, repère tous les mots où tu entends [s].
Relis à partir de la ligne 20 et repère tous les mots où tu entends [z].

2. a. Recopie les mots suivants dans le tableau :
résister – lustre – sol – morceau – nez – tintinnabuler – gaz – secousse – crevasse – commença – inondation – incendie – amas – lézard – décombres.

J'entends [s]	J'entends [z]	Je n'entends ni [s] ni [z]	Je ne sais pas
...	...	...	...

b. Dans les mots que tu as classés, colorie les lettres qui forment le son [s] ou [z].

3. Dans le texte, des lignes 20 à 23, relève tous les mots où tu vois un ***s***. Entend-on toujours le son [s] ?

Comprendre

1. En t'aidant du texte, choisis la bonne réponse :
- Lorsque se produit la première secousse, les gens sont :
à table – couchés – dehors.
- L'incendie se déclenche parce que :
les maisons s'écroulent – le gaz s'enflamme – les chevaux s'affolent.

2. Retrouve les quatre phrases exactes :
- L'histoire se passe le matin. / L'histoire se passe le soir.
- Ce sont d'abord des trous qui apparaissent dans la rue. / Ce sont d'abord les murs des maisons qui se mettent à trembler.
- Alors les gens rentrent se mettre à l'abri dans leurs maisons. / Alors les gens sortent dans la rue.
- Pour lutter contre l'incendie, les pompiers détruisent des maisons. / Un incendie détruit toutes les maisons avant l'arrivée des pompiers.

Écrire

◆ À l'aide du texte, recopie les événements dans l'ordre :
Les murs et le sol tremblent. – Dans les maisons, les objets bougent. – Les pompiers se battent contre le feu. – Les habitants sortent dans les rues. – Des trous s'ouvrent dans le sol. – Les maisons prennent feu.

Vérifie que tu n'as pas fait d'erreur et que tu as pensé à la ponctuation.

2 Organiser des informations

Quand la terre tremble (2)

Ce jour-là, toutes les catastrophes se sont donné rendez-vous à San Francisco : juste après le tremblement de terre, un raz de marée dévaste la baie[1] de cette ville située au bord du Pacifique. Quand les tremblements de terre ont lieu près de la mer (ou en dessous), ils bousculent de grandes masses d'eau. Ainsi, ils font naître des ondes très puissantes. Près des côtes, les ondes provoquent des vagues géantes, véritables murs d'eau qui déferlent[2] sur les terres.

Malgré toutes ces calamités[3], les habitants ne se laissent pas abattre. Dans le parc Golden Gate où les calèches[4] de luxe se promenaient, une grande partie de la population campe dans un bric-à-brac incroyable : machines à coudre, tables, malles... chacun a sauvé ce qu'il a pu. […]

Aujourd'hui, à San Francisco, les bâtiments sont construits pour résister aux tremblements de terre. La tour Transamérica, en forme de pyramide, est soutenue par des piliers de béton qui servent d'amortisseurs[5]. En cas de séisme (c'est l'autre nom des tremblements de terre), la tour se balance un peu, sans s'effondrer.

Le mardi 17 octobre 1989, à 17 h 04, la Terre a tremblé encore une fois à San Francisco. En ville, les gratte-ciel ont tenu le choc, mais les vieilles maisons se sont écroulées (elles n'avaient pas été construites pour résister). La plupart des victimes ont péri[6] en voiture. Une autoroute à deux étages s'est effondrée.

La terre en colère, coll. *L'encyclopédie buissonnière*, © D.R.

1. baie : partie de mer qui avance dans les terres

2. déferler : se précipiter avec force

3. calamité : malheur

4. calèche : voiture à cheval

5. amortisseur : qui diminue les secousses

6. périr : mourir

Comprendre

◆ Tous les bâtiments se sont-ils écroulés lors du dernier tremblement de terre ? Pourquoi ?

Vocabulaire

◆ **Complète ces phrases avec ces mots du texte :**
bouscule – immeubles – déferle – calèche – catastrophes – vague.

- Cette promenade en ... de luxe a été très agréable.
- Maintenant on construit des ... de plus de soixante étages.
- San Francisco a connu plusieurs grandes ... .
- Le tremblement de terre ... de grandes masses d'eau et fait naître une ... géante qui ... sur les terres.

Découvrons comment organiser des informations

1. Laure dit : « *C'est le raz de marée qui provoque le tremblement de terre.* »
Julien dit : « *Non, c'est le tremblement de terre qui provoque le raz de marée.* »
Qui a raison ? Quelle ligne du texte peut t'aider à répondre ?

2. a. Compte les différentes parties du texte et compare ta réponse avec celle de tes camarades. Comment as-tu fait ?

b. Sur une copie du texte, colorie :
– en bleu la partie qui explique ce qu'est un raz de marée,
– en jaune la partie qui explique où s'installent les gens après le premier tremblement de terre,
– en rouge la partie qui explique comment maintenant on construit les bâtiments,
– en vert la partie qui explique ce qui s'est produit lors du dernier tremblement de terre de San Francisco.

3. Relis le texte *L'arracheur de dents*, **page 66, et compare-le avec celui-ci.**
Lequel raconte une histoire avec des personnages ?
Lequel apporte des informations sur un sujet ?
En quoi ces deux textes sont-ils différents ?

Écrire

◆ **Réécris le dernier paragraphe en remplaçant «** *Le mardi 17 octobre 1989, à 17 h 04* **» par «** *En ce moment* **», comme si tu étais sur place en train de raconter ce que tu vois.**

3 Utiliser des connecteurs de temps

Pourquoi la pluie tombe-t-elle du ciel ?

Les nuages blancs ou gris qui voyagent dans le ciel sont formés d'une énorme quantité de gouttes d'eau minuscules. S'il fait chaud, ils peuvent en contenir beaucoup plus que s'il fait froid. Lorsque les nuages montent dans le ciel, ils se refroidissent et laissent tomber toutes les gouttes qu'ils ne peuvent plus retenir : c'est la pluie. Cela arrive aussi quand les gouttelettes formant le nuage deviennent trop grosses. Parfois les nuages sont si hauts dans le ciel que toutes les gouttelettes deviennent des cristaux de glace. Lorsque ces cristaux descendent vers la terre, ils fondent en rencontrant l'air chaud qui nous entoure et tombent en pluie. Mais, si l'air est froid, ils n'ont pas le temps de fondre : c'est la neige ou la grêle.

Un orage, c'est un grand remue-ménage dans le ciel. Les gros cumulo-nimbus[1] montent très haut, tout chargés d'humidité. L'air chaud et l'air froid se rencontrent et provoquent une grande bousculade avec des vents violents et contrariés[2] qui soufflent par rafales. La pluie tombe avec force ainsi que parfois la grêle ou la neige. La foudre se produit lorsque les nuages sont fortement chargés d'électricité. Ils échangent entre eux ou avec la terre des décharges électriques d'une puissance énorme. Les éclairs sont des lumières aveuglantes qui déchirent le ciel au moment où la décharge[3] se produit. Ils ont la forme de zigzags ou de racines ramifiées[4]. L'éclair ne dure que le temps d'un clin d'œil, mais la décharge électrique produit en même temps un grand bruit qui gronde sourdement : c'est le tonnerre.

Les orages se produisent souvent l'été, sur de petites étendues, quelques kilomètres carrés.

Vette de Fonclare, *Quel temps fait-il ?* coll. *Après la pluie, le beau temps*,

1. **cumulo-nimbus :** nuages sombres qui apportent des orages
2. **contrarié :** qui rencontre des obstacles
3. **décharge :** choc électrique
4. **ramifié :** partagé en plusieurs branches

à l'oral

Quel temps préfères-tu ? As-tu peur de l'orage ?

Lire

1. Relis ces phrases en séparant les mots :

- Lorsquelesnuagesmontentdanslecielilsserefroidissent.
- Unoragec'estungrandremue-ménagedansleciel.
- Lapluietombeavecforceainsiqueparfoislagrêleoulaneige.

2. Relis ce texte et choisis le mot qui convient :

Lorsque ces cristaux *(descendent – remontent)* vers la *(serre – terre – verre)*, ils fondent en rencontrant l'air *(chaud – froid)* qui nous entoure et *(fondent – tombent – sombrent)* en pluie. Mais si l'air est *(froid – froide – froids)* ils n'ont pas le temps de *(pondre – fondre – foudre)* : c'est la neige ou la *(grève – frêle – grêle)*.

Découvrons comment utiliser des connecteurs de temps

1. Repère les mots du texte écrits en bleu. À quoi servent-ils ?

2. Complète le texte ci-dessous à l'aide de ces mots :
lorsque, souvent, parfois, quand.

... les nuages se refroidissent en montant dans le ciel, ils laissent tomber toutes les gouttes. Cela arrive aussi ... les gouttes des nuages deviennent trop grosses. ... les nuages sont si hauts que les gouttes se transforment en glace. Les orages se produisent ... l'été.

3. a. Sur une copie des textes, pages 80 et 82, colorie :

– en bleu les mots qui indiquent à quel moment se passent les actions,
– en rouge les mots qui indiquent à quel endroit se passent les actions.

b. Recopie tous les mots et toutes les façons d'indiquer le temps.
Compare avec ton voisin.

Comprendre

1. De quoi sont faits les nuages ?

2. À l'aide du texte, explique comment se produisent la pluie et la foudre.

4 Rédiger des informations

L'orage à l'école

Les enfants sont en récréation quand soudain éclate un gros orage. La pluie se met à tomber très fort.

Le maître dit : « Rentrez en classe. » Les enfants traversent la cour à toute vitesse. Ils font gicler l'eau. Ils arrivent trempés devant la porte. Amandine est tombée dans l'eau, elle pleure. Le maître la relève. Dans la classe, les enfants essuient leurs cheveux. Il fait si noir que le maître a allumé. Mais tout d'un coup la lumière s'éteint.

p. 184

Les enfants commencent à avoir peur. Le maître les rassure : « On va téléphoner aux mamans. » Mais le téléphone ne marche plus. Tommy, à la fenêtre, dit :

« Il y a de l'eau jusqu'à la balançoire. »

L'eau passe sous la porte, le couloir est inondé.

« On va être noyés, dit Amandine.

– Je veux rentrer chez moi, dit Thomas.

– Moi aussi, dit Nadège.

– Impossible, dit le maître, il est trop tard. Les voitures ne peuvent plus rouler. »

Les enfants montent sur les tables pour ne pas se mouiller les pieds. Arnaud en profite pour patauger et éclabousser les autres. [...]

Les enfants sautent de table en table jusqu'aux fenêtres. Le gros nuage noir a disparu. Le soleil revient. Mais le petit nuage noir est toujours là, immobile. Les enfants le regardent mais ne disent rien. Dans la cour, il y a de l'eau jusqu'aux fenêtres.

École et risques majeurs, © Ministères de l'Éducation Nationale et de l'Environnement, Secrétariat général de la Défense Nationale.

à l'oral

Si ta maison était inondée, que ferais-tu ?

Vocabulaire

1. a. Lis ces mots :

montagne, démonter, remonter, montage, surmonter.

b. Retrouve le mot avec lequel ils sont tous construits.

c. À quelles lignes du texte, ce mot est-il utilisé ?

2. a. Les mots suivants appartiennent à trois familles différentes.
Recopie-les en les répartissant sur trois colonnes :

saut, allumette, parcours, coureur, sauterelle, lumière, illuminer, course, sauter, sursaut, courir, parcourir, allumer, allumage, sauteur.

b. Colorie la partie qui ne change pas.

3. Dans le texte, cherche un mot de la famille :

– de *vite* (lignes 1 à 5),
– de *lumière* (lignes 5 à 10),
– de *lancer* (lignes 10 à 15),
– de *mobile* (lignes 25 à 30).

Comprendre

1. Réponds en choisissant une des trois propositions :

- Où étaient les enfants quand l'orage a éclaté ?
  dans la classe – dans le couloir – dans la cour.
- Jusqu'où l'eau est-elle arrivée ?
  dans la cour seulement – dans le couloir – dans la classe.

2. Sur une copie du texte, souligne tous les mots qui indiquent ce que font les élèves.

3. Choisis la bonne proposition :

Les enfants ne peuvent pas sortir de la classe parce que :
a. *il fait trop froid dehors.* – b. *il pleut très fort.* – c. *le maître les a punis.*

4. Pourquoi les élèves ont-ils peur ? Que fait le maître ?

5. Relis le texte, des lignes 10 à 19, en jouant avec le ton de ta voix pour montrer que les personnages parlent.

Commence par préparer ta lecture en relisant plusieurs fois le passage et en entourant en rouge les signes de ponctuation sur une copie du texte.

Lire

1. Relis le texte, page 86, et remets les étiquettes dans l'ordre :

Le maître dit : « Rentrez en classe. »

Les enfants traversent la cour
lorsqu'ils courent.
Amandine tombe et se met à pleurer.
et courent vers la classe.
Le maître la relève.
devant la classe.
L'eau les éclabousse
Ils arrivent trempés

2. Lis à ton voisin le texte que tu viens d'écrire.

Découvrons comment rédiger des informations

1. a. Relis le texte, page 86.

Ce texte nous raconte une histoire et nous donne des informations.

b. Réponds aux questions sur l'histoire :

– De quels personnages s'agit-il ?

– Que font-ils ?

c. Réponds aux questions sur les informations :

– Qu'est-ce qui ne fonctionne pas à cause de l'orage ?

– Quels dangers y a-t-il ?

2. a. Relis le texte, page 84.

b. Sur une copie de ce texte, colorie :

– en bleu toutes les informations sur *la neige* et *la grêle*,

– en rouge tout ce qui se rapporte à *l'orage*.

c. Explique ce qu'est *un orage*, puis ce qu'est *la neige*.

Rédiger des informations

◆ Tu vas maintenant devoir **rédiger des informations à partir d'images.**

De l'oral à l'écrit

1. a. Décris ce que tu vois sur la photographie. Que s'est-il passé ?

   b. Relis le texte page 80. À quelle partie du texte se rapporte cette photo ? Explique pourquoi.

   c. Sur la photo, relève tous les dégâts causés par le tremblement de terre.

À toi d'écrire

2. Imagine maintenant qu'un tremblement de terre se produise dans le paysage ci-dessous. Tu vas écrire un court texte qui raconte cette catastrophe...

Pour t'aider

- Réponds d'abord à ces questions :
  Que va-t-il se passer pour les maisons, pour le pont, pour l'église ?
  Que vont faire les habitants ?
  Quelles émotions vont-ils avoir ?
- Commence par faire une liste par écrit.
- Aide-toi des textes, pages 80 et 82...

Lire un paysage

1

3

2

4

Observons

1. Indique pour chaque photo à quelle saison de l'année elle a été prise.
2. À quels détails reconnais-tu les photos prises en automne ? en hiver ? en été ?
3. Que représentent ces photos ?
4. Quels éléments ont-elles en commun ?
5. En quoi sont-elles différentes ?

À ton tour

6. Regarde par la fenêtre et fais la liste des détails qui indiquent la saison.

Le coin du poète

Le vent

Je chante et les arbres écoutent
Je hurle et les portes grincent
Je caresse les feuilles doucement
Je les arrache brutalement
J'emporte les graines et les plumes
J'abaisse les fumées des cheminées
Je cours dans les prés
Personne ne me voit mais chacun
m'entend.

L. HIRSCH, *Poèmes pour les enfants*,
© Delachaux et Niestlé.

Les hôtes

Ouvrez les gens, ouvrez la porte,
Je frappe au seuil et à l'auvent,
Ouvrez, les gens, je suis le vent
Qui s'habille de feuilles mortes.

Entrez, Monsieur, entrez, le vent,
Voici pour vous la cheminée
Avec sa niche badigeonnée ;
Entrez chez vous, Monsieur le vent.

Émile VERHAEREN, *Les douze mois*,
© Mercure de France.

Le vent

Il vente, il vente,
Et dans les arbres le vent chante.

Il a chassé les feuilles mortes
Et longtemps crié dans les bois.
Avez-vous entendu sa voix
Quand il sifflait sous notre porte ?

Il vente, il vente,
Et dans les arbres le vent chante.

Isabelle JACCAREL, *Petits enfants. Petits poèmes*,
© Payot, Lausanne, D.R.

L'atelier de lecture

1. Lire et comprendre

Deux histoires drôles ont été découpées en morceaux, et les morceaux ont été mélangés ! À toi de reconstituer chaque histoire.

a. Une vieille dame visite le château de Fontainebleau. Comme elle est un peu fatiguée,

b. – Ce n'est pas grave, répond la dame. Je le lui rendrai dès qu'il reviendra.

c. Un vieux monsieur visite le château de Fontainebleau. Comme il est un peu fatigué, il s'assied dans un fauteuil. Un gardien arrive aussitôt.

d. – Voulez-vous vous lever, s'il vous plaît, demande le gardien.
– Pourquoi ? demande le monsieur. C'est le fauteuil de Napoléon ?

e. – Non, répond le gardien. C'est parce que vous êtes assis sur ma casquette.

f. elle s'assied dans un fauteuil. Un gardien arrive aussitôt.
– Ah non ! Il ne faut pas s'asseoir dans ce fauteuil. C'est celui de Napoléon !

Comment as-tu fait ? Souligne les indices qui t'ont servi.

2. Lire et écrire

Lis ce texte puis recopie-le en corrigeant tous les mots incorrects. Vérifie ensuite ton travail en t'aidant du texte, page 70 (lignes 5 à 11).

p. 70

Gepetti sculpta le nez du patin. Mais voilà que ce nez se mit à s'allonger. Le pauvre Gepetti essaya de le radoter, mais plus il le baillait, plus le nez du patin s'allongeait.
Découragé, Gepetti se mit à sculpter la douche du patin. La douche n'était pas terminée qu'elle se mit à frire et à chanter !

L'atelier de lecture

3. Utiliser des informations

a. Observe chaque encadré. Dans quelle phrase la consigne a-t-elle été respectée ?

• Souligne les noms d'animaux :	• Encadre les verbes :
a. La poule pond un œuf.	a. Vous chantez très mal.
b. Le chat attrape une souris.	b. J'aime bien ce travail.
c. Les lions dorment sur le sable.	c. La grenouille saute dans l'eau.

b. Quel dessin correspond exactement à cette consigne ?

Trace un carré sur la page de ton cahier.
Dessine en vert la lettre O dans le carré. Ajoute un point à l'intérieur du O et une étoile bleue dans le carré, mais à l'extérieur de la lettre O.

a.
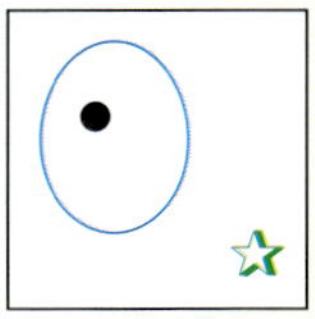
b.
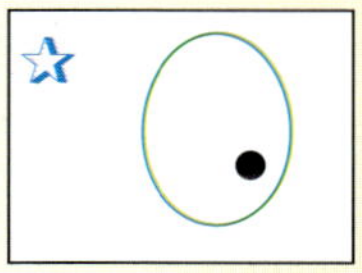
c.
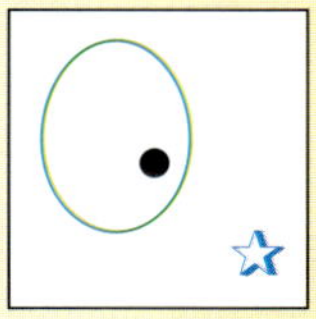
d.
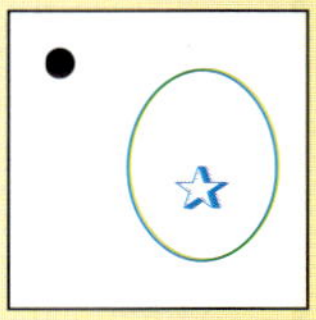
e.

4. Lire pour jouer

a. Trouve les mots suivants en n'utilisant que les lettres de *FAMILLE* :

- Si ce n'est pas un garçon, c'est une … .
- Cet oiseau a une … cassée.
- J'ai vraiment très … !
- Je vais voir un … avec ma meilleure … .
- Il faut … abeilles pour faire un pot de … .

b. Charade

Mon premier est la 19e lettre de l'alphabet.
Mon deuxième n'est pas tard.
Mon troisième tient la voile des bateaux.
Mon tout est un organe qui aime bien manger.

Qui suis-je ?

7

Dans cette unité tu vas apprendre à :

- *1. Identifier des informations.*
- *2. Utiliser des informations.*
- *3. Préciser les lieux.*
- *4. Écrire un texte qui informe.*

à l'oral

- *Décrire un objet.*

Quels moyens de déplacement as-tu déjà utilisés ?

à l'oral

Observer

Vocabulaire

1. Nomme tous les moyens de transport que tu vois sur la page de gauche.
Essaie de les regrouper en différentes catégories. Explique ton choix.

2. Retrouve les véhicules :
a. qui flottent. b. qui roulent. c. qui volent.

3. Retrouve les véhicules que conduisent ces personnages :
un automobiliste, un pilote, un cycliste, un camionneur
un commandant de bord, un astronaute, un marin.

S'exprimer

◆ Si tu devais voyager, lequel des véhicules de la page de gauche choisirais-tu ?
Pourquoi ? Où irais-tu ? Comment t'habillerais-tu ?
Raconte.

Décrire un objet

◆ Choisis un de ces vélos.
Tu vas le décrire à un de tes camarades.
Il devra deviner duquel il s'agit !

Pour t'aider :
- Indique s'il s'agit d'un vélo d'adulte ou d'enfant.
- Observe la couleur du cadre, les roues (leur nombre, leur taille, leurs pneus…), la forme du guidon, le pédalier…
- Explique à quoi il sert : se déplacer dans les chemins, faire des courses de vélo ou circuler en ville...

Une course de voitures écologiques[1]

Chaque année, de drôles de véhicules pilotés par des jeunes participent à l'éco-marathon. Objectif de cette course : consommer le moins d'essence possible.

La course en direct :

1. Remplir le réservoir. Le pilote s'installe dans sa voiture. Les juges remplissent le réservoir d'essence ou de gazole. Les équipiers du pilote posent le capot. 3, 2, 1… C'est parti !

2. Bien négocier[2] la piste. Dans les lignes droites, le pilote fonce. Dans les virages, il arrondit sa trajectoire[3] pour gagner du temps. Mais il doit prendre garde, car son véhicule très léger peut se renverser.

3. Couper le moteur. Dans les descentes, le pilote coupe le moteur. Sa voiture avance en roues libres et économise beaucoup d'essence. Mais attention, il faut redémarrer le moteur à temps. Car, pour ne pas être disqualifié[4] le pilote doit rouler au minimum à 25 km/h.

4. Faire les calculs. Les six tours sont terminés ! Les juges mesurent à la goutte près le carburant consommé. Ils calculent ainsi combien la voiture ferait de kilomètres avec un litre d'essence.

Olivier Rey, *Images doc n°113, mai 1998*,

p. 150

1. **écologiques :** qui respectent la nature
2. **négocier :** rouler sur
3. **la trajectoire :** la ligne suivie par la voiture
4. **disqualifié :** éliminé

À l'entraînement un équipier à vélo indique au pilote la meilleure trajectoire à suivre.

Le titre du texte : ....
L'auteur : ....
Le titre de la revue : ....
L'éditeur : *Bayard Jeunesse*

Lire

1. Cherchez des mots dans lesquels on entend le son [g], comme dans *gare*.

2. Dans le texte, recherche :

– deux mots dans lesquels la lettre *g* s'entend [g],
– deux mots dans lesquels la lettre *g* s'entend [ʒ], comme dans *cage*.

3. a. Complète chaque mot :

le •ara•e – re•arder – un •endarme – ri•oler – •lisser – un •orille – un feu rou•e – la fi•ure – la •or•e – la lan•ue – a•réable.

b. Classe-les maintenant selon que tu entends [g] ou [ʒ].

Comprendre

1. Réponds aux questions à l'aide du texte :

Combien de tours font les pilotes ? Qui remplit le réservoir des voitures ? Que fait le pilote dans les descentes ?

2. Réponds par *vrai* ou *faux* et explique ton choix :

- Dans les lignes droites, le pilote ralentit.
- Les équipiers posent le capot.
- Il faut consommer beaucoup d'essence.

3. Retrouve l'ordre des paragraphes :

(A) Couper le moteur.
(B) Faire des calculs.
(C) Remplir le réservoir.
(D) Bien négocier la piste.

Écrire

◆ Retrouve les phrases qui ont été mélangées :

le pilote coupe le moteur. | Dans les virages, | Dans les descentes, | Dans les lignes droites, | il arrondit sa trajectoire | le pilote fonce. | pour gagner du temps.

La folie V.T.T.

La véritable histoire du Mountain Bike

Aux États-Unis dans les années soixante-dix, des sportifs casse-cou[1] dévalent les montagnes du Far West sur des vélos trafiqués ! [...]

Du côté de San Francisco, des passionnés bricolent une antique[2] bicyclette de livreur des années trente. Robuste avec ses gros pneus et son large guidon, elle fait parfaitement l'affaire sur les pentes rocailleuses de la Californie.

Son seul défaut : la lourdeur. On la débarrasse donc de ses accessoires[3] : le phare, les garde-boue, le porte-bagages, etc.

Quelques bricolages encore et ce vélo dispose d'un triple plateau (pour multiplier le nombre de vitesses), de longues pédales (pour accroître la force produite par les jambes), d'une manette de changement de vitesse sur le guidon et de freins placés comme sur les motos. [...] Ainsi naît le premier *Mountain Bike* (vélo de montagne).

La France du « Vétété »

En 1983, un Français passionné en rapporte vingt-cinq du Japon. Il organise une compétition en Savoie. Une centaine de personnes tournent sur ces vélos révolutionnaires. Très vite, on rencontre ces vélos en montagne, mais aussi à la campagne, sur les plages ou à la ville. On ne dit plus Mountain Bike, mais Vélo Tout Terrain.

Le VTT est un véritable succès populaire. Aujourd'hui, on vend plus de VTT que de vélos classiques.

François Descombe, © *Infos Junior*, n°2, Fleurus-Presse.

1. **casse-cou :** imprudent
2. **antique :** très vieille
3. **accessoires :** pièces qui ne sont pas indispensables

Comprendre

◆ Que veut dire VTT ? Pourquoi a-t-on enlevé les accessoires du VTT ?

Vocabulaire

1. Sur une copie du texte, repère tous les mots qui se rapportent au *vélo*.

2. Observe le dessin.
À quel numéro correspond chacun des mots que tu as trouvés ?

Découvrons comment utiliser des informations

1. Retrouve rapidement ces informations dans la page de gauche :

– Ainsi naît le *Mountain Bike*.
– Le VTT est un véritable succès populaire.
– Son seul défaut, sa lourdeur.

Qu'est-ce qui t'a aidé à les retrouver rapidement ?

2. Retourne à la page 96, et réponds rapidement à la question :

Que calculent les juges ?

As-tu lu tout le texte ? Qu'est-ce qui t'a aidé à répondre rapidement ?

3. Voici deux phrases, trouve à quel endroit elles pourraient être rajoutées :

– On en rencontre partout.
– Tout ce qui n'est pas essentiel est enlevé pour alléger le vélo.

Écrire

◆ Utilise les informations du texte pour écrire un article sur le VTT.
Commence en complétant ces phrases :

VTT veut dire ... . Le VTT n'a pas de ..., ni de ... . Il a un triple ... pour multiplier le ... . Il a des freins placés comme ... .

Continue en t'aidant du texte.

3 Préciser les lieux

Comment fonctionnent les trains souterrains ?

Les trains souterrains ou métropolitains, plus communément appelés « métros » transportent des passagers sous les grandes villes animées. Ils voyagent dans des tunnels creusés sous les rues des villes et quelquefois en surface.

La première ligne souterraine a été ouverte au public en 1863, à Londres, en Grande-Bretagne. Ce réseau[1] utilisait des trains à vapeur dont la fumée remplissait les tunnels.

Les trains électriques sont apparus dans les années 1890 ; aujourd'hui toutes les lignes de métro sont équipées de trains électriques.

Les rames de métro circulent sur des itinéraires fixes appelés « lignes ». Lorsque ces lignes se croisent à une station, on dit que c'est une « correspondance ». On peut à cet endroit changer de ligne afin de se diriger vers une autre destination. En changeant plusieurs fois de ligne, il est possible d'aller à n'importe quel endroit du réseau.

On trouve dans les halls, le long des couloirs, sur le quai des stations et à l'intérieur des voitures des plans des lignes et du réseau.

> Les conducteurs ne pilotent plus leur rame de station en station.
> De nos jours, un système de contrôle automatique contrôle l'ensemble de leur déplacement selon un programme déterminé par un ordinateur.
> La personne qui est dans la cabine de pilotage a pour mission d'ouvrir et de fermer les portes des voitures, de surveiller la montée et la descente des voyageurs. Elle ne conduit pas sauf si le système de pilotage automatique est en panne.

D'après Alain Gree, *Le métro*,

1. un réseau : un ensemble de lignes

à l'oral

As-tu déjà pris le métro ? le train ? Raconte…

Lire

1. **Les mots ont été mal séparés, retrouve les phrases du texte :**

– Lesra mesdemé trocircu lentsur des itinéraires fixesappe léslignes.

– Lesconduc teursnepi lotentplus leurrame de sta tionenstation.

2. **Retrouve le vrai texte :**

La première vigne souterraine a été ouverte au publicité en 1863, à Londres, en Grande-Bretagne. En changeant plusieurs mois de ligne, il est impossible d'aller à n'importe quel poing du réseau.

Découvrons comment préciser les lieux

1. **Retrouve les mots qui manquent dans la phrase** *(tu peux t'aider du texte)* **:**

On trouve ... les halls, ... des couloirs, ... le quai des stations et ... des voitures des plans des lignes et du réseau.

2. **Repère tous les mots du texte qui indiquent le lieu** *(l'endroit où ça se passe)*.

3. **Recopie ces phrases avec les mots qui conviennent :**

– Les métros transportent des passagers *(sous / sur)* les grandes villes.

– Les métros circulent *(dans / au-dessus)* des tunnels.

– La personne qui est *(au milieu de / dans)* la cabine de pilotage ne conduit plus ; elle surveille.

4. **Complète avec ces mots :** *entre, à côté de, derrière, sur, à sa gauche, à sa droite.*

Une affiche est collée ... le mur, ... la famille.

Matthieu a posé sa valise ... lui.

Maya est ... sa maman et son frère.

Sa mère est ... et Matthieu ... .

Comprendre

1. **Où circulent les métros ? À quel endroit les lignes se croisent-elles ?**

2. **Dans le texte, cherche et recopie la phrase qui explique qu'***un ordinateur pilote les métros*.

4 Écrire un texte qui informe

À bord de « l'Océanor »

Les enfants s'assoient au bord du quai, les jambes dans le vide. Ils regardent les péniches[1]. Elles entrent dans l'écluse, elles remontent tout doucement jusqu'au niveau le plus haut, puis elles disparaissent sous la colline.

Agathe dit à son frère :

– Ça serait bien de partir comme ça, à l'aventure.

Une longue péniche noire s'engage dans l'écluse. On peut lire son nom sur la coque : *l'Océanor*. Il n'y a personne sur le pont[2], à part un petit chien qui se met à aboyer en voyant les enfants.

Agathe le regarde et, brusquement, elle saute sur la péniche. Rémi se lève, il est stupéfait[3].

– Saute aussi, dit Agathe, sinon je dirai à Papa que c'est toi qui m'a poussée !

Rémi hésite, il ne sait pas ce qu'il doit faire, et finalement il saute. La péniche les emporte vers le souterrain.[…]

Soudain, une voix terrible gronde :

– Qu'est-ce que vous faites sur ma péniche ?

Rémi et Agathe se font tout petits.

– Je suis le capitaine Watbot, reprend la voix. Venez vers l'arrière et descendez dans la cabine. Surtout ne glissez pas, vous seriez broyés comme des noix, entre la péniche et le quai.

Agathe et Rémi entrent dans la cabine. Ils ne distinguent d'abord qu'un dos énorme et deux mains puissantes qui tiennent la barre. Le capitaine tourne la tête. Il porte un anneau d'or à l'oreille gauche, et sa barbe lui remonte jusque dans les trous de nez. Agathe murmure :

– On dirait un pirate.

1. les péniches : bateaux qui naviguent sur les canaux et les cours d'eau

p. 186

2. le pont : la partie d'un bateau sur laquelle on marche

3. stupéfait : très étonné

à l'oral

Imagine ce que le capitaine Watbot va dire aux enfants dans la cabine…

Vocabulaire

1. a. À ton avis, pourquoi parle-t-on :

– de la *coque* d'une noix et de la *coque* d'un navire ?

– du *quai* de la gare et du *quai* du canal ?

– de la *barre* du bateau et d'une *barre* de chocolat ?

b. Complète ces phrases en utilisant le même mot dans chaque série :

- Range tes … dans ton porte-monnaie. – Cet appartement a cinq … .
- Mets le couvert sur la ... . – Apprends ta … d'addition.
- Le capitaine est sur le … du bateau. – Le … enjambe la rivière.

2. Retrouve dans chaque liste le mot qui n'est pas à sa place :

- transporter – le porteur – apporter – la porte – emporter.
- le patin – la patinette – le pâté – patiner – la patinoire.
- l'avion – l'aviateur – l'avis – l'aviation.
- le souterrain – la terre – terrible – un terrain.

Comprendre

1. Quels sont les personnages dans ce texte ?

2. Où sont les enfants au début ? à la fin ?

3. Recherche tous les mots écrits en rose. Que décrivent-ils ?

4. Que sais-tu sur les péniches après avoir lu ce texte ?

5. Sur la photo, replace tous les mots que tu as repérés dans le texte.

Lire

1. Qui prononce ces paroles ? Justifie ta réponse à l'aide du texte.

– Ça serait bien de partir comme ça, à l'aventure.
– Saute aussi, sinon je dirai à Papa que c'est toi qui m'a poussée.
– Qu'est-ce que vous faites sur ma péniche ?
– Je suis le capitaine Watbot. Venez vers l'arrière et descendez dans la cabine. Surtout ne glissez pas, vous seriez broyés comme des noix entre la péniche et le quai.

2. Entraîne-toi à les lire à voix haute en imitant le ton des personnages.

Découvrons comment écrire un texte qui informe

1. a. Parmi ces encadrés, quels sont ceux qui donnent des informations ?

Karim était sur le quai et regardait les navires. Il rêvait de voyager.
Le paquebot mesure 340 mètres de long et 65 mètres de haut. Il est propulsé par 2 hélices.
Les passagers du bateau descendaient de la passerelle et prenaient le car.
La coque du bateau est effilée et lisse pour bien pénétrer l'eau.

b. Sur une copie du texte, page 102, souligne toutes les informations sur les péniches. Puis, compare avec tes camarades.

2. Voici d'autres informations sur les péniches :

Les péniches sont des bateaux qui naviguent sur les canaux. – Les péniches transportent des marchandises et parfois des vacanciers. – Les péniches sont pilotées par des mariniers. – Les mariniers habitent sur les péniches. – Les péniches passent par des écluses. – La cabine de pilotage est à l'arrière des péniches.

Choisis quelques-unes des informations que tu possèdes sur les péniches et rédige un court texte qui présente ce bateau.

Écrire un texte qui informe

◆ Tu vas maintenant **écrire un texte qui informe**.

De l'oral à l'écrit

1. Observe cette illustration et explique ce que tu vois.

De quoi s'agit-il ? Sais-tu ce que veut dire TGV ?
Quelle forme a ce train ? Qu'a-t-il de particulier ?

2. Complète ces phrases à l'aide de tes observations :

– Le TGV est un train à … . – C'est un train qui fonctionne à … .
– La … se trouve à l'avant de la motrice.
– On met les bagages dans … .

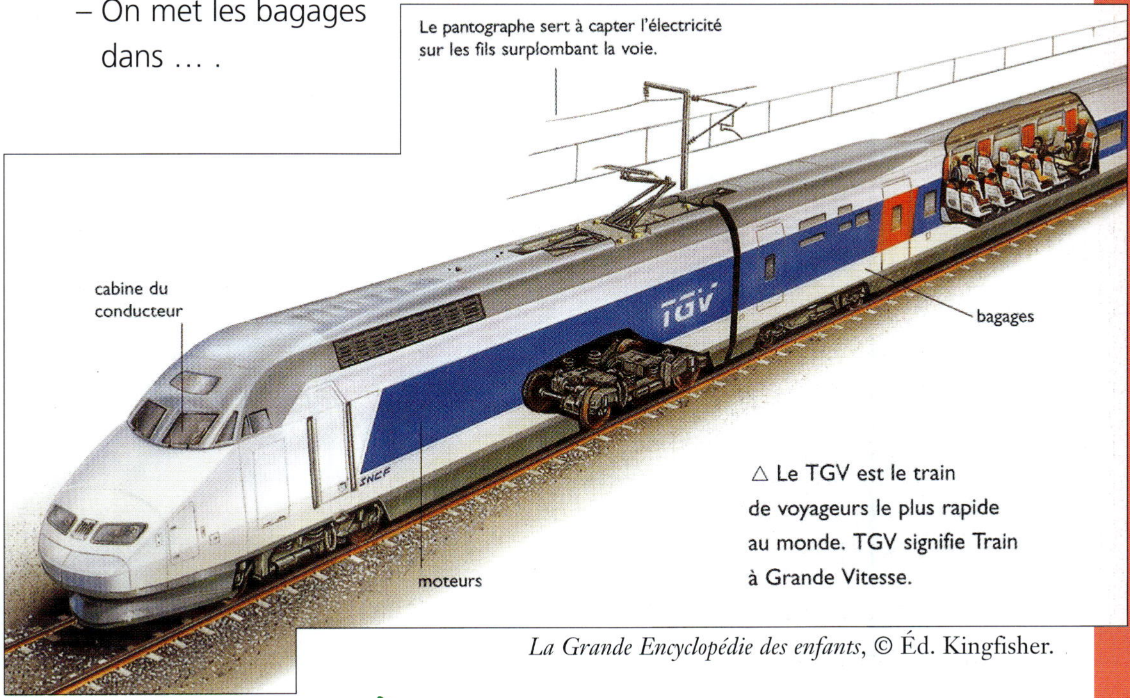

△ Le TGV est le train de voyageurs le plus rapide au monde. TGV signifie Train à Grande Vitesse.

La Grande Encyclopédie des enfants, © Éd. Kingfisher.

À toi d'écrire

3. À l'aide de ce que tu viens de faire, écris un texte qui donne des informations sur le TGV.

Pour t'aider

- Tu peux évoquer sa forme, sa couleur, sa vitesse.
- Réponds à ces questions : À quoi sert-il ? Comment fait-il pour avancer ? Comment capte-t-il l'électricité ?
- Cherche d'autres informations dans une encyclopédie ou à la BCD.
- Pense à utiliser des mots précis.

Les différentes parties d'une voiture

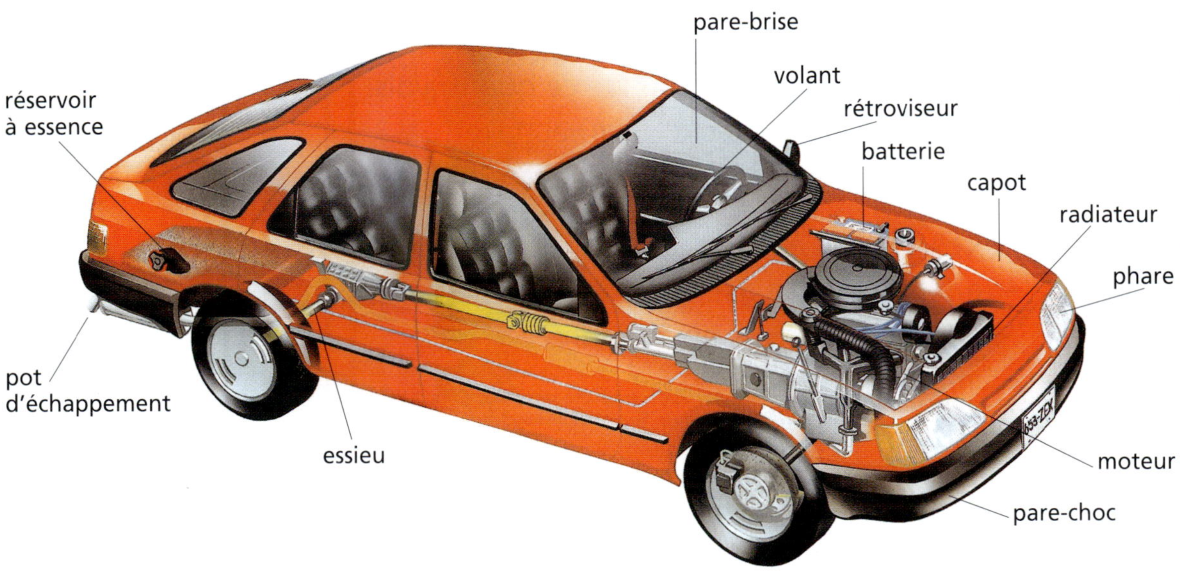

La Grande Encyclopédie des enfants, © Éd. Kingfisher.

Observons

1. As-tu déjà vu une voiture comme celle-ci ? Pourquoi ?
2. Comment s'appelle la partie de la carrosserie qui couvre le moteur ?
3. À quoi sert le volant ?
4. Sur une copie du document, complète les légendes : les clignotants, les roues, les essuie-glaces, les sièges, un appui-tête.
5. Grâce à ce document, qu'apprends-tu ?
   – à conduire une voiture.
   – à connaître les différentes parties d'une voiture.
   – à faire une maquette.

À ton tour

6. Choisis un véhicule sur le dessin, page 94. Dessine-le le plus précisément possible et indique ses différentes parties (fais une recherche en BCD si besoin).

Les pêcheurs à la ligne de Henri Rousseau, dit Le Douanier Rousseau, 1908, Musée de l'Orangerie, Paris.

L'avion

L'avion, au fond du ciel clair,
Se promène dans les étoiles
Tout comme les barques à voiles
Vont sur la mer.

C'est un moulin des anciens âges
Qui soudain a quitté le sol
Et qui, par-dessus les villages,
A pris son vol.

Les oiseaux ont peur de ses ailes,
Mais les enfants le trouvent beau,
Ce grand cerf-volant sans ficelle
Qui va si haut.

Lucie DELARUE-MARDRUS,
Poèmes mignons pour les enfants, © 1929 Gedalge DR.

À voix haute

1. Écoute attentivement ce poème. Que remarques-tu ?

2. Raconte le tableau. En quoi se rapporte-t-il au poème ?

À toi d'écrire

3. a. Dans le poème, à quoi l'auteur compare-t-il *l'avion* (aide-toi des mots en couleur) ?

b. Dans la 1re strophe, quel mot introduit la comparaison ?

4. Réécris le poème en remplaçant *avion* par *fusée* et avec d'autres comparaisons que tu peux faire.

8

Dans cette unité tu vas apprendre à :

- *1. Ordonner des événements.*
- *2. Ordonner un récit.*
- *3. Construire un récit.*
- *4. Écrire la fin d'une histoire.*

à l'oral

- *Raconter une histoire.*

Que trouves-tu de plus étonnant dans cette image ? Pourquoi ?

à l'oral

Observer

Vocabulaire

1. Quel est le thème évoqué par l'illustration ?
Choisis parmi ces 5 propositions et justifie ta réponse.

le corps – les mystères – les sorcières – les spectacles – la maison.

2. Combien de scènes différentes vois-tu ? Indique ce que représente chacune d'elles. Chacune de ces scènes correspond à un texte de l'unité. Essaie de deviner ce qu'il raconte...

3. Les enfants représentés sur ces dessins ressentent sûrement de fortes émotions ! Choisis un de ces enfants et explique ce qui lui arrive et ce qu'il ressent.

S'exprimer

◆ Avec tes camarades, expliquez ce que signifie le mot *mystère*. Faites ensuite la liste au tableau de tout ce qui vous semble mystérieux.

Raconter une histoire

◆ Tu vas maintenant raconter une histoire mystérieuse... Pour cela, utilise un des mystères évoqués dans l'illustration.

Pour t'aider, réponds d'abord à ces questions :

- Comment commence ton récit ? À quel endroit se passe-t-il ? Quels sont les personnages ?
- En quoi y a-t-il un mystère ? Comment le rencontrent-ils ? Que se passe-t-il ?
- Comment se termine ton histoire ? Le mystère est-il résolu ?

Lorsque ton histoire est bien construite, raconte-la à tes camarades. Quels conseils te donnent-ils pour l'améliorer ?

L'étrange escalier

p. 152

Ordinairement un escalier est une chose solide, ferme, résistante, sur laquelle on se sent bien à l'aise quand on sait marcher. Ce jour-là l'escalier avait un drôle d'air. Il ondulait comme une couleuvre dans l'herbe. Il oscillait[1] de gauche à droite. Quand on voulait s'accrocher à la rampe, celle-ci devenait molle comme un bâton de guimauve. Le tapis frétillait[2] sous les pieds comme une peau de chat qu'on caresse à rebrousse-poil[3].

Hermine fit un pas, deux pas. Jacques la suivit. Éric les regardait sans comprendre ce qui se passait. Il s'engagea à son tour, et quand il crut mettre le pied, en descendant, sur la deuxième marche, plouf ! celle-ci se baissa. Éric tomba, glissa, dégringola l'escalier, alla se cogner le front contre une des boules de cuivre de la rampe, et se retrouva assis sur le tapis-brosse d'en bas, avec un très gros mal au cœur et une énorme bosse sur la tête. Hermine et Jacques, terrorisés, s'étaient assis sur la quatrième marche et se cramponnaient l'un à l'autre. Jacques commençait à avoir le mal de mer. L'escalier se balançait, montait, redescendait, se rebroussait, mélangeait ses marches. Les deux enfants entreprirent de remonter à quatre pattes, mais c'était très difficile. Heureusement pour eux, à ce moment-là Nounou entra, et comme par enchantement l'escalier redevint un escalier normal, immobile, paisible.

Claude Roy, *La maison qui s'envole*, coll. *Folio Junior*,

1. **osciller :** bouger
2. **frétiller :** faire de petits mouvements
3. **à rebrousse-poil :** dans le sens contraire

Le titre du texte : .... L'auteur : ....

Le titre du livre : .... L'éditeur : *Gallimard*

Lire

1. a. Repère les mots suivants et retrouve-les dans le texte :
un escalier – la rampe – une marche – en descendant – dégringola – quatrième – passait.

b. Quels sont les mots dans lesquels la lettre *a* ne forme pas le son [a] ? Classe-les.

c. Retrouve dans le texte un mot de chaque catégorie.

Comprendre

1. Cette histoire d'escalier est-elle possible ? Pourquoi ?

2. Remets ces actions dans l'ordre du récit.

a. La deuxième marche se baisse.
b. Hermine et Jacques sont bloqués en haut de l'escalier.
c. La rampe devient molle.
d. Hermine et Jacques s'avancent.
e. Éric dégringole jusqu'en bas.
f. Nounou entre dans la pièce.
g. L'escalier a un drôle d'air.
h. L'escalier redevient normal.
i. Éric les suit.

3. Relève toutes les actions que fait l'escalier.

4. Que se passe-t-il quand Nounou entre dans la pièce ? Comment expliques-tu cela ?

Écrire

◆ Retrouve, puis recopie ces phrases en entier :

~~Éric dégringola jusqu'en bas de l'escalier.~~
~~Il se releva avec une grosse bosse sur le front.~~

2 Ordonner un récit

Un beau désordre

La maman d'Olivier enfila son manteau et sortit acheter un paquet de nouilles.

– Olivier, sois gentil, ne mets pas trop de désordre, avait-elle recommandé en partant.

Une fois seul, Olivier regarda le tapis, les murs et le canapé : tout brillait d'une impeccable[1] propreté ; « Eh bien, se dit-il, je ne vois pas de fouillis ici ! »

Soudain, Olivier entendit du bruit. Il colla son oreille au mur et écouta très attentivement.

On aurait dit le bruit d'un train. Tout à coup, le mur coulissa[2], une rame[3] de métro apparut, puis s'arrêta. Une voix cria : « Terminus ! Tout le monde descend ! »

Et une multitude de gens : petits, grands, gros et maigres s'engouffrèrent[4] dans le salon en direction de la porte d'entrée. Stupéfait, Olivier regarda autour de lui : il y avait des graffiti[5] sur les murs et du chewing-gum sur le tapis. Un homme dormait sur le canapé et le réfrigérateur avait été vidé.

« Ben ça alors, voilà un beau désordre ! » s'exclama Olivier en essayant de traîner l'homme vers la porte d'entrée.

Sa maman rentra juste à ce moment-là. En un clin d'œil, elle remarqua les graffiti sur les murs, le chewing-gum sur le tapis et le réfrigérateur vide.

« Quel désordre ! s'écria-t-elle.

– Le mur s'est ouvert et une rame de métro s'est arrêtée. Des milliers de personnes ont traversé la pièce, expliqua Olivier.

– Oh, Olivier ! Ne me raconte pas d'histoires ! » dit sa maman.

Munsch-Martchenko, *Le métro en folie*, coll. *Folio Benjamin*,

1. **impeccable :** parfaite
2. **coulisser :** s'ouvrir sur le côté
3. **une rame :** plusieurs wagons
4. **s'engouffrer :** entrer avec force
5. **des graffiti :** des dessins

Comprendre

◆ Imagine qu'Olivier te raconte cette histoire. Que vas-tu lui répondre ?

Vocabulaire

1. a. Olivier *colle* son oreille au mur. A-t-il collé son oreille avec de la colle ?

b. Explique ce que veut dire le mot *coller* dans ces phrases :

Léa *colle* une image sur son cahier.
Ton chien va nous *coller* des puces.
Ta petite sœur est gentille mais elle nous *colle* un peu.

2. a. Que signifie le mot *beau* dans cette expression : Voilà un *beau* désordre !

b. Lorsque la maman rentre, elle remarque le désordre *en un clin d'œil*. A-t-elle vraiment fait *un clin d'œil* ? Que signifie cette expression ?

Découvrons comment ordonner un récit

1. a. Dans l'histoire d'Olivier, repère les trois parties :

- première partie : Tout est normal !
- deuxième partie : Des événements très étranges se produisent.
- troisième partie : Tout redevient normal (enfin, presque normal !).

b. Retrouve les phrases qui permettent de passer d'une partie à l'autre.

c. À quoi sert la première partie ? Pourrait-on la supprimer ? Pourquoi ?
Que nous dit-on dans la deuxième partie ?
À quoi sert la troisième partie ? Est-elle indispensable ? Pourquoi ?

2. Complète ce tableau en répondant aux questions :

Le début	*Où se déroule l'histoire ? Qui sont les personnages ? Que font-ils ?*
Les événements	*Que se passe-t-il ?*
La fin	*Comment se termine l'histoire ?*

Écrire

◆ Lis cette histoire :

John est invité à un anniversaire. Il se déguise en spationaute et prend le bus. Bien sûr, tout le monde le remarque ! Le bus traverse une forêt. Soudain, des dizaines d'extraterrestres l'attaquent ! John est le seul à avoir un pistolet laser.

Cette histoire est-elle terminée ? Que manque-t-il ?
Avec tes camarades, imaginez la suite et racontez-la par écrit.

3 Construire un récit

Pauvre Antonin ! (1)

Ce matin-là, quand Antonin entra dans la cuisine pour avaler son bol de céréales, sa mère était déjà en train de boire son café.

– Bougui-bouga ! lui dit-elle en guise de bonjour.

Comme Antonin n'était pas encore bien réveillé, il n'y prit pas garde.

– Bougui-bouga, lança son père en s'asseyant à son tour.

« Mon Dieu ! pensa Antonin. Soit mes parents sont devenus fous, soit je ne comprends plus rien à ce qu'ils racontent ! » Il était tellement troublé qu'il resta la cuillère en l'air et la bouche ouverte. Il écouta très attentivement leur conversation. Mais non, vraiment, il n'y comprenait rien ! « Je vais avoir quelque chose à raconter à mes copains ! » se dit Antonin en partant pour l'école.

Hélas, une terrible révélation l'attendait dans la cour de récréation :

– Salut ! lança-t-il à ses copains.

– Bougui-bouga, Guili-guili ! répondirent-ils en chœur.

– Oh non ! gémit Antonin. [...]

Antonin découvre alors que tout le monde parle une langue étrange qu'il ne comprend pas. Son ami Thomas (qui s'appelle maintenant Borgnipe) l'aide à traduire quelques mots...

Thomas-Borgnipe lui présenta un objet.

– Crayon, dit Antonin.

– Barignou, corrigea Thomas. Iator, ajouta-t-il en désignant cette fois un cahier. [...]

Antonin se demanda si on avait tripoté son cerveau pendant son sommeil. Était-il en réalité un robot, une sorte d'ordinateur qui se prenait pour le véritable Antonin ?

Frédéric Lenormand, *Antonin n'y comprend rien*,
© *Je Lis déjà*, n° 123, Fleurus-Presse.

à l'oral

Imagine-toi à la place d'Antonin. Comment vas-tu réagir ?

Lire

1. Retrouve ces mots du texte :

~~Antonin~~ ~~récréation~~ ~~cuillère~~ c•●••ns c•a●•• ●••●•i-●••●a

2. Parmi les 3 mots entre parenthèses, lequel est dans le texte ?

(col, bol, sol) (poire, boire, foire) (boucle, douche, bouche)
(répondirent, rebondirent, refondirent) (retenus, revenus, devenus)

Découvrons comment construire un récit

1. Sur une copie du texte, encadre :

– en rouge le début de l'histoire,
– en bleu la partie qui raconte les événements,
– en vert la fin de l'extrait.

2. Que dit-on au début du récit ? Qui sont les personnages ?

3. a. Où se passe le premier événement bizarre ?

b. Où Antonin se rend-il ensuite ?

c. Par quoi se termine la partie *événements* ?

4. Cette partie *événements* est composée de trois passages.

a. Repère ces passages dans le texte.

b. Pourquoi l'auteur a-t-il choisi de mettre trois passages ?

5. La fin de l'extrait est-elle aussi la fin de l'histoire ? Pourquoi ?

Comprendre

◆ Remets ces phrases dans l'ordre du récit. Recopie-les ensuite en utilisant trois couleurs : une pour les phrases du début, une autre pour les événements, une troisième pour la fin de l'extrait.

a. Antonin se lève.
b. Thomas l'aide à traduire les mots.
c. Antonin se demande ce qui lui arrive.
d. À l'école, c'est pareil !
e. Il s'aperçoit que ses parents parlent une langue bizarre.
f. Il prend son petit déjeuner.
g. Antonin ne comprend pas ce que ses copains racontent.

4 Écrire la fin d'une histoire

Pauvre Antonin ! (2)

p. 188

Le soir, au moment de se coucher, Antonin découvrit qu'il avait des boutons dans le dos.

« J'ai du attraper une maladie ! » se dit-il.

Et là, il eut vraiment peur : comment en parler à ses parents ? S'ils l'entendaient faire un long discours à sa façon, ce n'est pas à l'hôpital qu'ils le conduiraient, c'est chez les fous ! Il s'endormit en se disant qu'il avait décidément un gros problème.

Le lendemain matin, les boutons d'Antonin avaient heureusement disparu. Ses parents étaient déjà dans la cuisine en train de prendre leur petit déjeuner.

– Bougui-bouga ! leur lança-t-il en s'asseyant devant son bol de céréales.

– Qu'est-ce que tu dis, mon chéri ? répondit sa mère. Tu te sens bien ?

Antonin fut tellement soulagé de la comprendre qu'il ne put se retenir de l'embrasser.

– Tu es bizarre, ce matin, lui dit sa mère.

– Au contraire, répondit-il, je suis enfin normal !

Ça devait avoir un rapport avec les boutons : tout ça n'avait été qu'une maladie bizarre qui était partie aussi mystérieusement qu'elle était arrivée.

Il se dépêcha d'aller à l'école raconter ça à Thomas.

Dans la cour, Antonin salua joyeusement tous ses copains et ses copines, qui se demandèrent pourquoi il était si content. Seul Thomas semblait soucieux.

– Ça va, Borgnipe ? lui demanda Antonin.

– Baraflup, répondit Thomas d'un air désespéré.

Pauvre Thomas ! En plus il avait certainement des boutons dans le dos !

Frédéric Lenormand, *Antonin n'y comprend rien*,

à l'oral

Alex dit qu'il aimerait bien attraper cette maladie. Devine pourquoi !…

Vocabulaire

1. a. Voici la première phrase du texte. Des mots ont été changés. Lesquels ?

Le soir, à l'heure de se coucher, Antonin s'aperçut qu'il avait des boutons dans le dos.

Est-ce que cela change quelque chose au sens de la phrase ? Pourquoi ?

b. Par quels autres verbes pourrait-on remplacer *découvrir* sans changer le sens de la phrase ?

imaginer – remarquer – ignorer – constater – voir – dessiner.

c. Regroupe les verbes qui veulent dire la même chose :

parler – casser – briser – s'allonger – dire – murmurer – rompre – imaginer – s'étendre – s'exclamer – inventer – fracasser – bavarder – causer – se coucher – démolir.

2. a. Retrouve cette phrase dans le texte. Un seul mot a été changé. Lequel ?

Seul Thomas semblait joyeux.

Est-ce que cela change quelque chose au sens de la phrase ? Pourquoi ?

b. Associe chaque mot à son contraire.

beau – léger – descendre – rapide – bas – loin – donner – laid – méchant – pauvre – haut – gentil – lourd – lent – riche – proche – prendre – monter.

Comprendre

1. Que se passe-t-il au début de cette histoire ? à la fin ?

2. Qui est le personnage principal ? Que lui arrive-t-il ?

3. Antonin pense qu'il a été malade. Comment cette maladie s'est-elle manifestée ? Comment Antonin s'en est-il débarrassé ?

4. Thomas est-il un personnage important ? Pourquoi ?

5. Relis la dernière phrase du texte. Pourquoi dit-on que Thomas a sûrement des boutons dans le dos ?

Lire

◆ Lisa a vécu une étrange aventure... mais son récit a été découpé en quatre morceaux. Remets les morceaux dans le bon ordre.

– Pourquoi as-tu crié ? m'a demandé Julie.
– Parce que... je me suis coincé les doigts dans la porte ! lui ai-je répondu.
Si je lui avais dit la vérité, elle ne m'aurait sûrement pas crue...

J'étais invitée à l'anniversaire de Julie. Comme je m'ennuyais un peu, je suis allée dans sa chambre. Il y avait plein de photos d'animaux sur les murs.

Julie est arrivée en courant. Dès qu'elle a ouvert la porte, les animaux se sont tus. Silence total !

Tout à coup, les animaux se sont mis à bouger ! Les oiseaux ont commencé à chanter, les chevaux à hennir, les éléphants à barrir ! Un vrai zoo en folie ! Moi, j'ai eu très peur et j'ai crié.

Découvrons comment débuter et conclure une histoire

1. a. Relis les deux parties de l'histoire d'Antonin, pages 114 et 116.

b. Que raconte l'auteur au début de l'histoire ?
Que dit-il pour présenter Antonin ?
Comment nous montre-t-il que quelque chose ne va pas ?

c. Que raconte l'auteur à la fin de l'histoire ?
Comment sait-on qu'Antonin est guéri ?
Comment sait-on que Thomas a toujours la maladie ?
Est-ce que tu trouves cette fin amusante ? Pourquoi ?

2. a. Voici quatre fins différentes. Qu'en penses-tu ?
- Antonin constate qu'il est guéri. Il retourne à l'école et tout va bien.
- Antonin va faire des courses avec sa mère. Il parle dans sa langue bizarre mais personne n'y fait attention.
- En se réveillant le lendemain matin, Antonin comprend qu'il a fait un cauchemar.
- Antonin va se promener dans la forêt avec ses parents. Il voit des écureuils.

b. Que doit-on dire à la fin pour que ce soit vraiment une fin ?

Écrire la fin d'une histoire

Projet d'écriture

◆ Tu vas maintenant imaginer et **écrire la fin d'une histoire**.

De l'oral à l'écrit

1. a. Voici Lisa dans une nouvelle aventure…

Ⓐ

Ⓑ

Ⓒ

b. Que montrent ces dessins ? Comment pourrais-tu raconter cette histoire ?

c. Quel dessin correspond au début de l'histoire ?
Lequel raconte les événements ?
Le dessin C correspond-il à la fin de l'histoire ?

d. Comment cette histoire peut-elle se terminer ?
Imagine différentes fins et compare-les à celles de tes camarades.

À toi d'écrire

2. Choisis la fin que tu préfères et écris un texte pour la raconter.

Pour t'aider

- Voici quelques mots pour t'aider à écrire l'histoire :
  camarade – crayon de couleur – feuille – dessin – émerveillé – incroyable – superbe – étonné.

Lire une couverture de livre

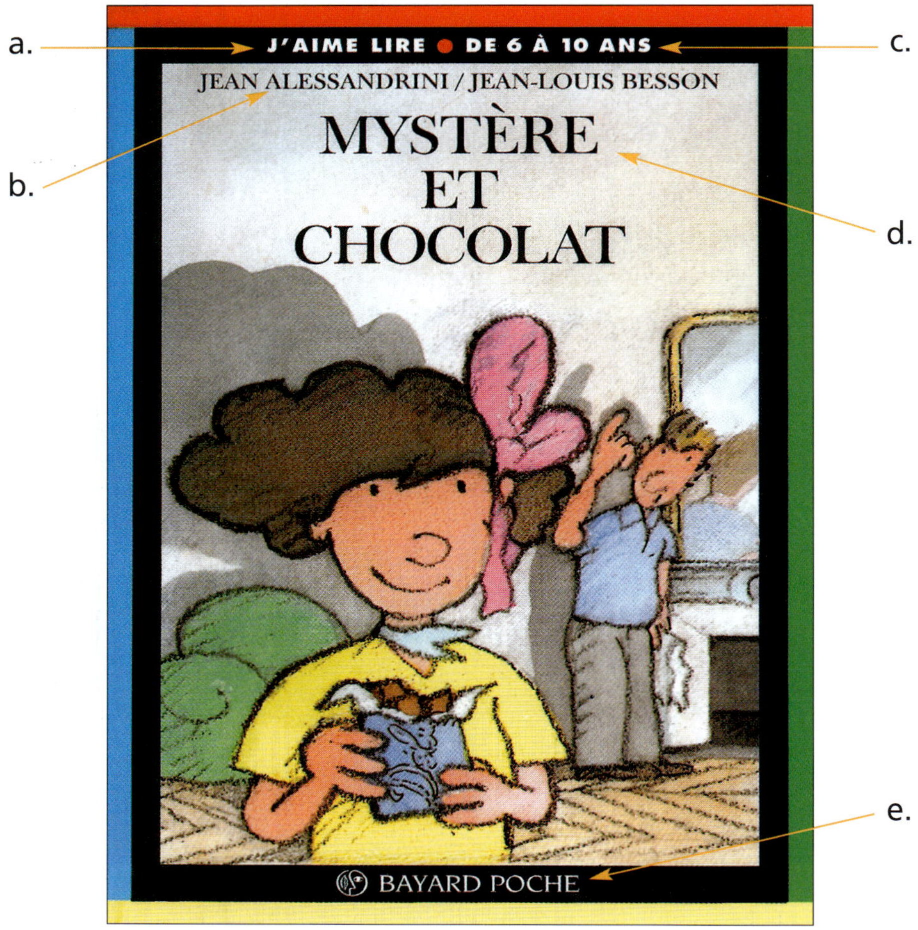

Observons

1. Que représente ce document ? Où peut-on le voir ?

2. À quoi sert le dessin ? Qui sont les personnes dont on peut lire les noms ?

3. Indique la lettre qui correspond au renseignement donné sur la couverture du livre :

– le nom des auteurs – le nom de l'éditeur – le titre du livre
– le nom de la collection – l'âge des lecteurs.

À ton tour

4. Retrouve l'histoire de Lisa que tu as écrite à l'aide des dessins de la page 119. En t'aidant de l'exemple ci-dessus, imagine puis réalise une couverture possible.

Le coin du poète

Sept couleurs magiques

Rouge comme un fruit du Mexique
Orangé comme le sable d'Afrique
Jaune comme les girafes chics
Vert comme un sorbet de Jamaïque
Bleu comme les vagues du Pacifique
Indigo comme un papillon des tropiques
Violet comme les volcans de Martinique
Qui donc est aussi fantastique
Est-ce un rêve ou est-ce véridique ?

C'est dans le ciel magnifique
L'arc aux sept couleurs magiques.

Mymi DOINET,
Mon premier livre de devinettes,
J. Charpentreau, © Éditions de l'Atelier, 1995.

Balle

À la une je surprends la lune
À la deux je la coupe en deux
À la trois je la donne aux oies
À la quatre on veut me combattre
À la cinq je rencontre un prince
À la six j'aime une écrevisse
À la sept j'attrape une comète
À la huit on me déshérite
À la neuf mes souliers sont neufs
À la dix j'ai du bénéfice.

Pierre BÉARN, *La Poèmeraie*,
© Armand Colin / HER.

Un bœuf gris

Un bœuf gris de la Chine,
Couché dans son étable,
Allonge son échine
Et dans le même instant
Un bœuf de l'Uruguay
Se retourne pour voir
Si quelqu'un a bougé.
Vole sur l'un et l'autre
À travers jour et nuit
L'oiseau qui fait sans bruit
Le tour de la planète
Et jamais ne la touche
Et jamais ne s'arrête.

Jules SUPERVIELLE, *Le Forçat innocent*,
© Éditions Gallimard, D.R.

Relativité de Maurits Cornelius Escher.

9

Dans cette unité tu vas apprendre à :

- ***1. Repérer le héros.***
- ***2. Décrire le héros.***
- ***3. Enchaîner des actions.***
- ***4. Écrire une histoire.***

à l'oral

- ***Annoncer un événement.***

Il y a plusieurs attractions représentées sur le dessin. Où les voit-on d'habitude ?

à l'oral

Observer

1. Qui est le personnage représenté au premier plan ? Que sais-tu de lui ?
2. Repère et décris les autres personnages. Que font-ils là ? *Vocabulaire*
3. Observe le château. À quoi te fait-il penser ?
4. Qu'y a-t-il sous le chapiteau ?
5. À ton avis, quel est le thème de cette illustration ?

S'exprimer

◆ Il y a cinquante ans, les cirques étaient très nombreux. Quand l'un d'eux arrivait dans une ville, c'était une vraie fête...
As-tu déjà assisté à un spectacle de cirque ?
Qu'en penses-tu ?

Annoncer un événement

◆ Tu diriges un nouveau cirque. Il présente des numéros qu'on n'a jamais vus ! Tu organises une grande parade dans les rues. Avec ton micro, tu annonces les meilleurs numéros ! Imagine et prépare le texte que tu vas dire.

Pour t'aider :

- Invente trois numéros incroyables *(ex : un extra-terrestre qui jongle avec des étoiles... un crocodile bleu qui joue de la trompette...)*.
- Indique quel jour et à quelle heure a lieu la représentation. À quel endroit ? Précise également les horaires et les tarifs.

Quand ton texte est prêt, mets-toi face à la classe et fais ton annonce !
Modifie ton annonce en fonction des remarques de tes camarades !

L'habit d'Arlequin

p. 190

p. 154

Il était une fois dans une école, un petit garçon nommé Arlequin, que tout le monde aimait, car il avait toujours le sourire et ses amis disaient qu'il avait un cœur d'or[1].

Le carnaval approchait. En récréation, tous les élèves parlaient des vêtements neufs que leurs parents faisaient faire. […]

« Et toi ? dirent ses petits amis à Arlequin, comment sera ton costume pour le carnaval ?

– Oh, moi, dit l'enfant en secouant la tête, mes parents sont si pauvres ! Et puis mon père vient d'être gravement malade, nous n'avons pas assez d'argent pour acheter un habit de carnaval. »

Les enfants eurent le cœur serré en pensant que leur gentil camarade serait le seul à garder ses vieux habits pour le carnaval. Ils se réunirent et parlèrent à voix basse.

Dès le lendemain, chacun apportait un petit morceau de tissu dans lequel serait fait son propre costume, afin de confectionner[2] un bel habit neuf au petit Arlequin. Mais voilà ! Tous ces morceaux étaient de couleur différente ! […] « Oh, dit Arlequin tout joyeux, ma mère sait si bien coudre et elle a de si bonnes idées qu'elle va sûrement me faire un déguisement superbe avec tout cela ! Et moi je penserai en le portant que chaque morceau est un morceau de votre amitié. »

Le matin du Mardi Gras, le petit Arlequin avec son costume multicolore tout flambant neuf[3] fut le plus applaudi des enfants de la ville, tant il était drôle et joli avec sa petite frimousse[4] souriante, ses cheveux bien peignés et son déguisement !

Marie-Claude Monchaux, *Dis maman, raconte…*, © Librairie Hachette, 1976, D.R.

1. **avoir un cœur d'or :** être généreux
2. **confectionner :** faire
3. **tout flambant neuf :** vraiment tout neuf
4. **la frimousse :** la tête

Le titre du texte : .... L'auteur : ....

Le titre du livre : .... L'éditeur : *Librairie Hachette*

Lire

1. Entraîne-toi à lire ces mots rapidement et sans hésiter :

Arlequin – carnaval – action – direction – directeur – acteur – facture – fracture – réfrigérateur – rétroviseur – rétrofrigéracteur – turboréacteur.

2. À toi de lire ce texte, sans faire d'erreurs !

Arlequin, qui était directeur du carnaval, récupéra un réfrigérateur rouge, rouillé, qu'il offrit à un vieil acteur souffrant d'une féroce fracture de la clavicule.

Comprendre

1. À quoi te font penser les quatre premiers mots du texte ? L'histoire qui suit est-elle vraie ou pas ? Pourquoi ?

2. Observe l'illustration ci-contre. Correspond-elle au début ou à la fin de l'histoire ? Pourquoi ?

3. Que penses-tu du comportement des camarades d'Arlequin ? Aurais-tu fait comme eux ?

4. a. Si on cherche le mot *héros* dans un dictionnaire, on peut lire la définition suivante : *personnage principal d'une histoire*. À ton avis, qui est le héros de cette histoire ? Qu'est-ce qui permet de le reconnaître ?

b. Repère les mots colorés dans le texte. De qui parlent-ils ?

Écrire

◆ Les mots de ce texte ont tous été écrits avec des majuscules ! Recopie-le sur ton cahier en utilisant correctement majuscules et minuscules et en séparant les phrases.

LE MATIN DU MARDI GRAS, LE PETIT ALEXANDRE RENTRA DE PARIS. IL ALLA CHEZ ARLEQUIN ET LUI OFFRIT LE COSTUME QU'AVAIENT FAIT LOUISA ET MANON. IL FUT LE PLUS APPLAUDI DE TOUTE LA FÊTE.

2 Décrire le héros

Angelina et les attractions

Angelina emmène Henri, son petit cousin, à la foire...

« D'abord nous allons sur la grande roue », dit-elle. La grande roue est immense et Henri a peur. Angelina, elle, adore se sentir emportée dans les airs. [...]

Quand ils descendent de la roue, Henri a un peu mal au cœur. Mais il se sent mieux dès qu'il aperçoit un manège.

« Regarde, dit-il, on y va ?

– Non, dit Angelina, c'est pour les bébés. Nous, on va sur les grandes attractions[1]. »

Et elle entraîne Henri sur les montagnes russes. Le pauvre Henri ferme les yeux et serre de toutes ses forces la barre de la petite voiture qui glisse sur les rails à une allure vertigineuse[2]. Angelina adore ça et elle a très envie d'y retourner une seconde fois. Mais Henri refuse en pleurant.

« Bon, dit Angelina, alors nous allons dans le Château Hanté. Je suis sûre que tu aimeras cela. »

Elle paie et tire Henri à l'intérieur. À peine ont-ils fait trois pas qu'une gigantesque araignée les menace. [...] Angelina veut toucher Henri... mais il n'est plus là ! [...]

Angelina fait demi-tour : elle doit retrouver son petit cousin. Dans sa précipitation[3], elle tombe entre les pattes de l'araignée géante et le vendeur de tickets doit venir la délivrer. Angelina est enfin sortie du Château Hanté. [...] Hélas ! Henri est introuvable. Angelina est si inquiète qu'elle fond en larmes.

C'est alors qu'elle le voit. À deux pas d'elle... [...] Angelina est tellement contente qu'elle serre Henri dans ses bras et lui donne un gros baiser.

Helen Craig et Katarine Holabird, *Angelina à la foire*, coll. *Album Duculot* © Casterman S.A.

1. **les grandes attractions :** les grands manèges
2. **vertigineuse :** folle
3. **précipitation :** course très rapide

Comprendre

◆ Aimerais-tu qu'Angelina soit ta grande sœur ? Pourquoi ?

Vocabulaire

1. a. Les loisirs sont des activités que tu pratiques durant tes moments libres. En voici une liste :

les jeux vidéos – le cinéma – la musique – le théâtre – le dessin – la lecture – les visites de monuments ou d'expositions – le cirque – la fête foraine – le parc d'attractions – les jeux de société – la pêche à la ligne – le vélo – la natation – la chasse – la danse – l'équitation.

b. Quels sont les loisirs qui font travailler les muscles ? Ceux qui enrichissent les connaissances ? Et ceux qui permettent surtout de s'amuser ?

Découvrons comment décrire le héros

1. Qui est le héros de l'histoire, page 126 ? Comment le sais-tu ?

2. a. Parmi ces phrases, laquelle donne des informations sur le caractère d'Angelina ?

- La grande roue est immense et Henri a peur.
- Angelina, elle, adore se sentir emportée dans les airs.

b. Que nous apprennent ces informations ?

c. Relis la dernière phrase du texte. Qu'apprend-on de nouveau sur le caractère de la jeune fille ?

3. a. Dans le texte, repère tous les mots qui permettent de mieux connaître Angelina. Le texte donne-t-il des détails sur son aspect physique ?

b. Si tu devais décrire le caractère d'Angelina à un ami, que dirais-tu ?

Écrire

◆ Carmen a écrit ce portait d'Angelina :

Angelina est une fille courageuse. Elle n'a vraiment peur de rien ! Elle a aussi bon cœur et elle aime faire plaisir à ses amis. Comme elle est très gentille, tout le monde l'adore.

À toi de faire le portrait de Roberto, qui est tout le contraire d'Angelina !

Nine à l'Opéra (1)

Hier, comme elle me l'avait promis, mémé Za m'a mené à l'Opéra voir *Faust*.

J'y étais déjà allé, une fois, quand j'étais petit.

J'avais monté des escaliers et des escaliers, tous en marbre, et j'étais arrivé en haut, sur un balcon rempli de fauteuils en velours. En bas, il y avait des gens qui bougeaient, et je faisais tomber les papiers des bonbons, comme des papillons, sur leurs têtes. Mémé Za m'avait tapé[1] et je m'étais endormi. J'étais trop petit pour comprendre.

Mais cette fois-ci j'ai tout regardé et j'ai tout vu.

C'est beau, l'Opéra. C'est plus grand qu'un cinéma. Vu d'en bas, c'est haut. Vu d'en haut, c'est profond.

Mémé Za va toujours en haut. Elle m'a expliqué pourquoi en montant l'escalier.

– D'abord, c'est moins cher. Et puis les vrais amateurs d'opéra vont toujours au poulailler. Tu comprends, les voix des chanteurs montent, et là-haut on n'a plus qu'à les prendre dans les oreilles quand elles arrivent…

Je l'écoutais et je me disais dans ma tête que, la première fois, on n'avait pas dû aller dans ce poulailler car je m'en serais bien aperçu. J'étais intrigué et j'ai fini par poser la question à mémé Za.

– Qu'est-ce qu'elles font, les poules, là-haut ?

Ah ! monsieur Pardigon, le rire qu'elle a poussé, mémé Za, il est monté tout droit en haut de l'Opéra, et si quelqu'un l'a pris dans l'oreille, il a dû tomber à la renverse dans son fauteuil ou dans la salle.

– Petit fada, le poulailler, c'est le dernier balcon du théâtre, le balcon des vrais amateurs d'opéra.

1. taper : donner une petite tape

Nicole Ciravégna, *Chichois de la rue des Mauvestis*,

à l'oral

As-tu déjà assisté à un spectacle ennuyeux ? Raconte !

Lire

◆ Recherche, dans le texte, tous les mots qui ont une double consonne *(par ex : pp, ll, ss…)*. Note-les sur ton cahier.
Tu dois en trouver au moins huit différents !

Découvrons comment enchaîner des actions

1. a. Repère les mots en couleur, puis sur une copie du texte, colorie :
– en rouge ce qui s'est passé *hier*.
– en bleu ce qui s'est passé *quand j'étais petit*.
– en vert ce qui se passe *cette fois-ci*.

b. Quelle couleur as-tu le plus utilisée ? Comment expliques-tu cela ?
Pourquoi l'auteur a-t-il ajouté le texte colorié en bleu ?
À quoi sert le texte colorié en vert ?

2. a. Recopie ces actions dans l'ordre de l'histoire.
Je m'étais endormi. J'avais monté des escaliers. J'avais vu des gens en bas. Mémé Za m'avait tapé. J'étais arrivé en haut. Je faisais tomber des papiers de bonbons sur leurs têtes. Je me suis assis dans mon fauteuil.
Comment as-tu fait pour ranger correctement toutes ces actions ?

b. Complète le texte en utilisant les mots encadrés :
J'ai monté des escaliers ... je suis arrivé en haut. Je me suis assis dans mon fauteuil ... j'ai vu qu'il y avait des gens en bas. Mémé Za m'a donné une tape ... je jetais des papiers de bonbons. ... je me suis endormi.

parce que	et	ensuite	puis

c. Compare ce nouveau texte avec celui que tu as copié sur ton cahier.
L'ordre des actions a-t-il changé ? À quoi servent les mots encadrés ?

Comprendre

◆ Un de tes camarades n'a pas lu l'histoire de Nine. Raconte-lui...

4 Écrire une histoire

Nine à l'Opéra (2)

Je ne vais pas vous raconter *Faust*.

J'ai juste le temps de vous en donner une petite idée au cas où vous ne connaîtriez pas l'histoire.

Au début, on est chez un vieux savant. Rien que des fioles[1], des livres et des toiles d'araignées. Le vieux savant marche plié en deux comme s'il cherchait quelque chose par terre. Il cherche la jeunesse, mais elle n'est pas par terre. Elle est dehors.

Alors, il crie : « À moi Satan ! »

La musique fait : boum ! boum ! boum ! Les plombs sautent. Il fait tout noir. Et le Diable gicle du plancher.

Je dis à mémé Za : « Comment il a fait ? »

Elle me dit : « Tais-toi. »

Et pendant ce temps, le Diable donne la jeunesse au vieux savant. Et vous savez comment ? Il ouvre sa cape rouge. On ne voit plus le savant. Puis il la baisse, il se lève de devant et on voit un homme qui remue en chantant : « Je suis jeune ! »

Il est drôlement habillé, avec une barboteuse jaune, des collants verts et un chapeau à plumes blanches.

Mais vous savez, une fois jeune, ce Faust, il n'a fait que des bêtises. Je n'ai pas bien compris pourquoi, à la fin, il y a une belle dame en prison, à cause de lui. Marguerite. Elle est en chemise, elle est attachée au mur de la prison, et elle, elle appelle les anges.

Là, c'est très beau. La musique monte. La voix monte. On attend les anges, mais ils ne viennent pas si vite que le Diable, et le rideau tombe qu'ils ne sont pas encore arrivés.

On est rentrés à la maison et mémé Za a rechanté tout l'opéra en faisant frire des sardines.

1. des fioles : des petites bouteilles

Nicole Ciravégna, *Chichois de la rue des Mauvestis*, © 1995, Pocket Jeunesse, Havas Poche.

à l'oral

Quel est le spectacle que tu aimerais revoir plusieurs fois ?

Vocabulaire

1. Mémé Za fait partie de la famille de l'auteur. À ton avis, qui est-elle ?

2. a. L'auteur a une grand-mère et une grande mère.
Quelles différences vois-tu entre ces deux expressions ?
Désignent-elles la même personne ?

b. On dit que *grand-mère* est un nom composé parce qu'il est formé de deux mots. Il en existe beaucoup d'autres.
À toi de deviner les noms composés suivants :

Ex : – C'est un oiseau chanteur qui a la gorge rouge. ➜ le *rouge-gorge*.
– Cette fleur est un chou ! ➜ le chou- ...
– Ce chien ressemble au loup ! ➜ ...
– C'est un coffre très solide pour l'argent et les bijoux. ➜
– C'est un arc composé de sept couleurs. ➜
– C'est une machine qui nettoie la vaisselle. ➜
– C'est un oiseau à peine plus gros qu'une mouche. ➜

c. À ton avis, que signifient les noms composés suivants ?
Vérifie dans le dictionnaire !

un garde-malade – un passe-partout – une longue-vue –
un moulin à café – un croc-en-jambe – un cerf-volant.

Comprendre

1. Qu'est-ce qu'un opéra ? Donne ta définition à l'aide du texte, puis cherche-la dans le dictionnaire.

2. Réponds par *Vrai* ou *Faux*. Justifie tes réponses.

a. L'auteur assiste à un opéra qui s'appelle « Faust ».
b. Dans un opéra, il y a des comédiens et des musiciens.
c. Faust est le vrai nom de mémé Za.
d. Faust appelle le Diable parce qu'il veut redevenir jeune.
e. L'auteur a des collants verts et un chapeau.
f. L'auteur trouve que cette histoire est un peu bizarre.
g. Le personnage de Marguerite a de la chance.
h. L'auteur aime bien la fin.
i. Mémé Za n'aime pas du tout cet opéra.

Lire

◆ Émilie raconte sa première séance de cinéma.
Remets les extraits de son texte dans le bon ordre :

Ⓐ Tout à coup la salle s'est obscurcie et la musique est arrivée. Si puissante et si grave que je sentais mon ventre vibrer. L'écran s'est illuminé, et dès les premières images j'ai compris que j'allais adorer le cinéma !

Ⓑ Et puis l'écran est très grand, tout blanc, avec des haut-parleurs de chaque côté. Quand les gens entrent dans la salle, ils parlent doucement, même si le film n'est pas commencé.

Ⓒ À la fin du film, quand la salle s'est rallumée, j'étais comme dans un rêve. Je suis sortie avec le flot des spectateurs qui commentaient le film. Certains l'avaient trouvé bon, d'autres moyen. Moi, je l'avais trouvé superextra.

Ⓓ Hier, je suis allée au cinéma pour la première fois. Je croyais que le cinéma, c'était comme une grande télévision. En fait, ce n'est pas ça du tout ! Dans la salle, il y a des centaines de fauteuils.

Découvrons comment construire une histoire

◆ **a.** Relis rapidement l'histoire de Faust, page 130. Le récit de Nine est incomplet. Il pourrait ajouter ceci :

> Faust regrette d'avoir vendu son âme au Diable car, à cause de lui, sa fiancée Marguerite meurt en prison. Faust veut racheter son âme, mais le Diable refuse. Faust ira en Enfer !

Faut-il placer ce passage au début, au milieu ou à la fin de l'histoire ? Qu'est-ce qui permet de répondre ?

b. Sur une copie du texte, page 130, colorie :
- en rouge le passage qui présente Faust au début de l'histoire.
- en bleu le passage qui raconte tout ce qui lui arrive.
- en vert le passage qui annonce la fin de l'histoire.

c. Réponds aux questions *(aide-toi de ce que tu as fait)* :
- Comment est Faust au début de l'histoire ?
- Que fait-il ? Que lui arrive-t-il ?
- Que devient Faust à la fin de l'histoire ?

Écrire une histoire

◆ Tu vas maintenant **construire, puis écrire une histoire...**

De l'oral à l'écrit

1. Observe ces quatre dessins :

- Que fait la vieille dame sur le premier dessin ?
- À quoi pense-t-elle dans le deuxième dessin ?
- Que fait-elle dans le troisième dessin ?
- Quel est le rapport entre ce troisième dessin et les deux premiers ?
- Que fait-elle dans le dernier dessin ? Comment expliques-tu cela ?

À toi d'écrire

2. Raconte cette histoire en écrivant au moins deux phrases pour chaque dessin. Explique pourquoi la vieille dame pense à sa jeunesse. La fin de ton histoire sera-t-elle gaie ou triste ?

Pour t'aider

- Reprends le travail que tu as fait auparavant à l'oral.
- Ces quelques mots peuvent t'aider à écrire ton histoire :

  une vieille dame – un transistor – un fauteuil – de la musique – une chanson – elle danse – elle se souvient – la jeunesse – quand elle était jeune – un bal – une fête – des amis – elle dort – elle est fatiguée.

L. Boulle.

Observons

1. De quel genre de document s'agit-il ? Où peut-on en voir ?
2. Qu'as-tu regardé en premier ? Qu'est-ce qui se lit le mieux ?
3. Que reconnais-tu sur cette affiche ? Où en as-tu déjà vu ?
4. À quoi sert le texte ? Que nous apprend-il ?
5. À quoi sert cette affiche ?

À ton tour

6. Réalise une affiche pour annoncer la fête de ton école ou un autre spectacle.

   Dessine ce qui te semble le plus intéressant et n'oublie pas les informations importantes :
   Que va-t-on voir ? Que va-t-on faire ? Qui va y participer ?
   La date est-elle déjà connue ?
   Et les horaires ?

Le coin du poète

Le cirque de Georges Seurat, Musée d'Orsay, Paris.

Clown

Clown à bouche de fromage
et nez de cerise
et chapeau de pastèque
et pantalon de poire
et soulier de concombre
et fesse de citrouille
et mollet de poireau
et main de marguerite

Fais tout de même
attention au lion !

Michel BESNIER, « Les poètes et le clown », © Éd. Møtus, collection *Pommes Pirates Papillons*.

À voix haute

1. Écoute, puis lis ce poème. Mettez-vous par deux : l'un lit les parties du corps du clown, l'autre les mots associés.
2. Pourquoi l'auteur parle-t-il du lion ? Trouves-tu cette fin amusante ?
3. Observe le tableau de Georges Seurat. Quels artistes reconnais-tu ?

À toi d'écrire

4. Imagine une jolie maison faite de chocolat, de biscuits, de crème…

   Fais la liste des différentes parties de cette maison (le toit, les murs, les fenêtres…) et indique avec quoi elles sont fabriquées.

   Construis ensuite ton poème en commençant par *Jolie maison à …* .

   Termine en indiquant de quoi cette maison devrait se méfier !

L'atelier de lecture

1. Lire

Retrouve ces deux histoires drôles en lisant d'abord les mots bleus, et ensuite les mots roses. Quelle histoire préfères-tu ?

Deux Un enfants homme discutent affolé dans arrive la chez cour le de médecin. récréation.
– J'ai Tes été mains piqué sont par plus des sales dizaines que de les guêpes, miennes, s'écrie dit le le pauvre premier. homme.
– Calmez C'est vous ! normal, répond répond le l'autre. médecin. J'ai Je deux vais ans vous de faire plus une que petite toi. piqûre.

2. Lire et écrire

a. Lis une première fois cette histoire en suivant d'abord les flèches roses, puis recommence en suivant les flèches bleues.

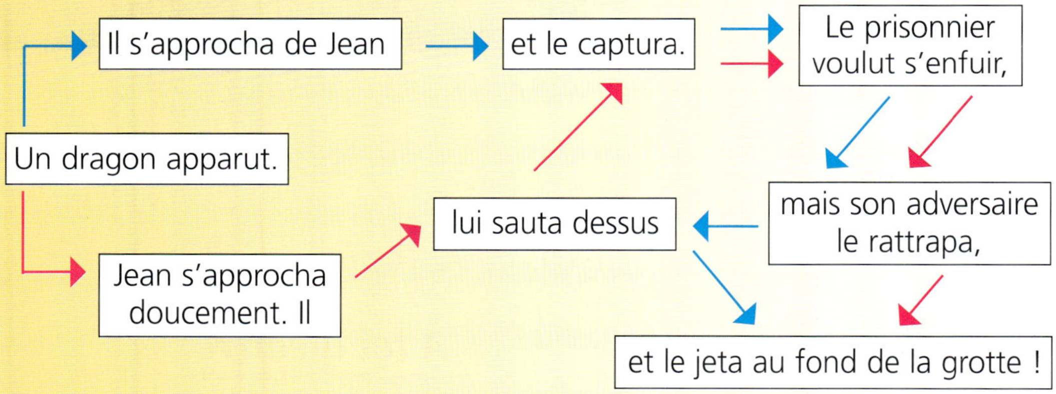

b. Qui se fait jeter au fond de la grotte à la fin de l'histoire bleue ?
Et à la fin de l'histoire rose ?
Comment expliques-tu cela ?

Construire

les outils de la langue

pour comprendre et communiquer

Savoir construire des phrases et comprendre leur fonctionnement

Grammaire

Savoir utiliser les verbes et les conjuguer

Conjugaison

Savoir écrire les mots, les phrases et les textes

Orthographe

Unité 1

Identifier une phrase (1)

p. 12

Le bœuf et l'âne

C'est l'âne qui était le plus gâté il restait à se prélasser tout le jour le bœuf avait plus à faire il devait tirer la charrue, tourner la roue à eau et faire tourner la meule.

Découvrons et construisons

1. a. Lis cet extrait plusieurs fois. Repère où tu t'arrêtes en lisant.

b. Recopie-le en ajoutant des majuscules et des points pour obtenir quatre phrases.

c. Compare avec le texte, page 12.

p. 12

2. a. Relis le texte, jusqu'à *au-dessus de leurs forces*.

p. 12

b. Combien ce passage contient-il de lignes ? de phrases ? Comment expliques-tu cette différence ?

3. Lis ces suites de mots. Recopie celles que tu comprends.
– Les beaucoup animaux travaillent.
– Les bêtes étaient heureuses chez le paysan.
– Le bœuf restera couché.

4. a. Remets ces mots en ordre pour obtenir des phrases :
– la cour. est dans Le canard
– a trouvé La petite un grain poule rouge de blé.
– tout fait le travail. Elle

b. Quels indices t'ont aidé ?

5. Parmi ces suites de mots, ne recopie que les phrases :
– le dindon et le canard
– Le chat traverse la cour.
– La fermière.
– Les souris se sauvent.

6. Recopie ce texte en séparant les phrases avec des majuscules et des points :
Jérôme est bien ennuyé sa petite souris noire ne veut pas dormir elle fait la comédie tous les soirs

À savoir

- Un texte est formé de plusieurs phrases.
- Une phrase est un groupe de mots qui a un sens. On peut la comprendre. Elle commence toujours par une majuscule et se termine par un point.
  Ex : Le chien et le chat sont des animaux.
- Une phrase longue peut être écrite sur plusieurs lignes.

Grammaire

Je m'entraîne

1. **Ajoute les majuscules et les points pour former des phrases :**
– les majuscules sont importantes
– je ne dois pas oublier le point à la fin de la phrase

2. **Ne recopie que les phrases :**
Il pleut. – Les enfants jouent. – Iront se coucher. – Dans le tiroir. – Pomme chien – Le crayon est cassé.

3. a. **Recopie les phrases.**
– La souris a trop mangé.
– elle ne peut pas dormir
– Jérôme n'est pas assez sévère
– Vicki pleure.
– elle a peur du noir.

b. **Pourquoi as-tu éliminé les autres suites de mots ?**

c. **Transforme-les en phrases et écris-les.**

4. **Remets ces mots en ordre pour obtenir des phrases :**
– beaucoup. Le bœuf travaille
– apporte à ses animaux. Le fermier à manger
– a mordu Virginie. Le chien

5. **Sépare les phrases en ajoutant les majuscules et les points :**
Cette nuit-là le lion sortit de son antre il était l'heure de dîner il se mit à courir après un zèbre le zèbre réussit à lui échapper le lion rentra dans son antre le ventre vide

Grammaire

Je dois savoir

◆ **Utiliser les majuscules et les points**

Recopie seulement les suites de mots qui ont un sens et ajoute ce qui leur manque pour en faire des phrases :

- le soleil se lève
- les animaux se réveillent un à un
- chante poule la
- demain hier le paysan sort

◆ **Remettre de l'ordre dans une phrase**

Rétablis les phrases et écris-les :

- bien rangés. sont Mes livres
- de la classe à clé. La porte est fermée

◆ **Repérer les phrases d'un texte**

Sépare les phrases et rétablis la ponctuation :

Pauline entre dans la cuisine elle claque la porte le chien se réveille il quitte son panier et vient faire la fête à sa petite maîtresse elle lui caresse doucement la tête

Identifier une phrase (2)

p. 24

La rencontre

La dame a un manteau noir, du poil au menton et de drôles d'oiseaux sur son chapeau. Nicolas, un peu inquiet, pense que c'est certainement une horrible sorcière. Elle l'emmène.

Découvrons et construisons

1. a. Recopie l'extrait ci-dessus.

b. Compare-le avec les trois premières phrases du texte, page 24, et colorie ce qui a changé.

c. Explique ces changements.

2. a. Écris toutes les phrases possibles en changeant l'ordre de ces groupes de mots :

p. 22

quand il était petit – Timothée – pour lui faire plaisir – aidait sa maman – à la maison.

b. Compare tes phrases avec celles de ton voisin. Que remarques-tu ?

3. Raccourcis ces phrases le plus possible. Que reste-t-il ?

– À quatre ans, Timothée changeait les potions en mousse au chocolat.

– Plus tard, le petit garçon est allé à l'école des sorciers.

4. a. Ajoute des détails pour allonger ces phrases :

– La sorcière arrive.

– Les enfants jouent.

– Timothée aide sa maman.

b. Compare tes phrases avec celles de tes camarades.

5. Déplace les groupes de mots en rose et réécris les phrases :

Ex : Tous les matins, je me lève.

→ Je me lève tous les matins.

– À huit heures, Lucas est parti.

– Tu as fait la vaisselle pour faire plaisir à tes parents.

– Demain, nous irons à la plage s'il fait beau.

À savoir

- Dans une phrase, on peut changer l'ordre de certains groupes de mots. On peut également supprimer certains mots.

  Ex : Tous les ans, nous fêtons Halloween. → Nous fêtons Halloween tous les ans. → Nous fêtons Halloween.

- Une phrase dans laquelle on ne peut plus rien supprimer est une phrase minimale.

  Ex : Lucas est parti.

Je m'entraîne

1. a. Trouve et recopie la sixième phrase du texte, page 28 : *Mais le lendemain matin...* . p. 28

b. Colorie tout ce qui peut être supprimé.

c. Écris la phrase minimale obtenue.

2. a. Lis ces phrases minimales :

– On s'est aperçu que la sorcière avait une araignée.

– Les gens se sont mis en colère.

b. Retrouve les phrases complètes qui correspondent, page 28, et lis-les à voix haute. p. 28

3. Enrichis ces phrases :

– La voisine a un jardin.

– Nous avons vu un chien.

4. a. Utilise ces groupes de mots pour écrire la phrase :

– la plus courte possible,

– la plus longue possible.

le dimanche / quand / il fait beau / Cédric / se promène / en vélo / avec ses parents

b. Écris toutes les autres phrases que tu peux former. *(Supprime ou déplace des groupes de mots.)*

c. Compare ton travail avec celui de tes camarades.

5. Écris toutes les phrases possibles (courtes ou longues) avec ces groupes de mots :

le soir / quand la lune se lève / la sorcière / sort de chez elle / et / prend son balai

Je dois savoir

◆ **Changer l'ordre des mots**

Réécris ces phrases en changeant l'ordre des groupes de mots :

– Les enfants sortent de l'école à onze heures et demie.

– Le mardi matin nous allons à la piscine.

– Sans faire de bruit, Nicolas est entré dans la chambre.

– Le train partira demain à huit heures.

◆ **Supprimer des mots dans une phrase**

Réduis chaque phrase le plus possible :

– En arrivant, Michel a posé son sac sur la table.

– Dans la rue, les voitures passent en faisant beaucoup de bruit.

– La sorcière, très en colère, a transformé Marie en grenouille.

– Chaque soir, Laura va se coucher dans sa chambre avec un livre.

Reconnaître la forme d'une phrase

p. 36

Les règles d'or

N'ouvre pas la porte pendant la cuisson. Respecte les temps indiqués dans la recette. Et n'oublie pas d'éteindre l'appareil lorsque ton plat est prêt !

Découvrons et construisons

1. a. Recopie l'extrait et entoure en bleu ce qu'il faut faire et en rose ce qu'il *ne* faut *pas* faire.

b. Fais de même pour ces phrases :
– Ne pas ouvir la porte.
– Respecter les temps indiqués.
– Ne pas oublier d'éteindre l'appareil.

2. a. Observe les mots en couleur dans l'extrait ci-dessus puis relis les phrases en supprimant ces mots. À quoi servent-ils ?

b. Retrouve ces mots dans les phrases suivantes et colorie-les :
– Ne fermez pas la porte.
– Le repas n'est pas prêt.
– N'ouvrez pas la fenêtre.
– Ce gâteau ne sent pas bon.

c. Lis les phrases en supprimant les mots coloriés. Que remarques-tu ?

3. a. Lis ces phrases et réécris-les en commençant par *oui* ou *non* :
– ..., Pierre mange avec nous.
– ..., il n'est pas encore arrivé.
– ..., j'aime le chocolat.
– ..., je ne dors pas.

b. Colorie les mots qui t'ont aidé.

4. Complète chaque réponse par oral puis par écrit :
– Aimes-tu la salade ? → Oui, ...
– La tarte est-elle cuite ? → Non, ...
– Avez-vous du pain ? → Non, ...
– Pierre est-il prêt ? → Oui, ...

5. a. Transforme ces phrases comme dans l'exemple.
Ex : Ouvre. → N'ouvre pas.
Renverse ton bol. – Enlève tes chaussures. – Il faut fermer à clé.

b. Colorie en rouge les mots que tu as ajoutés. Que remarques-tu ?

À savoir

◆ Une phrase peut être à la forme affirmative ou à la forme négative.
La forme négative sert à dire non.
Ex : Il fait beau. – J'ai faim. – Regarde ! → forme affirmative.
Il ne fait pas beau. – Je n'ai pas faim. – Ne regarde pas ! → forme négative.

Je m'entraîne

1. a. Recopie ces phrases :
Je n'aime pas les carottes. – Mes amis sont partis. – Il pleut. – Il ne fait pas chaud. – Vous ne connaissez pas cette chanson ? – Je prépare un gâteau au chocolat.

b. Colorie les phrases affirmatives en bleu et les phrases négatives en rose.

2. Transforme chaque phrase négative en phrase affirmative :
Je ne suis pas content. – Je n'ai pas acheté le pain. – Vous ne pouvez pas nous aider. – La vaisselle n'est pas faite.

3. Transforme chaque phrase affirmative en phrase négative :
Viens avec moi. – Je prends mes affaires. – Vous êtes gentils. – Il est venu te voir. – J'ai fini mon travail. – Regardez ce dessin.

4. a Relis le texte et relève toutes les phrases négatives que tu y trouves. p. 10

b. Transforme-les en phrases affirmatives.

5. Écris trois phrases affirmatives. Réécris-les à la forme négative.

6. a. Recopie les mots en rose de ce texte. p. 38

b. Colorie en bleu ceux qui disent de faire quelque chose et en rose ceux qui disent de *ne pas* faire quelque chose.

Je dois savoir

◆ **Reconnaître des phrases affirmatives et négatives**

Recopie ces phrases, puis colorie les phrases affirmatives en bleu et les phrases négatives en rose :

Nous sommes en retard. – Nous ne sommes pas encore arrivés. – Je n'aime pas ce bruit. – Il est huit heures. – Vous ne restez pas ? – Ne faites pas cela ! – Ce film est très drôle.

Entoure ce qui t'a permis de reconnaître les phrases négatives.

◆ **Transformer une phrase affirmative en une phrase négative**

Ajoute *ne ... pas* ou *n' ... pas* dans ces phrases :

Je suis pressé. – La porte est fermée à clé. – Ce stylo est à moi.

◆ **Écrire des phrases négatives**

Écris trois phrases négatives, puis réécris-les à la forme affirmative.

Unité 4

Reconnaître le type d'une phrase

p. 52 **Lettres**

J'ai bien reçu ta carte postale. J'aimerais bien savoir comment s'est passé ton voyage et comment tu occupes tes journées. Quels jeux faites-vous ? Quelles visites sont organisées ? Comment est ta chambre ?

Découvrons et construisons

1. a. Relis l'extrait ci-dessus. Combien contient-il de phrases ?

b. Observe les points qui les terminent. Que remarques-tu ?

c. À quoi servent les phrases terminées par ? :
– à donner un renseignement ?
– à poser une question ?

2. a. Les phrases suivantes servent-elles à donner un renseignement ou à poser une question ?
– Nous allons visiter un musée.
– Ma chambre est très grande.
– Nous jouons à faire de la luge.

b. Associe chacune de ces phrases avec une question de l'extrait.

3. Repère les questions puis les réponses et associe-les :
– À quelle heure partez-vous ?
– Il neige.
– Quel temps fait-il ?
– Nous partons à huit heures.

4. a. Invente des réponses à ces questions par oral, puis par écrit :
Est-ce que tu pars ? Où pars-tu ?
Pars-tu ? Quand pars-tu ? Tu pars ?

b. À quelles questions as-tu répondu par *oui* ou par *non* ? Comment sont construites ces questions ?

c. Par quels mots commencent les autres questions ?

À savoir

- Une phrase qui sert à poser une question est une phrase interrogative.
- Une phrase interrogative se termine toujours par un point d'interrogation (?). *Ex : Quelle heure est-il ? Où allez-vous ?*
- Il existe plusieurs façons de construire une phrase interrogative.
  Ex : Vous avez mangé ? Avez-vous mangé ? Est-ce que vous avez mangé ?
- Le plus souvent, on élève la voix à la fin d'une phrase interrogative.
- Une phrase qui donne un renseignement ou qui raconte un événement est une phrase déclarative.
  Ex : J'ai bien reçu ta carte postale.

Grammaire

Je m'entraîne

1. Recopie en vert les phrases qui donnent un renseignement *(déclaratives)* et en rouge les phrases qui posent une question *(interrogatives)* :
Nous partons à la montagne.
– Quelle heure est-il ? – Qui est là ?
– J'ai froid. – Il est tard – Il dort.
– Avez-vous vu ce film ?

2. Recopie ces phrases en leur ajoutant le point qui convient :
– Je voudrais sortir
– Quand reviendrez-vous
– Nous aimons les dessins animés
– Veux-tu un gâteau

3. Transforme ces phrases en phrases interrogatives :
*Ex : **Il est** prêt. → **Est-il** prêt ?*
Il est malade. – Elle sait bien lire.
– Vous aimez le chocolat. – Ils ont écrit à leur grand-mère.

4. Trouve deux autres façons d'écrire chaque question.
Ex : Il est parti ? → Est-il parti ?
→ Est-ce qu'il est parti ?
– Vous comprenez ?
– Est-ce qu'il fait beau ?
– As-tu pris ton manteau ?

5. Écris les questions qui correspondent à ces réponses :
– Je m'appelle **Lucas**.
– J'habite à **Mantes la Jolie**.
– J'ai **7** ans.

6. Sur une copie du texte, repère et colorie les phrases interrogatives.
p. 56

Je dois savoir

◆ **Reconnaître des phrases déclaratives et interrogatives**
Recopie et colorie les phrases déclaratives en vert et les phrases interrogatives en rouge :
Comment allez-vous ? – J'arrive tout de suite. – Où est la sortie ? – Il dort.

◆ **Transformer une phrase déclarative en une phrase interrogative**
Transforme ces phrases en questions en changeant l'ordre des mots et la ponctuation :
Tu es fatigué. – Vous habitez ici. – Elle a écrit à sa grand-mère.

◆ **Écrire des phrases interrogatives**
Écris les questions qui correspondent à ces réponses :
Sa sœur s'appelle *Justine*. – Il s'est couché *à dix heures*. – *Non*, je n'aime pas le poisson. – *Oui*, Colin sait faire du ski.

Unité 5

Analyser une phrase

p. 66

L'arracheur de dents (1)

Jehan se faufila jusqu'au premier rang. Tout le monde retenait son souffle. L'homme assis porta aussitôt la main à sa bouche. Celui qui tenait l'épée se mettait à rire. La foule se détendit d'un coup.

Découvrons et construisons

1. a. Dans ce texte, que désignent les mots en bleu : une personne, plusieurs personnes ou une chose ? Justifie tes réponses.

b. À quoi servent les mots en rose ? Encadre ceux que tu trouves les plus importants.

2. a. Dans les phrases suivantes, colorie les mots qui sont en bleu dans le texte encadré :
Jehan se mettait à rire. – L'homme assis se faufila jusqu'au premier rang. – Celui qui tenait l'épée retenait son souffle. – La foule porta aussitôt la main à sa bouche. – Tout le monde se détendit d'un coup.

b. Colorie le reste des phrases en rose. Que remarques-tu ?

3. a. Sépare d'un trait les groupes de mots dans ces phrases :
Le Roi emmène son fils.
– La pièce est fausse.
– Le fils du roi est furieux.

p. 68

b. Colorie en bleu les mots qui disent *de qui* ou *de quoi l'on parle*.

c. Colorie en rose les mots qui disent *ce que l'on fait* ou *ce que l'on est*.

4. a. Colorie en bleu les groupes de mots qui contiennent seulement un nom, en rose ceux qui contiennent un verbe :
le singe – sauve la princesse
– le chevalier – fait des grimaces.

b. Relie chaque groupe bleu au groupe rose qui convient.

À savoir

- Une phrase est souvent constituée de deux groupes : le groupe nominal (G.N.) et le groupe verbal (G.V.).
- Le groupe nominal (avec un nom) précise de qui ou de quoi l'on parle.
- Le groupe verbal (avec un verbe) indique ce que l'on fait ou ce que l'on est.

Ex : Mon père (de qui l'on parle) *regarde la télévision* (ce qu'il fait).
Cette route (de quoi l'on parle) *est dangereuse* (ce qu'elle est).

Je m'entraîne

1. Dans ces phrases, colorie le groupe nominal en bleu et le groupe verbal en rose :
Le soleil brille. – Le verre est vide. – Léa joue. – Les fleurs sont fanées.

2. a. Classe ces mots dans le tableau suivant :
Pierre – se promène – la maison – a téléphoné – les arbres – pleure.

Noms	Verbes

b. Ajoute trois mots dans chaque colonne du tableau.

3. Relie chaque groupe nominal à son groupe verbal :

Le ballon •	• sont neuves.
Vos chaussures •	• écrit bien.
Carmen •	• est dégonflé.

4. a. Sur une copie du texte, colorie en bleu ces groupes nominaux : p. 70
Le pauvre Gepetto – La bouche – Le pantin.

b. Souligne le groupe verbal qui suit chaque groupe nominal.

5. Ajoute un groupe verbal (G.V.) à chaque groupe nominal (G.N.) pour obtenir une phrase :
– La vieille voiture...
– Le crocodile...
– Jacques et ses amis...
– Mon sac...

6. Ajoute un G.N. à chaque G.V. pour obtenir une phrase :
– ... se lève de bonne heure.
– .... a mordu José.
– ... font du vélo.

Je dois savoir

◆ **Distinguer le groupe nominal (G.N.) du groupe verbal (G.V.)** p. 70

Recopie ces phrases en séparant d'un trait le G.N. et le G.V. :
Le vieux menuisier fabrique une marionnette. – Le nez du pantin s'allonge. – Pinocchio court vers la porte.

◆ **Ajouter un groupe verbal à un groupe nominal**

Complète chaque groupe nominal par un groupe verbal pour obtenir une phrase :
– Tiloupiot... .
– Le chien... .
– Sa maman... .
– Les lumières... .

◆ **Associer groupe nominal et groupe verbal**

Relie chaque groupe nominal au groupe verbal qui convient :

Les moineaux •	• va à l'école.
Mélanie •	• ne fonctionne plus.
La télévision •	• construisent leur nid.

Unité 6

Repérer le sujet et le verbe

p. 80

Quand la terre tremble (1)

Les murs et le sol se mettent à trembler. Les habitants sont réveillés en sursaut. Des morceaux de plafond tombent sur leur lit. Tout le monde se précipite dans la rue. Les briques se disloquent, les poutres cassent.

Découvrons et construisons

1. a. À quoi servent les mots en rose de l'extrait ?

b. Souligne les groupes nominaux placés avant ces mots en rose.

c. Réponds à ces questions *(aide-toi des mots soulignés ci-dessus)* :
- Qui se précipite dans la rue ?
- Qui est réveillé en sursaut ?
- Qu'est-ce qui tombe sur les lits ?
- Qu'est-ce qui casse ?

2. a. Relie chaque sujet au groupe verbal qui convient :

La terre •	• a été reconstruite.
Vous •	• sortez dans la rue.
La ville •	• quittons la maison.
Les habitants •	• se sont réveillés.
Nous•	• tremble.

b. Qu'est-ce qui t'a aidé ?

3. a. Associe chaque sujet à un verbe. Comment as-tu fait ?

Le chien •	• s'habille.
Le pain •	• aboie.
Julien •	• est frais.

b. Vérifie tes réponses en formant des phrases comme :
L'oiseau vole. ➜ ***Qui est-ce qui** vole ?*
➜ ***C'est** l'oiseau **qui** vole.*

4. a. Dans les phrases suivantes, encadre les verbes en rouge :
Le train arrive. – Le mardi, mon frère va à la piscine. – Les amies de Lucie sont venues à son anniversaire.

b. Souligne chaque sujet et relie-le à son verbe par une flèche.

c. Transforme ces phrases en changeant tous les sujets.

À savoir

◆ Le verbe est un mot qui indique ce qui est fait (une action) ou comment sont les choses (un état).
Ex : Les élèves entrent dans la cour. – Ludovic est en retard.

◆ On peut souvent trouver le sujet d'un verbe en posant la question : *Qui est-ce qui… ?* ou *Qu'est-ce qui… ?*
Ex : Marie travaille. Qui est-ce qui travaille ? ➜ C'est Marie qui travaille.
La porte grince. Qu'est-ce qui grince ? ➜ C'est la porte qui grince.

Je m'entraîne

1. a. Recopie ces phrases, puis encadre les verbes en rouge :
– Les nuages montent dans le ciel.
– D'où vient la pluie ?

b. Relie chaque sujet à son verbe par une flèche.

2. a. Utilise les verbes suivants pour compléter les phrases :
arrose – sont – a griffé.
– Le chat ... Sarah.
– Colin ... les fleurs.
– Les pommes ... mûres.

b. Relie chaque sujet à son verbe par une flèche.

c. Invente d'autres phrases en changeant les sujets.

3. Relie chaque sujet à un verbe puis invente des phrases :

Nous •	• crient.
Les enfants •	• court.
Mickael •	• sortons.

4. a. Sur une copie du texte, encadre tous les verbes dont le sujet est *le maître*.

p. 86

b. Fais de même pour les verbes dont le sujet est *les enfants*.

5. a. Écris trois phrases avec un sujet et un verbe.

b. Encadre les verbes en rouge et relie chaque sujet à son verbe par une flèche.

Je dois savoir

◆ Repérer le verbe dans une phrase

Trouve et encadre le verbe dans chaque phrase :

Jérôme travaille. – Les poissons nagent dans l'aquarium. – Les enfants ne mangent pas assez de légumes. – Mes parents partent samedi.

◆ Identifier le sujet d'un verbe

Encadre le verbe, puis relie chaque sujet à son verbe par une flèche :

Paul court vite. – Les enfants, affolés, montent sur les tables. – Où est-il ?

◆ Associer un sujet à un verbe

Relie chaque sujet à un verbe et complète chaque phrase :

La nuit •	• écoute.
J' •	• comprenez.
Vous •	• tombe.

Analyser le groupe nominal (1)

p. 96

Une course de voitures écologiques

Le voiture s'installe dans sa pilote. Les essence remplissent le juges d' réservoir. Les pilote du capot posent le équipiers.

Découvrons et construisons

1. a. Lis ce texte. Que remarques-tu ?

b. Déplace les mots en rose pour retrouver des phrases correctes.

c. Quels mots as-tu déplacés ? S'agit-il de noms ? de verbes ?

2. a. Classe ces groupes nominaux selon ce qu'ils désignent :
une voiture – un garçon – un chat – une grosse voiture – un joli chat – un grand garçon.

b. Quels mots t'ont aidé ?

3. a. Colorie le mot principal dans ces groupes nominaux (il désigne *de quoi* ou *de qui l'on parle*) :
la table – une trousse bleue – mon petit frère – les élèves de l'école – une histoire drôle.

b. Que désigne chaque mot principal : une personne ? un animal ? une chose ?

4. a. Ajoute *un* ou *une* à ces mots :
avion – chaise – chien – camarade – facile – maîtresse – stylo – cassé.

b. Que remarques-tu ?

5. a. Colorie ces groupes nominaux : en vert s'ils désignent une seule chose, en rouge s'ils désignent plusieurs choses.
une belle maison – des gâteaux – le couloir – les tables – vos stylos – un cahier – mon sac – tes affaires.

b. Entoure la dernière lettre des noms que tu as coloriés en rouge. Que remarques-tu ?

À savoir

- Dans un groupe nominal, le mot le plus important est le nom. Il désigne une personne, un animal ou une chose.
  Ex : un cheval – un chanteur moderne – la jolie trousse – un train rapide.
- Un nom peut être masculin *(Ex : le directeur, mon cahier)* ou féminin *(Ex : la directrice, ma trousse)*.
- Quand la personne, l'animal ou la chose que le nom désigne est seul(e), le nom est au singulier. S'il y en a plusieurs, le nom est au pluriel.
  Ex : le cahier → les cahiers *un cheval → des chevaux.*

Je m'entraîne

1. Recopie ces groupes nominaux en entourant le nom :
un vieux vélo – des gros pneus – une bicyclette légère et solide – une descente dangereuse – un large guidon – une voiture rapide.

2. Classe ces noms dans le tableau suivant :
valise – trottoir – papier – gomme – manteau – cadeau – oreille – ballon – tableau – fenêtre – chaussure – cahier – crayon – trousse.

masculin	féminin
Ex : ballon	*Ex : valise*

3. Souligne le nom dans chaque groupe nominal et indique s'il est au singulier (S) ou au pluriel (P) :
des grands arbres – une belle photo – ta petite sœur – cinq images – votre maîtresse – le vieux chien – nos meilleurs amis – les vacances – des voitures écologiques.

4. Recopie le texte, page 98, depuis *En 1983* jusqu'à *ville* et colorie tous les noms.

p. 98

5. a. À haute voix invente des phrases qui contiennent chacune un des mots suivants :
récréation – goûter – Jessica.
b. Écris tes phrases en ajoutant le plus de détails possibles sur les mots ci-dessus.

6. Forme des noms à partir de ces verbes :
Ex : écrire ➜ l'écriture
lire – pleuvoir – ranger – chanter – sortir – courir – travailler.

Je dois savoir

◆ **Repérer les noms dans une phrase**
Recopie les lignes 1 à 4 du texte, page 102, et colorie tous les noms que tu y trouves.

p. 102

◆ **Identifier le genre et le nombre d'un nom**
Indique si chacun de ces noms est masculin (M) ou féminin (F), au singulier (S) ou au pluriel (P) :
une balançoire – des crayons – mes images – ta casquette – le vélo.

◆ **Repérer ce qu'un nom désigne**
Classe ces noms dans un tableau à trois colonnes : une colonne pour les *personnes*, une autre pour les *animaux* et une autre pour les *choses* :
une tasse – mon voisin – une fourmi – un poisson – la radio – un chat – Sarah – un marchand – des pommes – le roi – un château – un coq.

Unité 8

Analyser le groupe nominal (2)

p. 110 **L'étrange escalier**

Ordinairement … escalier est … chose solide. … jour-là il avait un drôle d'air. … rampe devenait molle comme … bâton de guimauve. … tapis frétillait sous … pieds comme … peau de chat.

Découvrons et construisons

1. a. À l'oral, ajoute les mots qui manquent dans le texte ci-dessus. *(Tu peux faire plusieurs essais).*

b. Quels mots as-tu ajoutés ? À quoi servent-ils ?

2. a. Dans chaque série, colorie les mots qui changent :
- un stylo – ce stylo – le stylo.
- trois photos – mes photos.

b. Où sont placés les mots que tu as coloriés ? Quelles informations donnent-ils ?

3. a. Chaque nom est-il masculin ou féminin, au singulier ou au pluriel ?
le tapis – une camarade – des prix – les tapis – un camarade – un prix.

b. Quels indices t'ont aidé ?

4. a. Quels sont les mots qui changent dans ces listes ? Colorie ces mots et dessine chaque objet :
- un cahier bleu – un cahier déchiré – un grand cahier.
- une belle voiture – une vieille voiture – une voiture blanche.

b. Quelles différences vois-tu ? Qu'apportent ces mots ?

5. a. Classe ces groupes de mots : commence par celui qui donne le moins d'informations et finis par celui qui en donne le plus.
- un chat noir – un gros chat noir et gris – un gros chat noir – un chat.
- des jolies fleurs rouges – des fleurs rouges – des fleurs.

b. Quels mots t'ont aidé ?

À savoir

- Un nom est souvent accompagné d'un mot qui indique si ce nom est masculin ou féminin, au singulier ou au pluriel. Ce petit mot, placé devant le nom, est un déterminant.
  Ex : un lit – la mer – ce chat – des enfants – trois bonbons – mon livre.
- On peut aussi compléter un nom avec un mot qui apporte des précisions. Ce mot, placé avant ou après le nom, est un adjectif.
  Ex : un sac → un gros sac → un sac rouge → un beau sac neuf.

Je m'entraîne

1. Écris le plus de groupes nominaux possible en associant les mots de chaque série :
- *déterminants* : un, une.
- *noms* : garçon, fille, chien, livre.
- *adjectifs* : beau, pauvre, vert, grande, blonde, jeune, malade.

2. a. Ajoute le déterminant de ton choix à chaque nom :
histoire – salon – chambre – homme.

b. Complète avec un adjectif les groupes nominaux que tu as obtenus.

3. Écris les groupes nominaux suivants et note la nature de chaque mot (déterminant : *D*, adjectif : *A* et nom : *N*).

Ex : mon nouveau cahier
D A N

ta veste grise – trois petits cochons – les belles chaussures neuves.

4. Recopie les titres des textes de l'unité 8 et indique la nature de chaque mot (déterminant : *D*, adjectif : *A* et nom : *N*).

p. 110
p. 112
p. 114
p. 116

5. Classe ces mots en deux groupes : noms et adjectifs.
arbre – fragile – Jonathan – fatigué – chemin – neuve – magnifique – château – sœur – ouvert.

6. Sur une copie du texte, colorie les déterminants en vert, les noms en rouge, puis les adjectifs en bleu.

p. 112

7. a. Invente puis écris trois groupes nominaux avec un déterminant, un adjectif et un nom.

b. Utilise-les dans des phrases.

Je dois savoir

◆ Associer un déterminant à un nom

Relie chaque déterminant au nom qui convient :

ta •	• copains
nos •	• matin
le •	• eau
l' •	• mère

◆ Préciser un nom à l'aide d'un adjectif

Ajoute l'adjectif de ton choix à ces groupes nominaux :

une trousse – mon frère – des hirondelles – la maison – un maître.

◆ Repérer les déterminants, les adjectifs et les noms

p. 116

Retrouve ces noms dans le texte, et recopie-les avec leur déterminant et leur adjectif :

discours – déjeuner – maladie – problème.

Colorie le déterminant en vert, le nom en rouge et l'adjectif en bleu.

Unité 9

Remplacer le nom par un pronom

p. 124

L'habit d'Arlequin

« Oh, dit Arlequin tout joyeux, ma mère sait si bien coudre et elle a de si bonnes idées qu'elle va sûrement me faire un déguisement superbe avec tout cela ! Et moi je penserai en le portant que chaque morceau est un morceau de votre amitié. »

Découvrons et construisons

1. a. Lis le texte ci-dessus et observe attentivement les mots en couleur. Que remarques-tu ?

b. Relie chaque petit mot avec le groupe nominal qu'il désigne :

elle •	• Arlequin
je •	• la mère d'Arlequin
moi •	• le déguisement d'Arlequin
le •	

2. Compare ces deux phrases :
– Les enfants parlent des déguisements que les enfants vont porter pour le carnaval.
– Ils parlent des déguisements qu'ils vont porter pour le carnaval.

Que remarques-tu ?

3. a. Associe les phrases qui veulent dire la même chose :

Je range un livre.	Je la range.
Je range une trousse.	Je le range.
Je range les stylos.	Je les range.

b. Entoure les mots qui t'ont aidé.

4. a. Remplace les mots en rose par ces mots : *il*, *elle*, *le*.
Éric ne travaille pas. – Sa mère est en colère. – Sa mère gronde Éric.

b. Souligne les sujets des verbes.

5. Indique ce que remplace chaque mot en bleu :
Quand les amis de Laura la voient, déguisée en fée, ils disent : « Bravo pour ta robe ! Elle est superbe ! »

À savoir

- Pour éviter de répéter un nom, on peut le remplacer par un pronom. Il en existe de différentes sortes.
  Ex : Jean chante. ➜ Il chante. Martine rit. ➜ Elle rit.
  Je range mon sac. ➜ Je le range.
  Je ne trouve pas ma gomme. ➜ Je ne la trouve pas.
- *Je*, *tu*, *il*, *elle*, *on*, *nous*, *vous*, *ils*, *elles* sont des pronoms sujets.

Je m'entraîne

1. **Relie chaque pronom sujet au groupe verbal qui convient :**

Nous •	• viennent nous voir.
Vous •	• sommes invités.
Elles •	• avez de la chance.

2. **Remplace chaque groupe nominal en rose par un pronom :**

– Le maître emmène ses élèves à la patinoire.
– Le frère de Lucas est en retard.
– Les fenêtres sont ouvertes. Fermez les fenêtres !
– Je connais bien cette chanson. Cette chanson est très jolie.

3. **Recopie ces phrases en remplaçant chaque pronom bleu par un nom ou un groupe nominal :**

Il est très fort. – Nous la connaissons bien. – Elles me plaisent beaucoup. – Marc les range.

4. **a.** **Recopie les lignes 1 à 10 du texte, page 126, et colorie :**

p. 126

– en bleu les pronoms qui remplacent ***Angelina*****,**
– en rouge ceux qui remplacent ***Henri*****,**
– en violet ceux qui remplacent ***Angelina*** **et** ***Henri*****.**

b. **Souligne chaque pronom sujet et relie-le au verbe par une flèche.**

5. **Parmi ces pronoms** *(il, elle, lui, le, la, je, moi, tu, toi)*, **indique ceux qui peuvent remplacer :**
un garçon – une fille.

Je dois savoir

◆ Repérer les pronoms dans un texte

p. 130

Sur une copie du texte, page 130, colorie tous les pronoms que tu trouves dans les lignes 1 à 9. Que remplacent-ils ?

◆ Utiliser les pronoms sujets

Complète ces phrases avec un pronom sujet :

– ... dînons à sept heures.
– Goûtez la soupe, ... est délicieuse !
– Servez les enfants, ... ont faim.

◆ Remplacer un groupe nominal par un pronom

Remplace le groupe nominal en rose par le pronom qui convient :

La porte est fermée. – Je regarde la télévision. – Vos chaussures sont sales. – Marine et Nicolas préparent le repas. – Je ne trouve plus mon stylo. – Colin recopie sa poésie.

Unité 1 Repérer le temps d'un verbe

p. 10 Relis le texte, page 10.

Découvrons et construisons

1. a. Remets dans l'ordre :
A. Demain, Vicki ne pleurera pas. Elle dormira.
B. Hier soir, Vicki ne voulait pas se coucher. Elle n'a pas dormi.
C. Maintenant, Vicki regarde les étoiles. Elle ne dort pas.

b. Quelle phrase parle de ce qui arrive maintenant *(présent)*, de ce qui n'est pas encore arrivé *(futur)*, de ce qui s'est déjà passé *(passé)* ?

2. Oralement puis par écrit, complète ces phrases par *hier*, *demain* ou *en ce moment* :
... il viendra me voir. – ... il joue aux billes. – ... il est venu te voir. – ... il pleuvait. – ... il pleuvra. – ... le soleil brille.

À savoir

- Les verbes indiquent quand se déroulent les actions. Ils peuvent être au passé *(elle a pleuré)*, au présent *(elle pleure)* ou au futur *(elle pleurera)*.
- D'autres mots indiquent aussi le temps : *hier* (passé), *aujourd'hui*, *maintenant* (présent), *demain*, *dans deux jours* (futur).

Je m'entraîne

1. a. Transforme ce texte en commençant par *hier*, puis par *demain* : Vicki ne dort pas. Elle regarde la lune. Elle voit les chats qui dansent sur les toits.

b. Écris ce texte au passé et au futur.

2. Mets les quatre premières lignes du texte, au passé, puis au futur. p. 10

Je dois savoir

- Indique si les verbes sont au passé, au présent ou au futur :
Hier, elle dormait. – Demain, elle viendra me voir. – En ce moment, il lit. – Les enfants sont partis. – Il pleuvra. – Matthieu se repose.
- Choisis le temps du verbe qui convient :
Demain, les enfants *(jouent, ont joué, joueront)*. – Hier, il *(pleuvait, pleut, pleuvra)*. – En ce moment, le soleil *(brillait, brille, brillera)*.

Conjugaison

Unité 2

Repérer les personnes

p. 24 Relis le texte, page 24.

Découvrons et construisons

1. a. Dans le début du texte, repère les mots *elle, je, ils, tu.*
Qui désignent-ils ?

b. Remplace les mots *la dame*, *Nicolas* et *tes parents* par des pronoms *(il, elle, ils)*.

2. a. Complète ces phrases avec des pronoms sujets *(je, tu, il, elle, nous, vous, ils, elles)* :
... suis en retard. – ... jouons dehors. – ... mangez bien. – ... es parti hier – ... dorment profondément. – ... joue bien.

b. Compare avec ton voisin.
Y a-t-il plusieurs solutions ?

3. Complète avec le sujet qui convient. *Ex : (moi)* ***je*** *joue.*
(toi) ... joues. – *(eux)* ... jouent.
– *(quelqu'un et moi)* ... jouons.
– *(quelqu'un et toi)* ... jouez.

À savoir

◆ Les **pronoms sujets** sont des petits mots qui indiquent qui fait l'action exprimée par le verbe. Ils remplacent le nom sujet.

Singulier :	Pluriel :
moi ➜ ***je***	*quelqu'un et moi* ➜ ***nous***
toi ➜ ***tu***	*quelqu'un et toi* ➜ ***vous***
lui ➜ ***il***, *elle* ➜ ***elle***,	*les autres* ➜ ***ils***, *les filles* ➜ ***elles***

◆ Ils aident à trouver la terminaison du verbe *(je parle, nous parlons).*

Je m'entraîne

1. Relie chaque pronom au groupe qui lui correspond :

mes camarades et moi •	• il
toi •	• tu
l'oiseau bleu •	• nous

2. Complète avec un pronom sujet :
... ai mal à la tête. – ... sont dehors. – ... parlez. – ... suis à la piscine.

Je dois savoir

◆ Remplace les mots entre parenthèses par un pronom :
– *(moi)* ... regarde par la fenêtre.
– *(les feuilles)* ... tombent par terre.
– *(toi)* Demain, ... viendras me voir.
– *(toi et moi)* ... partons en vacances.
– *(toi et ta sœur)* ... restez dîner.
– *(ma cousine)* ... arrive de Paris.

Identifier le verbe conjugué

p. 36 Relis le texte, page 36.

Découvrons et construisons

1. a. Recopie cette phrase en remplaçant *tu* par *nous* :
– Tu respectes quelques règles.
– Tu mets un plat au four.

b. Quels sont les autres mots qui ont changé ? Recopie-les, avant et après transformation.

c. Oralement commence le texte, page 36, par *hier*. Quels mots changent ?

2. a. Dans ces trois phrases quels sont les mots qui changent ?
Je pars tôt. Nous partons tôt. Ils partent tôt.

b. De quel verbe s'agit-il ?

3. *Partir* est l'infinitif du verbe conjugué *pars, partons* et *partent*. Trouve l'infinitif des verbes :
parles – demandons – venez.

À savoir

- Le verbe est un mot qui indique une action *(Ex : Pierre joue.)* ou qui sert dans une description *(Ex : La maison est grande.)*.
- Il varie selon le moment (passé, présent, futur) de l'action et la personne à laquelle il est conjugué.
  Ex : La maîtresse parle. Nous parlons.
  La maîtresse parlera. Hier, la maîtresse a parlé.
- *Jouer*, *parler* et *être* sont des verbes à l'infinitif.

Je m'entraîne

1. Trouve les verbes conjugués :
des valises – je regarde – tu donnes – une fête – ils jettent – un toit.

2. Classe les verbes dans le tableau :
parlaient – finit – parlez – finira.

Verbes à l'infinitif	Verbes conjugués
dormir	*dormons*
…	…

Je dois savoir

- Retrouve le verbe de chaque phrase et souligne-le :
– La voiture roulait trop vite.
– Je promène le chien dans le chemin.
– Ma grand-mère arrive par le train de 8 heures.
– Quand partiront-ils ?
– Maintenant, il enfile son manteau.
– Les arbres perdront leurs feuilles.

Unité 4

Conjuguer un verbe

p. 56 Relis le texte, page 56, des lignes 14 à 16.

Découvrons et construisons

1. a. Compare cet extrait avec le texte de la page 56 et souligne les mots qui ont changé :
Il a le poil noir et long et ressemble à un caniche en miniature. Je le tonds comme un lionceau, mais il faut reconnaître qu'il n'est pas beau ; à vrai dire il est plutôt laid et même franchement laid.
Raconte-t-on la même chose ? Ce que l'on raconte se passe-t-il au même moment ?

b. Oralement, remplace *il* par *ils* :
- Il a le poil noir et long. – Il a l'air d'un caniche. – Il a mal au ventre.
- Il est tout petit. – Il n'est pas beau. – Il est en avance. – Il est dehors.

Quels mots ont changé ?

2. a. Oralement, invente des phrases avec les verbes *jouer* et *parler* conjugués au présent.
b. Change le sujet de tes phrases, puis change le temps.

À savoir

- Pour conjuguer un verbe on regarde :
  – le sujet du verbe : *le lion rugit – les lions rugissent*,
  – le temps du verbe : *aujourd'hui, je joue au football – demain, je jouerai au football.*

Je m'entraîne

1. Relie chaque verbe au sujet qui convient *(il y a parfois plusieurs réponses possibles)* :

est •	• il •	• suis
travaille •	• je •	• a

2. Choisis le verbe qui convient :
- Dans trois mois, Julien *(partira – part)* pour la Guadeloupe.
- Nous *(arrose – arrosons)* les graines.

Je dois savoir

- Complète ces phrases par le verbe qui convient.
(Attention au temps et à la personne.)
dormirons – dormirez – dors – dorment.
Aujourd'hui, les enfants ... sous la tente. – Nous ... mieux demain soir. – Demain, vous ... chez moi. – Tu ... depuis une heure.

Unité 5

Conjuguer les verbes comme *chanter*

p. 72 Relis le texte, page 72.

Découvrons et construisons

1. a. De la ligne 6 à la ligne 14 repère les mots : *se promène, regarde, remarques, louche, zozote, oublies*. À quoi servent-ils ?

b. Recopie ces verbes conjugués et donne leur infinitif *(ex : se promène,* infinitif *: se promener)*.

2. a. Voici deux verbes en -er conjugués au présent.
- jou*er* : je joue, tu joues, il joue, nous jouons, vous jouez, ils jouent.
- cri*er* : je crie, tu cries, il crie, nous crions, vous criez, ils crient.

b. Réécris le premier verbe en coloriant en bleu ce qui ne change pas et en rouge ce qui change.

c. Fais de même avec le second verbe. Que remarques-tu ?

3. Conjugue les verbes *chanter* et *pleurer* au présent.

À savoir

- On utilise le présent pour raconter une chose qui se déroule au moment où l'on parle.
- Au présent, tous les verbes en *-er* (sauf *aller*) se conjuguent comme le verbe *chanter* :

je	*chante*	*nous*	*chantons*
tu	*chantes*	*vous*	*chantez*
il, elle, on	*chante*	*ils, elles*	*chantent*

Je m'entraîne

1. Recopie seulement les verbes qui se conjuguent comme *chanter* : prendre, marcher, avoir, poser, être.

2. Conjugue le verbe entre parenthèses au présent :
– *(manger)* Je ... ma purée.
– *(écouter)* Tu ... ce vieux disque.
– *(danser)* Depuis ce matin, elles ... .
– *(jouer)* Avec lui, nous ... mieux.

Je dois savoir

- Conjugue le verbe *chanter* au présent :
Les filles ... – Cet enfant ... – Tu ... – Je ... – Nous ... – Toi et Marc ... .
- Complète en utilisant les terminaisons du verbe chanter :
Nous *(parler)* ... trop fort. – Je *(penser)* ... à toi. – Elles *(ranger)* ... leur livre. – Vous *(acheter)* ... une glace.

Conjuguer les verbes comme *finir*

p. 84 Relis le texte, page 84, des lignes 4 à 7.

Découvrons et construisons

1. a. Compare ces deux phrases :
- Les nuages montent dans le ciel et se refroidissent.
- Le nuage monte dans le ciel et se refroidit.

Repère le verbe *refroidir* et colorie en bleu la partie qui ne change pas, en rouge ce qui change.

b. Fais de même avec *monter*. Les terminaisons sont-elles les mêmes ?

2. a. Voici le verbe *finir* au présent :
je finis, tu finis, il finit, nous finissons, vous finissez, ils finissent.
Colorie en rouge ce qui change.

b. Sers-toi du modèle et conjugue le verbe entre parenthèses :
je fini**s** ➜ je *(grandir)* …
nous fini**ssons** ➜ nous *(choisir)* …
ils fini**ssent** ➜ ils *(refroidir)* …

c. Conjugue le verbe *refroidir* au présent.

À savoir

◆ Au présent les verbes en *-ir* du type de *finir* se conjuguent ainsi :

je	*finis*	*nous*	*finissons*
tu	*finis*	*vous*	*finissez*
il, elle, on	*finit*	*ils, elles*	*finissent*

Je m'entraîne

1. Complète chaque phrase par un pronom qui convient *(attention, il y a parfois plusieurs solutions !)* :
… finis mon repas. – Dans la cage … rugissent. – … salissez vos sacs.

2. Classe les verbes en deux colonnes : ceux conjugués comme *chanter* et ceux conjugués comme *finir*.
J'escalade le mur. – Les gazelles bondissent. – Nous choisissons un livre. – Elle plante un peuplier.
Comment as-tu fait ?

Je dois savoir

◆ Complète avec le verbe *finir* conjugué au présent :
– Les hirondelles … leur nid.
– Je … ce dessin.
– Elle … de manger.
– Aujourd'hui, vous … de bonne heure.
– Le matin, tu n'en … pas de te préparer.
– Nous … notre repas avant de sortir.
– Papa … de tondre la pelouse.
– Ils … leurs devoirs.

Conjuguer les verbes *être*, *avoir*, *aller*

p. 100 Relis le texte, page 100.

Découvrons et construisons

1. a. Relis les lignes 9 et 10 en remplaçant *les trains électriques* par *le train électrique* et *toutes les lignes de métro* par *cette ligne de métro*. Puis, dans le texte encadré remplace *la personne* par *les personnes*.

b. Que remarques-tu ? Quels autres mots ont changé ?

c. Quels sont les verbes du texte ?

2. a. Complète ces phrases avec les verbes conjugués suivants : *vont – ont – sont.*

Les papillons ... sortis de leur cocon. Ils ... séché leurs ailes et ... s'envoler.

b. Écris ces verbes dans ce tableau puis complète-le *(aide-toi de ton tableau de conjugaison)* :

	je	*tu*	*il*	*nous*	*vous*	*ils*
aller						
être						
avoir						

À savoir

- Au présent, le verbe *avoir* se conjugue ainsi :
  j'ai – tu as – il, elle, on a – nous avons – vous avez – ils, elles ont.
- Au présent, le verbe *être* se conjugue ainsi :
  je suis – tu es – il, elle, on est – nous sommes – vous êtes – ils, elles sont.
- Au présent, le verbe *aller* se conjugue ainsi :
  je vais – tu vas – il, elle, on va – nous allons – vous allez – ils, elles vont.

Je m'entraîne

1. Retrouve l'infinitif des verbes :

• Je vais à la gare.	• *être*
• Tu as des regrets.	• *aller*
• Vous êtes nombreux.	• *avoir*

2. Remplace chaque pronom par le pronom indiqué :

J'ai un cartable neuf. ➜ *Nous* …
Vous allez commencer. ➜ *Tu* …
Tu vas à l'école. ➜ *Vous* …

Je dois savoir

- Conjugue les verbes *être*, *avoir*, *aller* au présent :
  – *(avoir)* J'… trois amis.
  – *(être)* Tu ... fils unique.
  – *(aller)* Nous ... revenir tôt.
  – *(être)* Les enfants ... sages.
  – *(avoir)* Pourquoi ... -vous peur ?
  – *(aller)* Cette voiture ... trop vite.
  – *(être)* Vous … en retard.

Unité 8

Repérer le futur

p. 114 Relis le texte, page 114 des lignes 10 à 14.

Découvrons et construisons

1. a. Compare l'extrait que tu viens de lire avec le texte ci-dessous. Quelles différences vois-tu ?
Demain matin, il sera tellement troublé qu'il restera la cuillère en l'air et la bouche ouverte. Il écoutera très attentivement leur conversation. Mais non, vraiment, il n'y comprendra rien !

b. Souligne les verbes conjugués, puis donne leur temps et leur infinitif.

2. a. Lis ces phrases et ne recopie que celles qui sont au futur :
- La souris mange le fromage.
- La souris mangera le fromage.
- Elle grignotera le gruyère.
- Elle grignote le gruyère.

b. Souligne les verbes. Colorie en bleu la partie du verbe qui ne change pas et en rouge celle qui change. Que remarques-tu ?

À savoir

- On utilise le futur pour indiquer ce qui se déroulera plus tard.
- Au futur, les verbes en *-er* se conjuguent comme *manger* :
  je mangerai – tu mangeras – il, elle, on mangera
  nous mangerons – vous mangerez – ils, elles mangeront.

Je m'entraîne

1. Classe ces verbes dans un tableau selon qu'ils sont au présent ou au futur :
je chanterai – je chante – il part – il partira – tu manges – tu mangeras – nous avançons – nous avancerons.

2. Complète chaque phrase avec le verbe au futur qui convient :
tricheras – lavera – téléphonerai.
Ce soir, je … à Léa. – Laurent se … les mains. – Cette fois tu ne … pas !

Je dois savoir

- Souligne seulement les verbes au futur :
  - Ma voisine prendra sa bicyclette.
  - Elle prend une tasse de thé.
  - Les chevreuils traversent la route.
  - Les élèves traverseront la route.
  - Je joue dehors depuis une heure.
  - Demain, je jouerai avec Marie.
  - Tu iras à la piscine.
  - Vas-tu à la piscine ?

Unité 9

Repérer le passé

p. 126 Relis le texte, page 126, des lignes 10 à 13.

Découvrons et construisons

1. a. Compare le texte que tu viens de lire à celui-ci. Souligne ce qui change. De quels mots s'agit-il ?
Et elle a entraîné Henri sur les montagnes russes. Le pauvre Henri fermait les yeux et serrait de toutes ses forces la barre de la petite voiture qui glissait sur les rails à une allure vertigineuse.

b. Ce texte est-il au présent, au futur ou au passé ?

c. Recopie les verbes qui sont composés d'un mot puis celui qui est composé de deux mots.

2. Recopie uniquement les phrases qui sont au passé :
J'ai navigué sur le lac. – Je navigue sur le lac. – Je naviguerai sur le lac. – Vous avez raconté une histoire. – Vous racontez une histoire. – Vous raconterez une histoire.

À savoir

- On conjugue les verbes au passé lorsqu'on parle de ce qui s'est déjà passé.
  Ex : Ils dansent. (présent) → Ils ont dansé. – Ils dansaient. (passé)

Je m'entraîne

1. Complète avec un pronom :
... as tricoté une écharpe rouge.
Hier, ... rangeais ma chambre.
Pourquoi volaient-... si haut ?
... retirions les billes du sac.

2. Transforme cette phrase en commençant par *hier* :
Nous goûtons des biscuits que maman retire du four.

3. Recopie seulement les phrases qui sont au passé :
Hier, le vent a soufflé fort. – Le soleil se lève. – Les souris dansent. – Le chat a disparu depuis une semaine.

Je dois savoir

- Dans ces phrases, repère les verbes au passé et recopie-les :
  Je me promène. – J'ai aimé ce livre. – Nous lirons un conte. – Nous grimpions aux arbres. – Elle vit dans un château. – Vous dansiez ensemble. – Tu as mélangé les cartes. – Tu écoutes la radio.

Écrire le son [k]

Lis l'extrait, page 174. Quels sont les mots où tu entends le son [k] ?

p. 10

Découvrons et construisons

1. Écris chaque mot orange de l'extrait. Colorie la lettre ou les lettres qui forment le son [k].

2. Recopie ces mots et entoure les lettres qui forment le son [k] :
le coq – mon oncle – comme – un bifteck – un camion – un risque – mercredi – le charcutier – un kilo – une cachette – un kangourou – une cuvette – une brique – un jockey.

3. Propose cinq mots avec le son [k]. Repère toutes les façons d'écrire le son [k] et classe les mots dans un tableau.

4. Trouve un mot où tu entends [k] et qui est de la même famille que les mots suivants. Puis forme une phrase avec chacun d'eux :
un caméraman – quatrième – un sac – un magicien – cinquième.

À savoir

- Le son [k] s'écrit :
  – c : *une caméra, un sac.* – k : *un kangourou, un képi.*
  – qu : *magique, un paquet.* – ck : *un bifteck.*
- En fin de mot, il s'écrit parfois avec -q : *un coq, cinq.*

Je m'entraîne

1. Écris le son [k] :
Dans la ferme, le …ochon, le …o… et le …anard regardent le jeune …aneton …i …ourt après une feuille. – L'es…argot grimpe tran…illement le long du mur. – Le …ro…odile se dirige vers la mare.

2. Retrouve l'orthographe du son [k] :

p. 8

…and le pain fut …uit, la petite poule rouge dit :
– …i est-ce …i va manger ce pain ?
– Moi, …ria le dindon.

Je dois savoir écrire

- Complète ces mots contenant le son [k] et apprends-les pour savoir les écrire :
ave… – une …arte – du su…re – un bou…et – un mira…le – le …o… – dire…tement – une …ourse – le …al…ul – prati…er – le …angourou – le …anard – un …rabe – le …oala – un perro…et – le …artable – la …antine – magi…e – la …onfiture – une bar…e – …oudre – …atre.
Utilise ces mots dans des phrases.

Écrire le son [o]

Lis l'extrait, page 176. Quels sont les mots où tu entends le son [o] ? p. 28

Découvrons et construisons

1. Écris chaque mot orange de l'extrait. Colorie la lettre ou les lettres qui forment le son [o] dans ces mots. Combien trouves-tu d'orthographes différentes ?

2. a. Propose cinq mots avec le son [o] et écris-les au tableau. Tes camarades ont-ils trouvé d'autres façons d'écrire le son [o] ?
b. Classe ces mots dans un tableau.

3. Entoure les lettres qui forment le son [o] dans les mots :
un marteau – chaud – une chose – le côté – gauche – un vélo – la peau – un saut – beau – un mot.

4. Ne copie que les mots où tu entends [o] puis colorie les lettres qui forment ce son :
une boîte – gros – une roue – une chaussure – un pot – des ciseaux.

À savoir

- Le son [o] s'écrit :
  – o : *un pot*, ô : *le côté*, au : *un fauteuil*, eau : *un rideau*.
- En fin de mot, il peut y avoir une lettre qui ne se prononce pas, on cherche alors des mots de la même famille.
  Ex : haut (la hauteur), un lot (la loterie), chaud (chaude).

Je m'entraîne

1. Écris le son [o] :
Elle a acheté des styl... . – La m...t... s'arrête devant le pann... . – La sorcière sort le gr... p... rouge et aussit... le crap... se s...ve. – Le cheval se met au tr... puis au gal... .

2. Retrouve l'orthographe du son [o] : p. 24
Nic...las rencontre une dame avec un mant... noir et un chap... avec de dr...les d'ois.... . « Transf...rmez-moi en bébé ! » demande Nic...las.

Je dois savoir écrire

- Écris ces mots contenant le son [o], apprends-les pour savoir les écrire :

une ch...se – du ch...c...lat – un drap... – une ...range – ch...d – le chap... – une ...deur – un m... – un sab... – le d... – s...lide – un mart... – b...coup – le métr... – bient...t – un artich... – une ch...ssure – un styl... – h...t.

Utilise ces mots dans des phrases.

Écrire le son [e]

Lis l'extrait, page 178. Quels sont les mots où tu entends le son [e] ?

p. 36

Découvrons et construisons

1. Écris chaque mot bleu de l'extrait. Quel son entends-tu dans chacun d'eux ? Classe-les selon la façon d'écrire le son [e].

2. Écris les mots suivants contenant le son [e] :
V…rifie bien ! – un Am…ricain – le d…ssert – …teindre – p…trir – le r…frig…rateur – une …toile – l'…lectricité – des ingr…dients.

3. Cherche l'orthographe des mots qui se terminent par [e] et complète ton classement *(aide-toi du texte, page 36)* :

p. 36

Tu dois respect… quelques règles. – Ce gant dessin… signifie « dang… ». – Fais-toi aid… par un adulte. – Les quantit… sont indiqu… en grammes à l'aide d'unit… simples. – Une cuiller… signifie une cuillère pleine.

À savoir

- **Dans un mot, le son [e] s'écrit é :**
  une réserve – les ingrédients…
- **À la fin d'un mot, le son [e] s'écrit de différentes manières :**
  – er : *galoper, chanter – un cuisinier, un sorcier…*
  – é ou ée : *du café, un linge plié…*
  une pincée, une plaque beurrée…
  – ed, ez : *le pied, un nez…*

Je m'entraîne

1. Écris ces mots au masculin :
la cuisinière – la bouchère – la boulangère – la pâtissière – la première – la fermière.

2. a. Dans le texte, trouve deux mots qui se terminent en é puis deux autres en ée.

b. Écris-les au pluriel.

p. 40

c. Trouve cinq autres mots avec le son [e] et utilise-les dans une phrase.

Je dois savoir écrire

- **Écris ces mots contenant le son [e], apprends-les pour savoir les écrire :**
  voyag… – un dang… – chant… – la sant… – un côt… – un charcut… – une araign… – pr…par… – l'…t… – un pi… – une poup… – du caf… – une ann… – m…chant – un m…ti… – le n… – d…jà – un cahi… .
  Utilise ces mots dans des phrases.

Écrire le son [ɛ]

Lis l'extrait, page 180. Quels sont les mots où tu entends le son [ɛ] ? p. 58

Découvrons et construisons

1. Écris chaque mot bleu de l'extrait. Colorie les lettres qui forment le son [ɛ]. Combien trouves-tu de façons de l'écrire ?

2. a. Relis le texte, et écris tous les mots qui contiennent le son [ɛ]. Colorie les lettres qui forment ce son quand elles sont à la fin du mot. p. 56

b. Complète le tableau avec les mots du texte terminés par [ɛ] et les mots suivants :
jamais – la forêt – un jouet – un Anglais – un balai.

Je vois :	Les mots :	Je vois :	Les mots :
et/êt	…	*ais*	…
est	…	*ait*	…
ai	…	*aid*	…

À savoir

- Le son [ɛ] en fin de mot peut s'écrire de différentes manières :
  – **et** : *un perroquet – un jouet* (Attention ! : *il est*).
  – **ai** : *c'est vrai ! – j'ai.*
- Ce son [ɛ] est parfois suivi de lettres qu'on entend pas :
  je voulais – il voulait – un Anglais (une Anglaise)
  – le lait (un laitier) – laid (laide).

Je m'entraîne

1. Écris le son [ɛ] :
J'[ɛ] acheté un bill[ɛ] de train et je l'[ɛ] collé dans mon carn[ɛ]. – Le poul[ɛ] s'[ɛ] échappé dans la for[ɛ]. – S'il le pouv[ɛ], il viendr[ɛ] en m[ɛ].

2. Retrouve les mots en [ɛ] dans le texte, puis écris-les : p. 52
Moi je ser[ɛ] en vacances. – Ma maman [ɛ] en voyage. – J'aimer[ɛ] l'avoir. – Je voudr[ɛ] bien. – J'[ɛ] peur.

Je dois savoir écrire

- Complète ces mots contenant le son [ɛ], apprends-les pour savoir les écrire :
  le l[ɛ] – un poul[ɛ] – un Angl[ɛ] – les mois de m[ɛ] et de juill[ɛ] – j'[ɛ] chanté – j'[ɛ] maigri – jam[ɛ] – un paqu[ɛ] – un suj[ɛ] – je chant[ɛ] – je part[ɛ] – il vend[ɛ] – un bracel[ɛ] – un jou[ɛ].

Utilise ces mots dans des phrases.

Écrire les sons [ã] et [ɔ̃]

Lis l'extrait, page 182. Dans quels mots entends-tu les sons [ã] et [ɔ̃] ? p. 66

Découvrons et construisons

1. a. Écris chaque mot bleu de l'extrait. Colorie le son [ã] en bleu et le son [ɔ̃] en vert. Combien vois-tu de façon d'écrire chaque son ?

b. Dis à haute voix cinq autres mots contenant ces sons.

2. a. Classe ces mots selon que le son [ã] contient un *a* ou un *e* :
une plante – une orange – un enfant – une vente – prendre – maman – dent – la blancheur.

b. Écris une phrase avec un de ces mots contenant le son [ã].

3. a. Classe les mots selon que tu entends [ã] ou [ɔ̃] :
la campagne – un pompier – dans – profondeur – une bombe – vendredi – un ange – le sang – trembler – une montagne – un moment – emmener.

b. Mets en couleur la lettre qui suit le son lorsqu'il s'écrit avec un *m*. Que remarques-tu ?

À savoir

- Le son [ɔ̃] s'écrit toujours avec un o : *un conseil – la maison*.
- Le son [ã] s'écrit avec e ou a : *vendredi – une branche*.
- Attention, devant les lettres *m*, *p* ou *b*, on écrit un *m* :
  Ex : un pompier – une bombe.
  une lampe – une chambre – faire semblant – emmener.

Je m'entraîne

1. Écris le son [ã] ou [ɔ̃] :
Le guide nous rac…te qu'il a déjà r…c…tré un m…stre. – Au mois de sept…bre, les feuilles t…bent. – Je n'…t…ds pas le ch…teur.

2. Écris le son [ã] ou [ɔ̃] : p. 68
Le Prince n'est pas …thousiasmé par l'idée, il réfléchit un mom…t, puis finalem…t, il s'av…ce :
– C'est b…, dit-il, arrachez-moi la grosse du f…d.

Je dois savoir écrire

- Complète ces mots contenant les sons [ã] ou [ɔ̃], apprends-les pour savoir les écrire :
  un …ge – r…dre – le pard… – un can… – une d…t – bl…chir – une j…be – …tretenir – s…bre – un ball… – un p…tal… – la prof…deur – la ch…bre – c…bien – une …bre – une p…pe – tr…per – une br…che – v…dredi.

Utilise ces mots dans des phrases.

Écrire le son [s]

Lis l'extrait, page 184. Quels sont les mots où tu entends le son [s] ?

p. 86

Découvrons et construisons

1. Écris chaque mot en bleu de l'extrait. Quel son entends-tu ? Colorie les lettres qui font le son [s]. Combien vois-tu de façons d'écrire ce son ?

2. Colorie le son [s] dans ces mots :
un instant – sursaut – casser – commencer – un incendie – un espoir – une leçon – le ciel.

3. Écris correctement les mots :
Sur les pi[s]tes de [s]ki, je prends le tire-fe[s]es. – Cyrille [s]u[s]e une gla[s]e à la [s]erise.
Pour t'aider :
fessée – skieur – pisteur – sucette – cerisier – glacier.

À savoir

- Le son [s] s'écrit le plus souvent avec un s : *une réponse, un saut…*
- On le trouve aussi écrit avec :
  - ss (entre deux voyelles) : *passer, la chasse, le poisson, une chaussure…*
  - c (devant e, i, y) : *une cerise, un citron…*
  - ç : *une balançoire, la leçon…*

Je m'entraîne

1. Complète pour former le son [s] :
[s]ur la table, on trouve des ta[s]es et des a[s]iettes. – Arnaud adore les animaux, il po[s]ède des e[s]cargots, des [s]igales, des héri[s]ons, des [s]ouris et des [s]auterelles.

2. Écris le son [s] :

p. 84

Les nuages voyagent dans le [s]iel, ils [s]ont formés de minu[s]cules gouttes d'eau. Lor[s]qu'ils [s]e refroidi[s]ent, ils lai[s]ent tomber les gouttes : [s]'est la pluie !

Je dois savoir écrire

- Écris ces mots contenant le son [s], apprends-les pour savoir les écrire :

une bo[s]e – une balan[s]oire – la po[s]te – un hame[s]on – une le[s]on – des [s]iseaux – la mou[s]e – une grima[s]e – une chau[s]ette – une [s]u[s]ette – une répon[s]e – un gla[s]on – une [s]erise – la cla[s]e – le prin[s]e – la [s]ortie – [s]ec – une li[s]te – voi[s]i.

Utilise ces mots dans des phrases.

Écrire le son [g]

Lis l'extrait, page 186. Quels sont les mots où tu entends le son [g] ?

p. 102

Découvrons et construisons

1. a. Dis à haute voix, puis écris chaque mot orange du texte. Quel son entends-tu ?

b. Colorie les lettres qui forment le son [g]. Combien comptes-tu de façons de former ce son ? Classe-les.

2. Complète ton classement avec les mots suivants. Que remarques-tu ?
- un gardien – une gomme – une gare – le goûter – un gorille.
- se déguiser – une guêpe – une guitare – la guimauve – la guerre.

3. a. N'écris que les mots qui contiennent le son [g] :
une guenon – un juge – du gazole – gros – léger – un guide – un virage – un légume – gagner – un glaçon – la gymnastique.

b. Colorie la lettre qui suit le *g*. Que remarques-tu ?

4. Complète les mots en [g] :
– •ustave se dé•ise en •orille.
– Devant la maison, il y a des •rilles et une lon•e allée de •ravier.

À savoir

- On utilise la lettre *g* pour former le son [g] : *la gare, un gorille, Gustave, une grenouille…*
- Avec certaines lettres (*e*, *i*), il faut écrire *gu* pour former le son [g] : *une guêpe, se déguiser…*

Je m'entraîne

1. À l'oral, complète des mots en [g] :
Il dé•uste des •rosses fi•es, il n'aime pas les lé•umes. – Les •arçons re•ardent passer les péniches.
– Le patineur •lisse sur la •lace.

2. Écris les mots en [g] :

p. 98

Sa bicyclette possède de •ros pneus et un large •idon. – On se débarrasse du porte-ba•ages. – Il a de lon•ues pédales.

Je dois savoir écrire

- Complète ces mots contenant le son [g], apprends-les pour savoir les écrire :

un •ardien – la •are – une •êpe – •agner – une •itare – se dé•iser – un escar•ot – un lé•ume – dé•uster – une rè•le – •ratter – une é•lise – une •rue.

Utilise ces mots dans des phrases.

Écrire le son [ɛ̃]

p. 116

Lis l'extrait, page 188. Quels sont les mots où tu entends le son [ɛ̃] ?

Découvrons et construisons

1. a. Écris les deux mots verts de l'extrait. Quel son entends-tu ? Quelles sont les deux façons d'écrire le son [ɛ̃] ?

b. Complète ton classement avec les mots suivants :
un vilain – le chagrin – du pain – mon copain – la main – un invité – soudain – un train – un clin d'œil.

2. a. Écris seulement les mots où tu entends le son [ɛ̃] puis classe-les :
ma copine – la peinture – un timbre – la peine – le chemin – la cheminée – impossible – la plaine – plein – demain – une lapine – un dessin.

b. Dans les mots où le son [ɛ̃] s'écrit *im*, colorie la lettre qui suit le *m*. Que remarques-tu ?

À savoir

- Le son [ɛ̃] s'écrit le plus souvent *in* ou *ain*.
Ex : un jardin, un lapin ; un train, le lendemain…
- On trouve aussi d'autres façons d'écrire le son [ɛ̃] :
– *ein : la peinture, le vase est plein…*
– *im : impossible, un timbre…*

Je m'entraîne

1. Complète les mots en [ɛ̃], puis réécris ces phrases :
Le mar• est tombé dans l'eau. – Soud•, il s'arrête. – Le pot de p•ture est pl•. – C'est •possible ! – Son dess• est joli. – Vous reviendrez dem•.

2. Retrouve les mots du texte contenant le son [ɛ̃] : p. 114
Ce mat•-là, Anton• entra dans la cuisine, sa mère était en tr• de boire son café. – « Je vais raconter cela à mes cop• ! ».

Je dois savoir écrire

- Complète ces mots contenant le son [ɛ̃], apprends-les pour savoir les écrire :
soud• – un chem• – du p• – un gr• de rais• – un tr• – la p•ture – un lap• – vil• – enf• – dem• – la f• de l'histoire – j'ai f• – un b• – le jard• – ma m• – gr•per – un t•bre – un s•ge – •possible – pl• – un •specteur – mal•.

Utilise ces mots dans des phrases.

Écrire les mots invariables

Lis l'extrait, page 190. Retrouve page 124 les mots qui n'ont pas changé. p. 124

Découvrons et construisons

1. a. Repère les mots bleus de l'extrait.
b. Utilise-les à l'oral dans d'autres phrases.

2. Repère le mot qui ne change pas d'orthographe :
Nous allons d'abord sur la grande roue. – Je vais d'abord sur les grandes roues. – D'abord tu vas sur la grande roue.

3. À l'oral, mets ces phrases au pluriel. Quels mots ne changent jamais d'orthographe ?
Elle tourne lentement. – L'enfant joue puis rentre chez lui. – Il est toujours content.

À savoir

- Il existe des mots qui s'écrivent toujours de la même façon : on les appelle des mots invariables.
- Certains permettent de relier des morceaux de phrases : *à, dans, avec, toujours, puis…*
- Certains sont formés à partir d'autres mots : *gravement, gentiment…*

Je m'entraîne

1. Écris le mot invariable qui convient *(par – car – toujours – dès que – tellement)* :
C'est … lui qui organise les jeux … il est le plus âgé. – … tu arriveras … le train nous irons te chercher. – Il est … grand qu'il touche le plafond.

2. Retrouve les mots invariables qui manquent : p. 126
Angelina veut toucher Henri, … il n'est plus … . – C'est … qu'elle le voit. – Angelina est … contente !

Je dois savoir écrire

- Invente des phrases à l'oral avec les mots invariables suivants, puis écris ces phrases :
pendant – avec – jamais – combien – directement – déjà – enfin – douze – comment – d'abord – quand – alors – hier – mais – puis – toujours – certainement – finement – gravement – cinq – fortement – et – à – voilà – après – soudain – sept – contre – aujourd'hui – moins – plus — comme.

Écrire le verbe *avoir*

p. 10

Pauvre Jérôme

Le pauvre Jérôme … bien du souci. Et tout ça, à cause de quoi ? D'une peluche ! En effet, il … une peluche nommée Vicki, une petite souris noire qui, tous les soirs, fait la comédie. Alors, Jérôme va voir ses amis et à chaque fois, ils … une discussion. Tous ses amis … des idées pour aider Jérôme mais elles ne sont pas toutes intéressantes !

Découvrons et construisons

1. a. Relis le passage ci-dessus. Que remarques-tu ? Avec tes camarades, rappelle-toi l'histoire de Vicky.

b. À l'oral, remplace les trous … par *a* ou *ont*.

2. À l'oral, complète avec *a* ou *ont* :
Jérôme … une peluche. – Ses amis lui … donné des conseils. – Jérôme … du mal à dormir la nuit. – Il … vu Léon. – Thierry … dit de lui donner beaucoup à manger. – Gaël et Jérôme …-ils trouvé la solution ?

b. Recopie les phrases complètes.

3. a. Transforme les phrases :
La souris a peur du noir. / Les souris…
Mon amie a un chat. / Mes amies…
Il a terminé le dessin. / Ils…
Les lions ont une crinière. / Le lion…
Elles ont des rayures sur le dos. / Elle…
Les éléphants ont du mal à marcher. / Le petit éléphant…
Les oiseaux ont emporté toutes les graines. / L'oiseau…

b. Que remarques-tu ?

4. Transforme selon le modèle :

a. *Il y a un canard dans la mare. / Un canard est dans la mare.*
– Il y a une peluche sur le lit.
– Il y a un cheval dans le pré.
– Il y a des loups dans les bois.

b. *Un renard est dans le poulailler. / Il y a un renard dans le poulailler.*
– Un bœuf est couché sur la paille.
– Un renard rusé chasse les oies.
– Des chats courent sur les toits.

À savoir

- Le verbe *avoir* peut s'écrire *a* au singulier ou *ont* au pluriel :
  Ex : Il a mangé une pomme. – La lionne a de grosses griffes.
  Ils ont mangé des pommes. – Les lionnes ont de grosses griffes.
- On trouve a dans l'expression : *il y a …*
  Ex : Il y a des animaux près du lac. – Il y a un canard dans la mare.

Je m'entraîne

1. Colorie le verbe *avoir* (a ou *ont*) :

Dans cette histoire, il y a un paysan qui comprend le langage des animaux. Chez lui, les bêtes ont de la paille propre, de la nourriture et de l'eau à boire. C'est l'âne qui a le plus de chance : il n'a rien à faire de la journée ! Le bœuf, lui, a plus de travail et il a envie d'être comme l'âne.

p. 12

2. Retrouve les phrases :

Le paysan •	• ont terminé leur travail.
Le bœuf •	• a des animaux dans sa ferme.
Les chats •	• courent sur les toits.
Le bœuf et l'âne •	• a beaucoup de travail.

3. Complète avec a ou *ont* :

p. 8

– La petite poule rouge … trouvé un grain de blé et elle l'… semé.
– Le dindon et le canard … refusé de porter le grain au moulin.
– La petite poule … fait le pain, mais ce sont les poussins qui l'… mangé.

4. Retrouve le mot qui convient et justifie ta réponse :

– … a avalé la souris.
– … ont de la laine sur le dos.
– … ont une crinière et des grosses griffes.
– … a couru pour échapper au renard.
– … a une bosse, tandis que … en a deux.

J'écris un texte

1. a. Relis le deuxième paragraphe du texte de la page 14.

p. 14

b. Complète avec *a* ou *ont*.

Les trois petites oies … très peur du renard ! L'ainée … demandé à la cadette de lui construire une maison. Ensuite, la petite … aidé la cadette. Elles … construit ensemble une maison mais c'est la petite qui est restée toute seule. Elle … pleuré ! Heureusement le forgeron lui … construit une belle petite maison et il … planté des clous dans la porte.

2. a. Copie le texte en retrouvant la séparation des mots :

Lestroispetitesoiesontvraimenttrèspeurdurenard!L'aînéead'abordemandé àlacadettedeluiconstruireunemaison.Puislapetiteaconstruitlamaisondela cadette.C'estlapetitequiestrestéetouteseule!Elleabeaucouppleuré!Mais leforgeronluiaconstruitunebellepetitemaisonetilaplantédesclousdansla porte.

b. Que remarques-tu ?

Écrire le verbe *être*

p. 28

Trop de disparitions !

Deux jours après, c'... une couturière qui a disparu.

On l'a cherchée pendant toute une semaine. Et puis, la semaine passée, on s'... aperçu que la sorcière avait depuis peu une araignée mauve qui lui tissait des **rideaux** sur ses fenêtres, de beaux rideaux brodés.

Et puis, le mois suivant, ce ... trois personnes qui ont disparu : un agent de police, une femme de ménage et un employé du métro.

Découvrons et construisons

1. a. Relis le passage ci-dessus et réponds oralement aux questions en utilisant *c'est* ou *ce sont* :
– Qui a disparu deux jours après ?
– Qui a une araignée mauve ?
– Qui a disparu le mois suivant ?

b. Réécris le passage en le complétant avec *est* ou *sont*.

2. Utilise les mots suivants dans une phrase en commençant par *c'est* ou *ce sont* :
Ex : La sorcière / horrible ➜ ***C'est** une horrible sorcière.*
Une histoire / drôle – Des sorciers / terrifiants – Un garçon / tout petit – Des loups / méchants.

3. Complète avec *est* ou *sont* et justifie tes choix : p. 22
Timothée ... le fils d'une sorcière. – Quand il ... né, tout le monde a dit : « C'... un garçon ! » – Ce garçon ... gentil et ses professeurs ... déçus. – Finalement, il ... renvoyé et ce ... ses amis qui sont contents.

4. Écris chacune des phrases en commençant par *aujourd'hui* :
Cette jeune fée était la fille d'une sorcière. – Ces cuisiniers étaient appréciés car leur cuisine était bonne. – La baguette magique était dans un tiroir secret. – Les rideaux étaient très beaux.

À savoir

- Le verbe *être* peut s'écrire *est* au singulier ou *sont* au pluriel :
  Ex : Il est dans ma classe. – La sorcière est sur son balai.
  Elles sont en retard. – Les lions sont déjà endormis.
- On trouve ces deux formes dans les expressions : *c'est... / ce sont...*
  Ex : C'est mon ami. – Ce sont mes amis.

Je m'entraîne

1. Retrouve les phrases :

Paul et Pierre •
Basile •
Le vainqueur •
Les vaches •

• est félicité pour son courage.
• sont rentrées à l'étable.
• sont frères.
• est en voyage.

2. Complète avec *est* ou *sont* :
Les fées se … penchées sur le berceau. – Les sorcières … venues juste après. – Le roi … un ancien chevalier. – Le balai de la sorcière … cassé. – La danseuse … arrivée première. – Les sportifs se … entraînés longtemps.

3. Écris le mot entre parenthèses au singulier ou au pluriel :
(Le jeune garçon) sont devenus sorciers. – *(Le canard)* est un animal de la ferme. – *(Le crapaud)* sont transformés en princes. – *(La fée)* est venue voir le jeune prince.
– *(La potion)* sont préparées par la sorcière.

4. Complète avec *c'est*, *ce sont*, *est* ou *sont* :

p. 24

Nicolas … perdu. – … son papa qui … triste ! – Nicolas … un grand garçon mais il pense : « … mes parents qui ne m'aiment plus ».
– Nicolas … transformé en bébé.
– Il … dans les bras de la sorcière.
– La maman est triste : « … notre garçon qui nous manque. »

J'écris un texte

1. Relis le texte, page 26, et recopie ce passage en ajoutant *est*, *c'est*, *ce sont* ou *sont* :

p. 26

Malapata et Milipiti … deux sorcières horribles. Elles … toujours prêtes à faire peur aux gens. … Petit Pierre qui … surpris car les sorcières … petites ! … les sorcières qui … folles de rage et Petit Pierre … convoqué par le directeur.

2. Complète ces phrases comme il convient :

- Malapata et Milipiti sont deux sorcières : Malapata … une sorcière.
– Les sorcières sont petites : la sorcière … petite. – Ce sont les sorcières qui sont folles : … la sorcière qui … folle.
- Petit Pierre est convoqué : Petit Pierre et son ami … convoqués.
– C'est Petit Pierre qui est surpris : … Petit Pierre et son ami qui … surpris.

3. Réécris le texte de l'activité 1 en remplaçant *Malapata et Milipiti* par *Malapata* et *Petit Pierre* par *Petit Pierre et son ami*. (Attention aux accords.)

Accorder le verbe et le sujet

p. 36

Les règles d'or

Il faut parfois préchauffer le four avant de commencer. De cette façon, il est à la température souhaitée. Les temps de cuisson sont souvent indiqués dans la recette. Un adulte doit allumer le four à la place des enfants. Éteinds l'appareil lorsque le plat est prêt.

Découvrons et construisons

1. a. Lis l'extrait ci-dessus et complète les phrases :

- C'est … qui est à la température souhaitée.
- Ce sont … qui sont indiqués dans la recette.
- C'est … qui est prêt.

b. Complète avec *est* ou *sont* :

– Les fours … à la température souhaitée.
– Le temps de cuisson … indiqué dans la recette.
– Éteinds l'appareil lorsque les plats … prêts.

Compare avec le texte ci-dessus. Que remarques-tu ?

2. a. Qui est-ce qui « doit allumer le four à la place des enfants » ? Quelle phrase donne la réponse ?

b. Compare avec la phrase :
Des adultes doivent allumer le four à la place des enfants.
Que remarques-tu ?

3. a. Écoute les différences entre ces phrases :
– Mon frère fait la cuisine.
Mes frères font la cuisine.
– Le cuisinier range les assiettes.
Les cuisiniers rangent les assiettes.

b. Entoure en rouge ce qui change et souligne le sujet. Qu'observes-tu ?

À savoir

- Le verbe s'accorde toujours avec celui ou ceux qui font l'action (le sujet).
- Si le sujet est au singulier, le verbe est au singulier.
  Ex : Le cuisinier range les verres. – La fermière rentre le cheval.
- Si le sujet est au pluriel, le verbe est au pluriel.
  Ex : Les cuisiniers rangent les verres. – Les fermières rentrent le cheval.

Je m'entraîne

1. Complète chaque phrase avec le verbe qui convient :
Le petit cuisinier *(creuse / creusent / creusez)* une fontaine dans la farine. – Les enfants *(lis / lisent / lit)* la recette. – Ils *(farine / farinent / farines)* la table puis *(étale / étalent / étalons)* la pâte. – La cuisinière *(découpe / découpent / découpes)* des galettes.

2. Relie le sujet au verbe qui convient :

	• est dans la cuisine.
	• ajoute le persil.
Les enfants •	• cuisine.
Il •	• pétrissent la pâte.
	• grattent les champignons.

3. Écris la terminaison des verbes *(aide-toi des sujets en orange)* :
– Le chat mang… les gâteaux.
– Les oiseaux picor… les graines.
– Le lapin se cach… dans la prairie.
– Les chiens aboi… et se précipit… vers le visiteur.
– Les menuisiers fabrique… des marionnettes.

4. Remplace les mots en orange par les mots indiqués et accorde les verbes :
Marc et Éric *(Carine)* dansent bien. – Le skieur *(les skieurs)* descend la piste à toute allure. – Ma sœur *(ma sœur et son ami)* sort pour aller faire les courses. – Ces voitures *(cette voiture)* roulent trop vite.

J'écris un texte

1. Oralement complète ce texte avec :
… : *est* ou *sont* • : terminaison du verbe
Le Petit Chaperon rouge … une cuisinière !
Sur une planche, elle vers• la farine, creus• une fontaine au centre, dépos• le beurre coupé et cass• les œufs. Elle appell• sa grand-mère. Toutes les deux, travaill• la pâte pour la rendre lisse, elles la pos• dans une assiette et la laiss• reposer une bonne heure. Elles pos• enfin les galettes sur la plaque du four. Les galettes … délicieuses !

2. Relis le texte ci-dessus et écris les mots en [e] :
- une cuisinière : un cuisini…
- le repos : repos… *(verbe)*
  le creux : creus… *(verbe)*
- du beurre coup…

3. Relis le texte et copie les mots difficiles.
Tu es prêt pour la dictée de ce texte.

Unité 4 Les mots dans la phrase

Accorder le groupe nominal (1)

p. 58

Lettre à Papa et Maman

Qu'est-ce qu'un mercredi et un dimanche devraient être pour nous ? Des journées sans histoire où on pourrait dormir.
Au lieu de cela, notre mercredi et notre dimanche ce sont :
– des journées épuisantes puisqu'on se lève aussi tôt que les autres jours,
– des journées épuisantes puisqu'on a des activités fatigantes, pas toujours amusantes et tellement nombreuses…

Découvrons et construisons

1. a. Relis le passage ci-dessus et le texte, page 58. De combien de journées parle-t-on dans le texte ? Et dans cet extrait ? Quels changements remarques-tu ?

b. Écris les terminaisons qui conviennent :
- des journées : une journ…
- des journées épuisantes : une journ… épuisant…

2. a. À l'oral mets ces groupes nominaux au pluriel :
– le grand frère de Sylvie : *les …*
– une grosse larme : *des …*
– le poil noir et long : *les …*

Entends-tu des différences dans les mots que tu as ajoutés ?

b. Écris ces groupes et entoure ce qui change. Que vois-tu ?

3. a. À l'oral forme des groupes nominaux avec les termes proposés *(attention aux accords)* :
les cartes *(jolie, postale)* – un voyage *(agréable, organisé)* – des journées *(reposante, calme)*.

b. Écris les groupes nominaux et mets en couleur les terminaisons.

4. Ajoute les terminaisons, puis explique tes réponses :
Dans quelques jour…, ce sera la fêt… . Mon oncl…, sa femm… et ses trois jeune… enfant… vont venir à la mais… .

À savoir

◆ Dans un groupe nominal, on indique qu'il y a plusieurs choses, objets ou personnes en ajoutant un s. On dit que les mots sont au pluriel.
Ex : une journée reposante et calme – des journées reposantes et calmes.

Je m'entraîne

1. **Relis les mots qui vont ensemble, puis écris chaque groupe nominal :**

un petit chanteur •	• mystérieux
des histoires •	• formidables
deux manoirs •	• mystérieuse
la petite fille •	• formidable

2. **Choisis le mot qui convient :**
La *(jeune / jeunes)* femme de mon *(voisin / voisins)*. – Tes *(chère / chères)* *(nièce / nièces)* viendront me voir samedi. – Le *(dernier / derniers)* *(directeur / directeurs)* de l'*(école / écoles)* habitait dans ce *(quartier/ quartiers)*.

3. **Réécris ces groupes nominaux en mettant le mot en rose au pluriel.** *(Attention les mots en bleu changent aussi !)*
– la grande famille de mon père
– la petite poupée jaune de ma sœur
– la belle maison blanche du voisin.

4. **Transforme ces groupes nominaux en les mettant au singulier ou au pluriel :** p. 54
mes chers frères – notre enfant – notre cher petit – tes toits, tes quartiers, tes écoles – les directeurs de l'école.

J'écris un texte

1. **Dans le texte, page 56, retrouve le passage ci-dessous. À l'oral, complète le texte avec les mots qui manquent puis écris-les :** p. 56
Tania … que je t'écrive qu'à ton … j'… un petit … et que j'… fou de joie de l'… . – Il est … qu'un petit chien, même s'il est tout …, donne … plus de … qu'un … .

2. **Lis chaque phrase puis dis quel est le mot qui convient et pourquoi :**
Il faut croire que le *(mien / miens)* était resté un *(bébé / bébés)* *(chien / chiens)*. – Il avait le *(poil / poils)* *(noir/ noirs)* et *(long / longs)* et il ressemblait à un *(caniche / caniches)* en miniature.

3. **Écris maintenant le texte. Aide-toi des mots des activités 1 et 2 :**
Tania … que je t'écrive qu'à ton … j'… un petit … et que j'… fou de joie de l'… . Il est … qu'un petit chien, même s'il est tout petit, donne … plus de … qu'un … . Il faut croire que le … était resté un … …. – Il avait le … … et … et il ressemblait à un … en miniature.

Écrire à, au, aux

p. 66

L'arracheur de dents (1)

L'homme porta la main … sa bouche. […] Il y eut des murmures soulagés ; on commençait … respirer. C'est alors seulement que Jehan comprit qu'il avait affaire … fameux arracheur de dents dont on lui avait parlé. Mais c'était bien la première fois de sa vie qu'il voyait ôter une dent … l'aide d'une épée !

Découvrons et construisons

1. a. Lis l'extrait ci-dessus et trouve les mots manquants. *Vérifie dans le texte, page 66.*

b. Complète ces phrases :

– L'homme porta la main … sa bouche.
– On commençait … respirer.
– Il avait affaire … ce dentiste.

c. Dans chaque phrase ci-dessus remplace :

– *sa bouche* par *son nez*, puis par *ses oreilles*.
– *respirer* par *manger*, puis par *dormir*.
– *ce dentiste* par *son frère*, puis par *médecin*.

Que remarques-tu ?

2. Complète avec à, au ou aux :

Il parle … élèves. – Fais attention … ton camarade ! – Il est allé jusqu'… fond du couloir. – Elle possède une boîte … bijoux, une chemise … fleurs et des chaussures … lacets.
– Il est parti … l'école, il est passé … gymnase, il est arrivé … la piscine, il est revenu … vestiaires.

À savoir

◆ Le mot à sert à apporter des renseignements sur un mot.
Ex : Je vais : je vais à Paris. – Je pars : je pars à trois heures.
Une boîte : une boîte à bijoux – Des patins : des patins à roulettes.

◆ Comme on ne peut pas dire *à le*, *à les*… on utilise au ou aux :
Ex : Je vais à la piscine. – Je vais au restaurant. – Je donne des jouets à mon ami.
– Je donne des jouets aux enfants.

Je m'entraîne

1. Complète avec *à* ou *au* :
J'offre des bonbons … mon ami. – Le monsieur dit … la dame : « Venez-vous avec moi … cinéma ? » – Préfères-tu jouer … chat ou … la poupée ?

2. Transforme les phrases en remplaçant les mots en rose par les mots entre parenthèses :
Il est blessé à la jambe *(front)*. – Tu partiras à huit heures *(cinq heures)*. – Il a offert des cadeaux à ses frères *(pompiers)*. – Il revient à la fin du mois *(début du mois)*.

3. Complète avec *à*, *au* ou *aux* :
Il joue … la poupée avec celle qui appartient … Léa. – Il faudra rentrer … huit heures, sinon vous aurez affaire … gendarmes ! – Vous préférez jouer : … la marelle, … billes, … football, … la balle aux prisonniers ou … quatre coins ?

4. a. Retrouve le mot manquant *(à, au, aux)*. *(Tu peux vérifier dans le texte.)*
p. 70
Gepetto se met … fabriquer Pinocchio, puis … sculpter sa bouche. – La bouche terminée, elle se met … rire, … chanter. – Le menuisier fait … Pinocchio deux jambes et deux pieds.

b. Réécris la dernière phrase en remplaçant *Pinocchio* par *le pantin* puis par *la marionnette*, et enfin par *des objets en bois*.

J'écris un texte

1. Relis le texte, page 68, et complète par écrit cet extrait :
p. 68
• : *à*, *au* ou *aux*   • : J'entends [ɔ̃]   • : J'entends [ɑ̃]

Le fils du roi, • la surprise générale, ne fait aucune difficulté. Il glisse une pièce • Guillaume. Celui-ci jette un coup d'œil • la pièce et la laisse t•ber dans sa ceinture. Il porte sa gr•de et l•gue épée • la g•cive du prince et d'un coup sec, il fait sauter la d•.

2. a. Réécris l'extrait depuis *Il glisse…* jusqu'à *sa ceinture* en remplaçant *une pièce* par *des pièces*, puis par *un billet*.

b. Réécris la dernière phrase en remplaçant *la gencive* par *les lèvres* puis par *le bord de la bouche*.

Écrire des homonymes

p. 86

L'orage à l'école

Les enfants commencent à avoir peur. Le … les rassure : « On va téléphoner aux mamans. » Mais le téléphone ne … plus. Tommy, à la fenêtre, dit : « Il y a de l'… jusqu'à la balançoire. » L'eau passe sous la …, le couloir est inondé. « On va être … », dit Amandine.

Découvrons et construisons

1. Dans l'extrait ci-dessus, devine chaque mot qui manque et écris-le.

2. a. Écris le mot qui correspond à chaque définition :
Unité de longueur qui mesure 100 cm – Élément d'un escalier sur lequel on pose le pied – Quinzième lettre de l'alphabet et voyelle – C'est le verbe *porter* conjugué : *il …*
– Arbre qui produit des noix.

b. Compare avec les mots de la 1re activité. Que remarques-tu ?

3. Trouve le mot qui convient :
La vache est dans le *(chant / champ)*. – Le canard et la *(canne / cane)* sont dans la ferme. – L'alpiniste est arrivé en haut du *(mon / mont)* Blanc. – Mon *(père / paire)* *(a / à)* froid.

4. a. Recherche le mot qui convient *(tu peux utiliser ton dictionnaire)* :
Le patineur est tombé sur la … . – Baisse le … de la musique, on n'entend plus rien ! – Mon ballon, c'est le mien, … ballon, c'est le sien. – Émilie veut encore faire un … de manège. – La princesse se coiffe devant la … . – La … du château mesure 40 mètres.

b. Trouve de nouveaux mots qui se prononcent et s'écrivent de la même manière mais qui ne veulent pas dire la même chose.

À savoir

- Certains mots se prononcent de la même manière mais ne désignent pas la même chose; ce sont des homonymes :
  Ex : un tour de magie, la tour du château.
- Ils peuvent aussi s'écrire différemment :
  Ex : un mètre pour mesurer, un maître dans la classe.
  Ce sont mes amis mais je les vois rarement.

Je m'entraîne

1. Trouve le mot qui convient. *(Utilise ton dictionnaire.)*
Il met les fleurs dans un *(pot / peau)*. – Le soleil brille, ma *(pot / peau)* est dorée ! – Il vient seul, *(sans / cent)* ses amis. – Il a gagné toutes mes billes, il en a *(sans / cent)* ! – Voici le mois de *(mai / mais)* ! – Tu as réussi *(mai / mais)* avec de la chance.

2. Trouve le mot qui correspond et écris une phrase avec l'autre mot *(son homonyme)* :
Il a sauté plus *(haut / eau)* que le premier sauteur. – Pour trouver l'école, allez *(vers / verre)* l'église et tournez à droite. – Ils échangent les billes entre *(œufs / eux)*.

3. Écris le mot et trouve une phrase avec un homonyme qui s'écrit de la même manière :
À la boulangerie, je trouve des … au café ou au chocolat. – Les soldats ont réussi à se réfugier dans le … à l'abri des indiens. – Le fermier … des oies, des canards et des chèvres.

4. a. Dans le texte, retrouve ces phrases correctement écrites :
p. 80
– *(Camp)* la terre tremble ! –
– *(Sept)* belle ville sera détruite.
– Les *(mûres)* et le sol se mettent à trembler.
– *(Lait)* habitants *(son)* réveillés.

b. Réécris chacune de ces phrases.

J'écris un texte

1. Écris le texte avec l'homonyme qui convient :
p. 84
Les éclairs *(sont / son)* des lumières aveuglantes qui déchirent l'espace *(au / haut)* moment de la décharge. *(Îles / Ils)* ont la forme de zigzags. L'éclair ne *(dur / dure)* que le temps d'un clin d'œil, puis *(c'est / sait)* le tonnerre.

2. Complète avec l'orthographe du son [s] :
Les éclairs [s]ont des lumières aveuglantes qui déchirent le [s]iel au moment où la décharge [s]e produit. Ils ont la forme de zigzags. L'éclair ne dure qu'un bref in[s]tant, puis [s]'est le tonnerre.

3. a. Entraîne-toi à écrire les deux premières phrases de cet extrait. Apprends-les et écris-les de mémoire.

b. Fais de même avec la 3e phrase.

Accorder le groupe nominal (2)

p. 102

À bord de « l'Océanor »

– Surtout ne glissez pas, vous seriez broyés comme des noix, entre la péniche et le quai.

Agathe et Rémi entrent dans la cabine. Ils ne distinguent d'abord qu'un dos énorme et deux mains puissantes qui tiennent la barre. Le capitaine tourne la tête. Il porte un anneau d'or à l'oreille gauche.

Découvrons et construisons

1. a. Lis l'extrait ci-dessus. De quelles parties du corps parle-t-on dans les groupes nominaux en vert ?

b. Remplace les mots soulignés par les mots suivants et justifie ton choix :
blessée – musclé – larges.

2. a. Quelles différences entends-tu et vois-tu entre ces groupes ?
- une petite fille gentille – un petit garçon gentil.
- un joli papillon coloré – des jolis papillons colorés.

b. Complète les terminaisons :
- des petit… filles gentill… – des petit… garçons gentil…
- une joli… voiture multicolor… – des joli… voitures multicolor…

3. a. À l'oral, forme le groupe nominal :
une péniche *(bleu, long)*.

b. Remplace *une péniche* par :
un train – des péniches – des trains.
Entends-tu les différences ?

c. Écris les groupes nominaux obtenus et colorie les différences.

4. Réécris les groupes en changeant le nom, colorie les différences :
un dos *(des mains)* énorme – un gros camion *(des automobiles)* noir – des fantastiques navires *(un paquebot)*.

À savoir

- Dans un groupe nominal, tous les mots s'accordent avec le nom principal.
- S'il est au féminin tous les autres mots prennent la marque du féminin.
  Ex : un petit camion lent – une petite voiture lente.
- À l'écrit, le pluriel se marque par un s ou un x. Si le nom principal est au pluriel, tous les mots prennent la marque du pluriel.
  Ex : une journée reposante et calme – des journées reposantes et calmes.

Je m'entraîne

1. a. Relie les mots qui vont ensemble et colorie ce qui t'a aidé :

le grand •	• métro	• volante
de beaux •	• rouge	• colorés
un bus •	• soucoupe	• anglais
une énorme •	• avions	• parisien

2. Complète avec le mot qui convient :

- une *(longue / long)* péniche – un *(grand / grande)* pilote de course – des *(jolis / jolies)* autocars *(parisiens / parisiennes)* – une *(belle / beau)* soucoupe *(volante / volant)*.
- un vélo *(léger / légère)* – un conducteur *(aimable / aimables)* – les *(premiers / premier)* bateaux *(américain/ américains)* – des *(mauvais / mauvaises)* pilotes *(disqualifié / disqualifiés)*.

3. Réécris ces groupes nominaux en mettant les noms vert au pluriel, et les bleus au singulier : p. 96

une voiture écologique – un drôle de véhicule piloté par des jeunes – ses véhicules très légers – une roue libre – Les juges mesurent les carburants consommés.

4. Réécris ces groupes nominaux en changeant les noms : p. 98

les véritables histoires *(histoire)* – des voitures *(vélos)* trafiquées – sa grosse roue *(pneus)* et ses larges guidons *(guidon)* – une longue pédale *(pédales)* – un frein *(freins)* placé comme sur le vélo *(motos)* – une bicyclette *(vélos)* classique.

J'écris un texte

1. Transforme les phrases en accordant les groupes nominaux avec le mot en orange : p. 100

(Le) (premier) lignes *(souterrain)* ont été ouvertes au public en 1863, à Londres en Grande-Bretagne. La locomotive *(électrique)* est apparue dans les années 1890. La rame de métro circule sur *(un)* circuits *(fixe)*.

2. Réécris cette phrase en remplaçant le mot *lignes* par *ligne*, par *circuit* puis par *circuits* :

Les premières lignes souterraines ont été ouvertes en 1863.

3. Complète et réécris ce texte en modifiant comme indiqué :

(Le) (premier) ligne *(souterrain)* a été ouvert• au public en 1863, à Londres en Grande-Bretagne. *(Le)* trains *(électrique)* sont appar• dans les années 1890.

Accorder les noms au pluriel

p. 116

Pauvre Antonin (2)

« J'ai dû attraper une … ! » se dit-il. Comment en parler à ses … ? S'ils l'entendaient faire un long … à sa façon, ce n'est pas à l'… qu'ils le conduiraient, c'est chez les … ! Il s'endormit en se disant qu'il avait décidément un gros … .

Le … matin, les … d'Antonin avaient heureusement disparu. Ses … étaient déjà dans la … en train de prendre leur petit … .

Découvrons et construisons

1. a. Lis l'extrait ci-dessus et complète les phrases avec ces mots : problème – maladie – lendemain – cuisine – discours – hôpital – déjeuner – fous – boutons – parents.

b. Quel est le nombre d'objets ou de personnes désignés par chaque nom en orange ? en bleu ?

2. a. Classe ces noms selon qu'il y a un ou plusieurs objets. Colorie ce qui te donne l'indication.
le soir – ses boutons – un bol – mon école – le dos – des journées – un os.

b. Écris chacun des noms de deux manières : un seul objet et plusieurs objets.

3. a. Classe les noms suivants selon qu'ils sont au *singulier* ou au *pluriel* :
des journaux – des pas – le chat – un discours – un escalier – une chose – des chevaux – un magicien – les enfants – des cailloux – des souris – une énigme – des frissons – le fantôme.

b. Colorie les marques du pluriel. Que remarques-tu ?

À savoir

- Quand un nom ne désigne qu'un seul objet, un seul animal ou une seule personne, il est au singulier.
- S'il désigne plusieurs objets, plusieurs animaux ou plusieurs personnes, il est au pluriel.
- Au pluriel, les noms se terminent souvent par un s : *une pierre, des pierres…*
Certains noms ne changent pas : *un nez, des nez, une souris, des souris…*
D'autres prennent un x au pluriel : *des jeux, des journaux, des poux…*

Je m'entraîne

1. **Classe ces noms selon qu'ils désignent un ou plusieurs objets. Colorie les indices qui t'ont aidé.**
les pieds – l'herbe – un escalier – une couleuvre – la rampe – un bâton – une peau – les fronts – les pattes – le cœur – le poil – les chats.

2. a. **Écris les noms suivants au** *singulier* **ou au** *pluriel* **:**
une *(chose)* – des *(olive)* – des *(nouille)* – un *(tapis)* – les *(mur)* – le *(canapé)* – son *(oreille)* – trois *(train)* – du *(bruit)* – la *(porte)* – sa *(voix)*.

b. **Écris chacun des noms en changeant le nombre d'objets : du singulier au pluriel ou l'inverse.**

3. **Écris les noms indiqués comme il convient :** p. 114
Antonin entra dans la *(cuisine)* pour avaler son *(bol)* de *(céréale)*. Son *(ami)* l'aide à traduire quelques *(mot)*. – Une terrible *(révélation)* l'attendait dans la *(cour)* : « Salut ! lança-t-il à ses *(copain)* ».

4. **Complète avec les déterminants du texte :** p. 112
… maman d'Olivier – Il colla … oreille au mur. – On aurait dit … bruit d'… train. – Il y avait … chewing-gum sur … tapis – … homme dormait sur canapé.
– « Ne me raconte pas … histoires ! ».

J'écris un texte

1. **Réécris l'orthographe des noms :** p. 110

Éric s'engagea à son *(tour)* et quand il crut mettre le *(pied)*, en descendant, sur la deuxième *(marche)*, plouf ! celle-ci se baissa. Éric se cogna contre une des *(boule)* de cuivre et se retrouva avec une énorme *(bosse)* sur la *(tête)*.

2. **Réécris ce texte en séparant les mots :**

ÉricetLudovics'engagèrentàleurtouret quandilscrurentmettrelespieds,en descendant,surlesmarchesdel'escalier, plouf!elless'effondrèrent.ÉricetLudovic secognèrentcontrelesboulesdecuivre, etseretrouvèrentavecd'énormesbosses surlatête.

3. **Réécris ce texte en complétant l'orthographe des mots :**

Éric et Ludovic s'engagèrent à leur *(tour)* et quand ils crurent mettre les *(pied)*, en descendant, sur les *(marche)* de l'*(escalier)*, plouf ! elles s'effondrèrent. Éric et Ludovic se cognèrent contre les *(boule)* de cuivre, et se retrouvèrent avec d'*(énorme)* *(bosse)* sur la *(tête)*.

Accorder les noms au féminin

p. 124

L'habit de Colombine

« Et toi ? dirent ses petites amies à Colombine, comment sera ton costume pour le carnaval ?

– Oh, moi, dit l'enfant en secouant la tête, mes parents sont si pauvres ! Et puis ma mère vient d'être gravement malade, nous n'avons pas assez d'argent pour acheter un habit de carnaval. »

Les enfants eurent le cœur serré en pensant que leur gentille camarade serait la seule à garder ses vieux habits pour le carnaval.

Découvrons et construisons

1. a. Relis l'extrait ci-dessus et colorie les lettres ou les mots qui sont différents du texte, page 124. Quels personnages ont changé ?

b. Écris ce qui correspond à ces mots dans le texte, page 124 :
ses petites amies : *ses petits* …
– l'enfant : … – ma mère : …
– la seule : … – malade : …
– gentille : …

2. a. Écris *un* ou *une* devant les noms et classe-les en deux groupes : masculins et féminins.
… épicier – … prince – … instituteur – … vendeuse – … marchande – … musicien – … magicienne.

b. Complète ton classement en recopiant ces mots :
grosse – blanc – pointu – noire – grise – sucré – douce – salée.

c. Pour chacun de ces mots, trouve celui qui correspond au féminin ou au masculin. Entends-tu toujours la différence ?

3. Fais la même activité qu'en *2.a.* :
… artiste – … camarade – … enfant – … fleuriste – … dentiste – … vétérinaire – … pilote – … élève.
Que remarques-tu ?

À savoir

- Les noms au féminin se terminent souvent par un e.
  Ex : une lionne, une fille, une balle…
- Parfois, on n'entend pas ce e : *une amie…*
- D'autres fois, le nom est le même au masculin et au féminin.
  Ex : un élève, une élève, un enfant, une enfant…

Je m'entraîne

1. Écris le masculin de ces noms :
une danseuse – une directrice – une boulangère – une électricienne – une caissière – une maîtresse.

2. Écris le féminin de ces noms :
un nageur – un acteur – un épicier – un mécanicien – un charcutier – un instituteur – un chirurgien – un chien – un ouvrier – un marchand – un roi.

3. Écris le féminin des noms suivants. Aide-toi du dictionnaire.
un Chinois – un Portugais – un Américain – un Italien – un Allemand – un Espagnol – un Suisse.

4. Écris le féminin de ces groupes nominaux :
un ancien couturier – un jeune coiffeur – un grand lapin – un petit acteur – un gros charcutier – un chien méchant – un beau chat.

5. a. Associe chaque nom féminin de la 1re liste au nom masculin correspondant :
- une tarte – une chaise – une tasse – une casquette – une balle.
- un fauteuil – un gâteau – un chapeau – un verre – un ballon.

b. Écris chacun de ces noms avec un des mots suivants :
sucré – haut – plein – gonflé – usé.

J'écris un texte

1. a. Accorde le mot entre parenthèses avec le nom en couleur : p. 126

Angelina entraîne Henri sur les manèges *(russe)*. Le *(pauvre)* Henri ferme les yeux et serre de toutes ses forces la barre du *(petit)* camion qui glisse sur les rails à un rythme *(vertigineux)*. Angelina adore ça et elle a très envie d'y retourner un *(second)* tour. Mais Henri refuse.

b. Réécris les groupes nominaux ci-dessus en changeant le nom en couleur par un des noms suivants :
montagnes – Carine – voiture – vitesse – fois.

2. Réécris ce texte en remettant en ordre les mots entre les traits :
entraîne Angelina Henri sur montagnes les russes. // Henri Le pauvre les yeux ferme // et forces serre toutes de ses // la voiture de la petite barre // glisse qui sur allure les à une vertigineuse. rails // adore Angelina ça // et elle seconde envie a très d'y une fois. retourner // refuse. Henri Mais //

3. Maintenant tu es prêt pour la dictée du texte.

Alphabet phonétique

Sons voyelles

[i] i : vie - lit - ami
y : Yves - stylo
ee : tee-shirt
[e] é : bébé - idée - lézard
er, ez : boucher - galoper - nez - fermez
et : et
[ɛ] è, ê : père - élève - bête - tête
et : jouet - sifflet
e + consonne : mer - bec- gel
e + double consonne : elle - cette - terre
ai, ei : balai - reine
[a] a : balle - sac
[ɑ] a : bas - sac
[ɔ] o : gomme - bol
[o] o, ô : trop, tôt
au, eau : haut, beau
[u] ou : poule - cou
oo : football
[y] u, û : une - flûte
[Ø] eu : deux - heureux - queue
œu : nœud
[ə] e : regarder - petit

Sons voyelles nasales

[ã] an, am : chant - jambe
en, em : cent - décembre
[ɔ̃] on, om : ton - mon
[ɛ̃]* in, im : fin - timbre
ain, aim : main - faim
ein : ceinture
en : bien - rien
[œ̃]* un, um : un - lundi - parfum
[œ] eu : neuf - beurre
œu : œuf - cœur

Sons consonnes

[p] p, pp : pour - apprendre - pipe - papa
[b] b : bon - beau - robe
[t] t, tt : tapis - tigre - attirer
[d] d, dd : lundi - dimanche - addition
[k] c, cc, k : cache - cuve - accord - képi - ski
qu, q : chaque - pique - coq
ch : chorale
[g] g, gu : gare - grenouille - bague - guitare
[f] f, ff : fil - enfin - chiffon - effacer
ph : phare - pharmacie
[v] v, w : voici - voiture - lèvre - wagon
[s] s, ss : sapin - personne - passage - réussite
c, ç : cerise - glace - façade - avançons
t, sc : récréation - patience - piscine -
x : dix - six
[z] z : zig-zag - bazar - gaz
s : fraise - hasard - Basile
x : sixième
[ʃ] ch : chien - chameau - hache
sch : schéma
sh : shoot
[ʒ] j : jeudi - je - joli - jamais - joue
g(e), g(i) : cage - pigeon - rouge - gilet
[l] l, ll : lapin - bol - balle - elle
[r] r, rr : roi - fer - terre - arriver
[m] m, mm : maman - matin - homme - pomme
[n] n, nn : non - nid - âne - bonne
[ɲ] gn, ni : peigne - montagne - panier
[ŋ] ing : parking

Sons semi-voyelles

[ɥ] ui : huit - lui
[j] y : yeux - joyeux
i : bien - vieux
ill : feuille - tailler - bille

[w] w : kiwi
ou : bouée
oi : quoi - toi

* suivant les régions la différenciation entre sons proches n'est pas toujours pertinente.

Crédits photographiques

p. 18 : V. Varin / JACANA – p. 19 : D. ORTI – p. 33 : Scandibilo / ARTEPHOT – p. 36 : P. Duboscq / PETIT FORMAT – p. 40 : C. Fleurent / TOP – p. 42 : G . Felix / JACANA – p. 47 : D. ORTI – p. 62 hg : X. Lambours / METIS, hd : X. Lambours / METIS – p. 71 : J. E. Pasquier / RAPHO – p. 77 : Manray Trust / Telimage / ADAGP Paris 2001 – p. 78 h : H. Bartoli / MAX PPP, bg : P. Rossignol / REUTER / MAX PPP, bd : Le Parisien / MAX PPP – p. 82 : G. Sioen / RAPHO – p. 89 h : T. Streshinsky / CORBIS SYGMA, b : D. Reperant / EXPLORER – p. 90 : D. Bringard / BIOS : n°1, 2, 3, 4 – p. 95 bd : 1 (vélo de ville) : GO SPORT, 2 (VTT) : GO SPORT, 3 (vélo de course) : DECATHLON, 4 (vélo d'enfant) : DECATHLON – p. 96 : J. Lorin / CDP – p. 99 h : GO SPORT – p. 103 : J. Muscat / RAPHO – p. 104 : C. Cuny / RAPHO – p. 106 : La Grande Encyclopédie des enfants, Kingfisher – p. 107 : C. Jean / RMN – p. 121 AKG, Paris 2001, Cordon Art BV – BAARN, Holland – p. 134 : avec l'autorisation de L. Boulle – p. 135 : ARCHIVE LARBOR.

Achevé d'imprimer par Grafica Editoriale Printing S.r.l. Bologne (Italy)
N° d'éditeur: 10079501 (I) (57) - CSBS 90 - Dépôt légal: mars 2001

Les mots à connaître

Les noms

◆ Au masculin :

un ange – un bain – le bouquet – un cahier – le calcul – le chapeau – du chocolat – des ciseaux – un coq – le dos – un drapeau – un escargot – l'été – un gardien – le jardin – un jouet – juillet – le kangourou – un légume – le lait – un métier – un miracle – le mois de mai – un mot – le nez – un paquet – le pardon – un perroquet – le pied – un sabot – du sucre – un sujet – un timbre.

◆ Au féminin :

une araignée – une balançoire – la bosse – la brosse – une carte – une cerise – la chambre – ta chaussette – une chose – une course – une dent – la fin de l'histoire – la gare – une grimace – une grue – une guêpe – la guitare – une jambe – la main – une odeur – une ombre – une orange – une pompe – la poste – la profondeur – une règle – une réponse – une sucette – une surprise.

Les verbes

ajouter – avoir – blanchir – bondir – calculer – chanter – contenir – couper – déguster – dessiner – dormir – écrire – entretenir – être – expliquer – faire – finir – gagner – gratter – grimper – laver – lire – maigrir – mesurer – murmurer – partir – pratiquer – prendre – préparer – regarder – rendre – sortir – se déguiser – tenir – toucher – tourner – tromper – vendre – venir – voir – voyager.

Les adjectifs

agréable – bon – charitable – chaud – coupable – froid – large – magique – malade – malin – méchant – mort – parfait – pauvre – petit – proche – rare – sage – solide – sombre – timide – vaste – véritable – vif – vilain – visible.

Les mots invariables

- à – alors – avec – beaucoup – certainement – combien – comment – d'abord – déjà – demain – directement – enfin – et – finement – fortement – gravement – hier – jamais – mais – pendant – puis – quand – soudain – toujours.
- un – deux – trois – quatre – cinq – six – sept – huit – neuf – dix – onze – douze – treize – quatorze – quinze – seize…

Zaner-Bloser

Handwriting

PRACTICE MASTERS

1

Illustrations by Josh Hara

ISBN 978-1-4531-1944-0

Zaner-Bloser, Inc.
800.421.3018
zaner-bloser.com

Printed in the United States of America 1 2 3 4 5 6 7 8 9 10 23975 23 22 21 20 19 18 ZB Code 20

Contents

Practice Masters

Additional Home Practice

Support Materials

Pretest

Draw a picture of yourself.

Write your name.

Pretest

Look at these letters.

a Y k o i q N c B

Circle the letters you like. Write the letters below.

Write your name.

Name:

Uppercase Letters

Circle the uppercase letter that begins your name.

A B C D E F G H I J

K L M N O P Q R S T

U V W X Y Z

Trace and circle the uppercase letter that begins each name.

Ross Amy Joe

Name:

Lowercase Letters and Numerals

Circle the lowercase letters in your name.

a b c d e f g h i j

k l m n o p q r s

t u v w x y z

Circle the numeral that tells your age.

1 2 3 4 5 6 7 8 9 10

Name:

Left and Right

Color the hand you use to write.

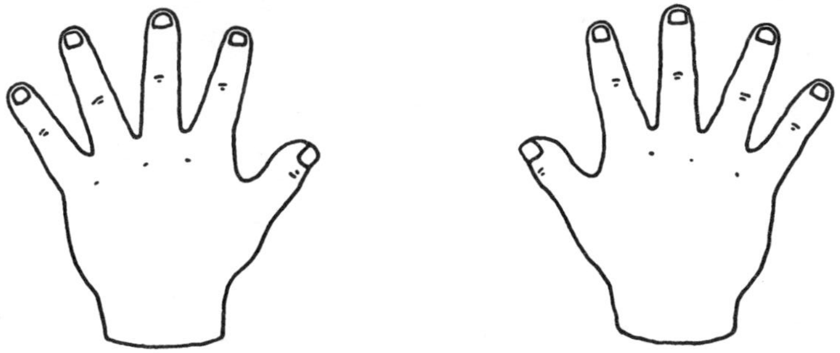

Color the right mitten blue.

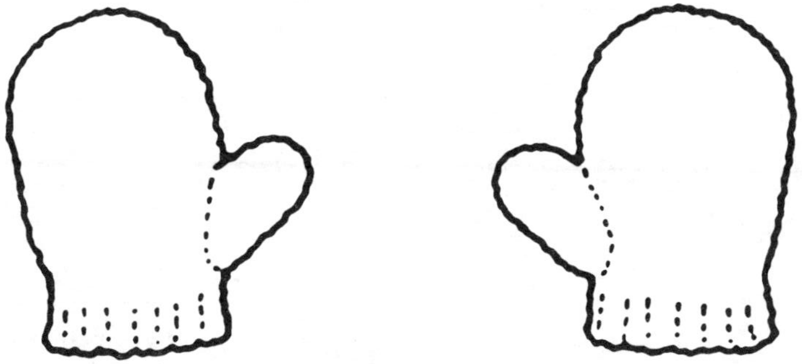

Color the left glove red.

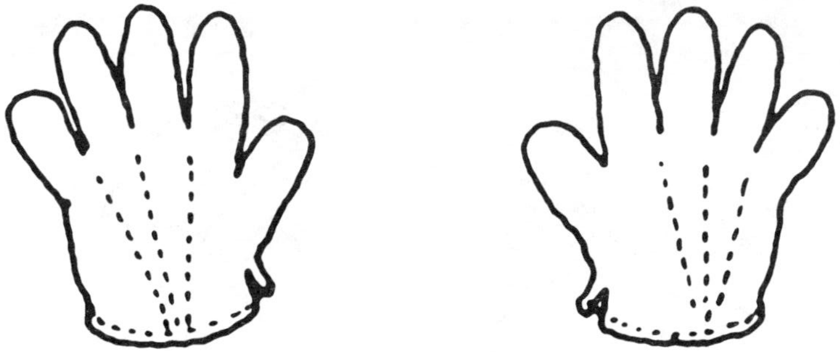

Color the left hand yellow.

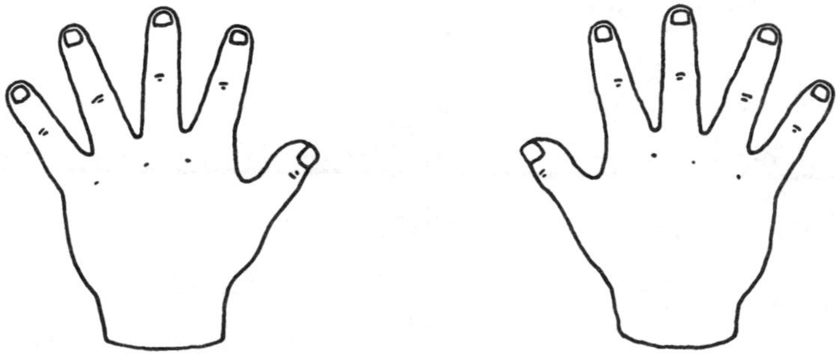

Name:

Writing Positions

If you write with your **left hand**, follow the rules on this page.

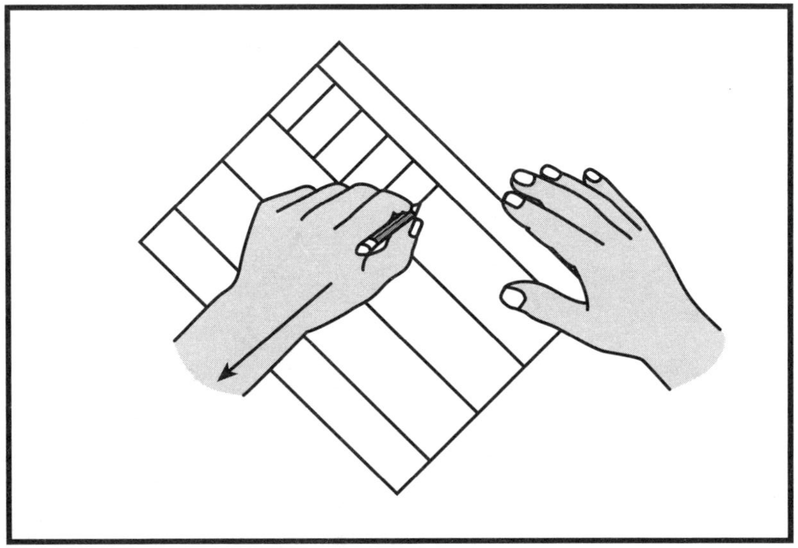

Slant your paper to the right, as you see in the picture.

Rest both arms on the desk. Use your right hand to move the paper as you write.

Pull the pencil toward your left elbow when you write.

Digital Tutor
Paper Position

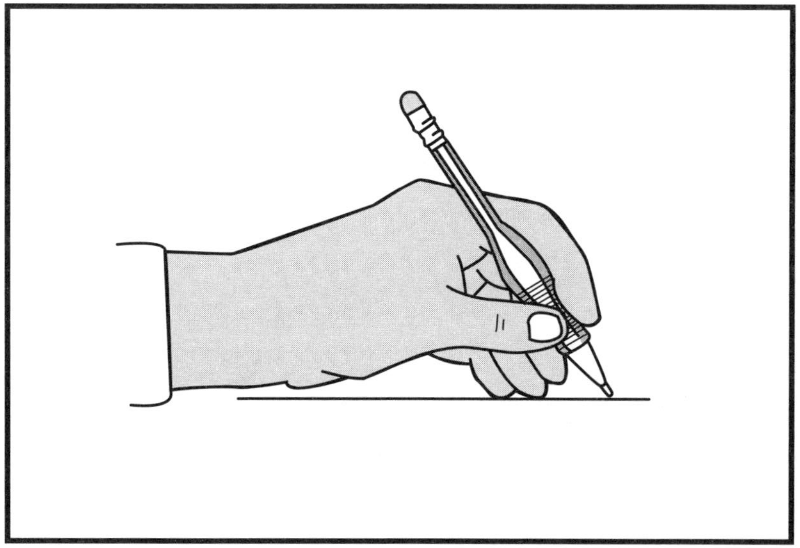

Hold the pencil with your thumb and first two fingers.

Do not squeeze the pencil when you write.

Digital Tutor
Pencil Position

Name:

Writing Positions

If you write with your **right hand**, follow the rules on this page.

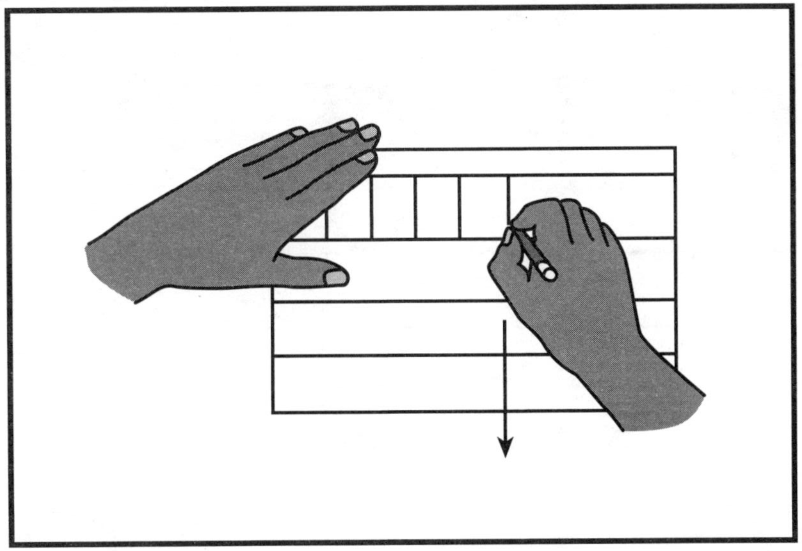

Place the paper straight in front of you.

Rest both arms on the desk. Use your left hand to move the paper as you write.

Pull the pencil toward the middle of your body when you write.

Digital Tutor

Paper Position

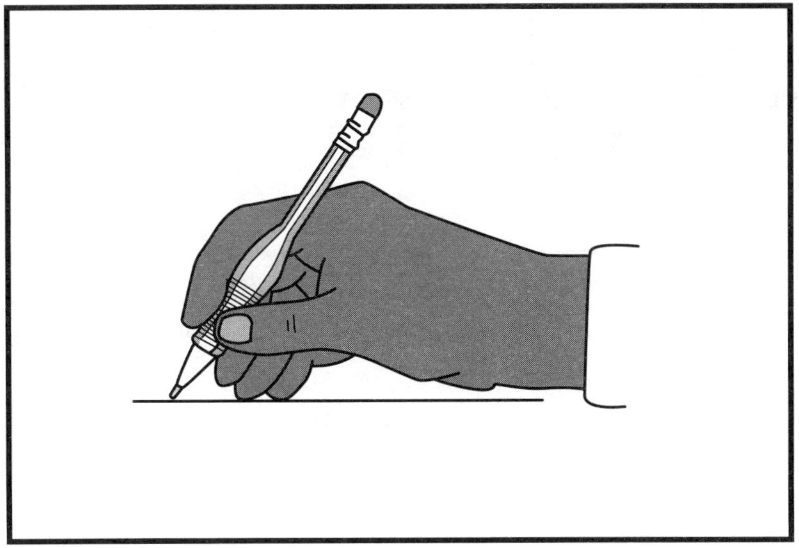

Hold the pencil with your thumb and first two fingers.

Do not squeeze the pencil when you write.

Digital Tutor

Pencil Position

Name:

Guidelines

Headline
Midline
Baseline

a b c d e f g h

Which letter is tall? Circle it. c C e a

Which letter is short? Circle it. M N o P

Which letter goes below the baseline? Circle it. h i j k

Name:

Basic Strokes: Vertical Lines

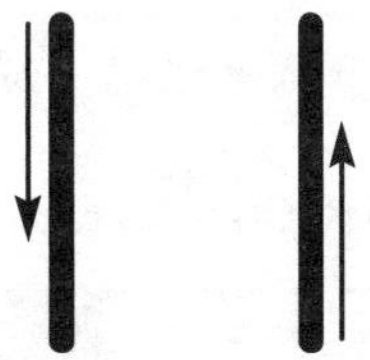

Some letters and numerals have lines that are straight up and down.
Trace the shaded vertical lines. Begin at the dot.

Name:

Basic Strokes: Vertical Lines

Trace the vertical lines in these letters and numerals.

E I M T d h l k 9 4

Write the pull down straight lines. Start at the dot.

Write the push up straight lines.

Name:

Basic Strokes: Horizontal Lines

Some letters and numerals have slide lines.
Trace the shaded horizontal lines. Begin at the dot.

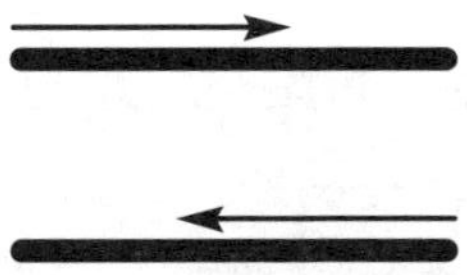

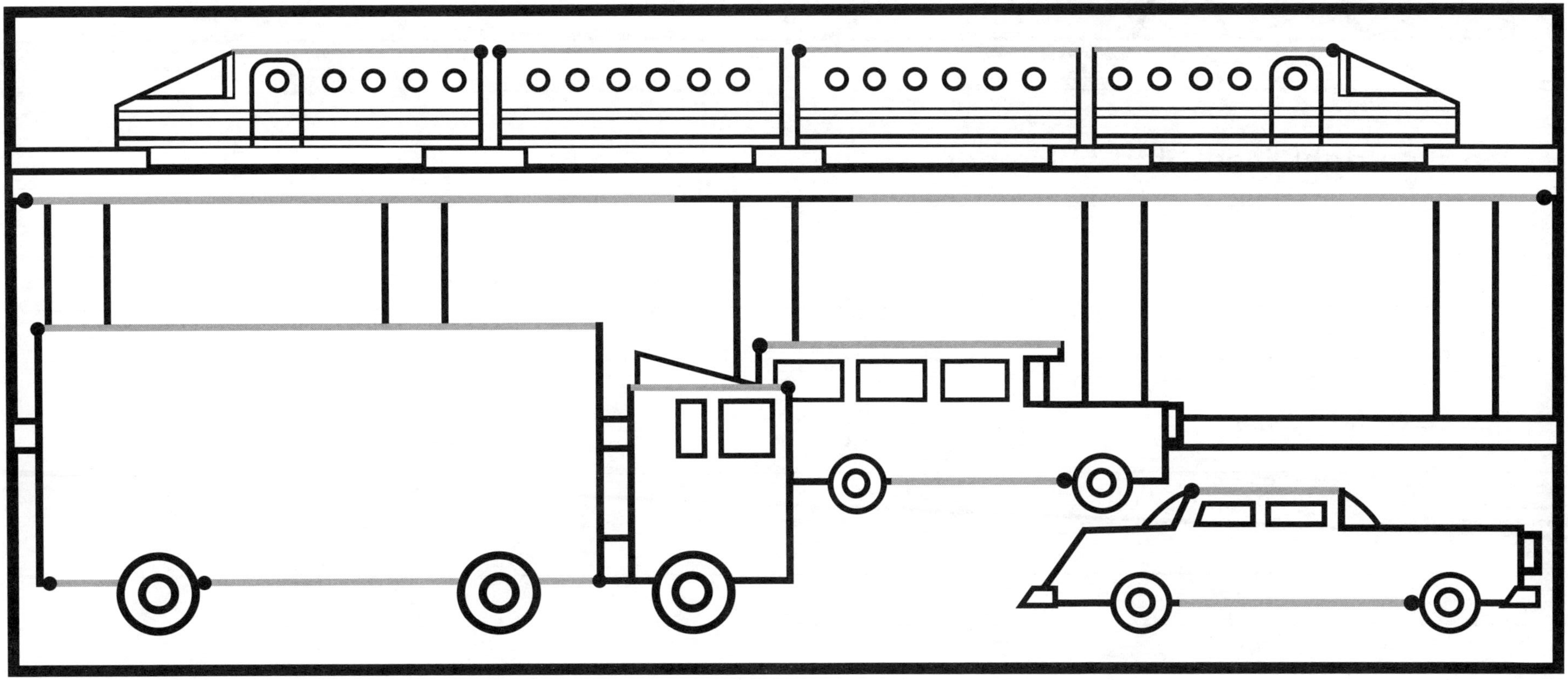

Name:

Basic Strokes: Horizontal Lines

Trace the slide lines in these letters and numerals.

H J A Z G e z f 5 2

Write the slide right lines. Start at the dot.

Write the slide left lines.

Name:

Basic Strokes: Backward Circle Lines

Some letters and numerals have backward circle lines.
Trace the shaded backward circle lines. Begin at the dot.

Write the backward circle lines.

Name:

Basic Strokes: Forward Circle Lines

Some letters and numerals have forward circle lines.
Trace the shaded forward circle lines. Begin at the dot.

Write the forward circle lines.

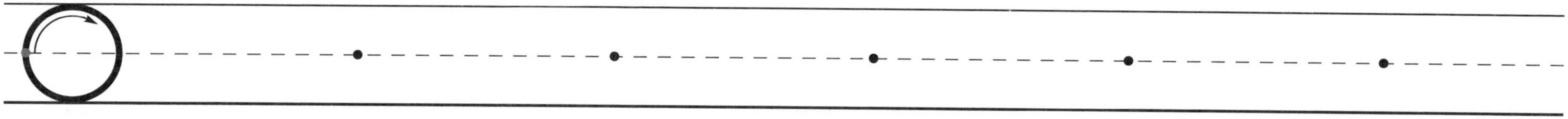

Name:

Basic Strokes: Diagonal Lines

Some letters and numerals have diagonal lines.
Trace the shaded diagonal lines. Begin at the dot.

Basic Strokes: Diagonal Lines

Trace the diagonal lines in these letters and numerals.

A w X y Q M R k 7 2

Write the slant right lines. Begin at the dot.

Write the slant left lines.

Write the slant up lines.

Name:

Basic Strokes: Practice

Write these lines.

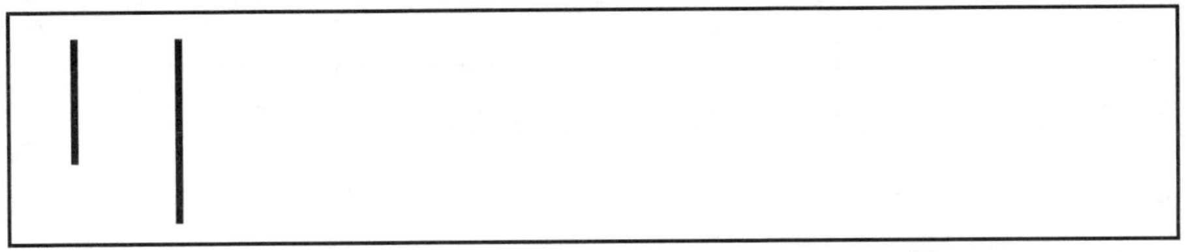

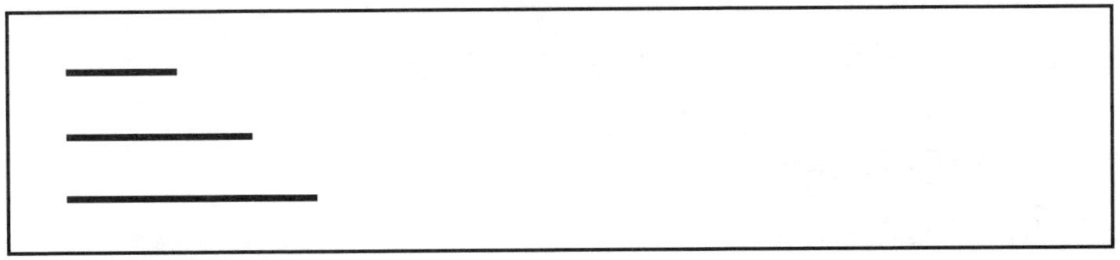

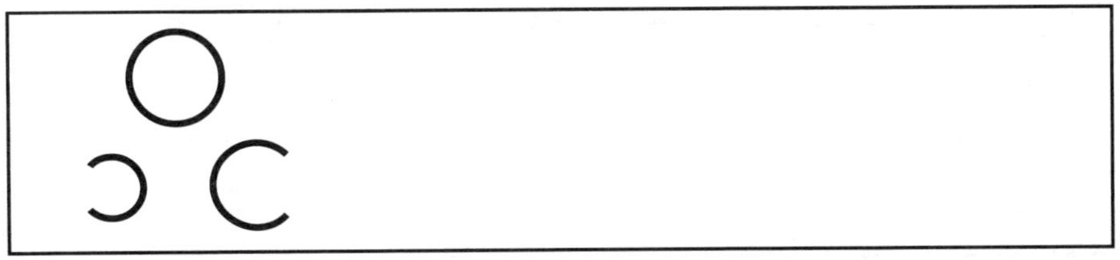

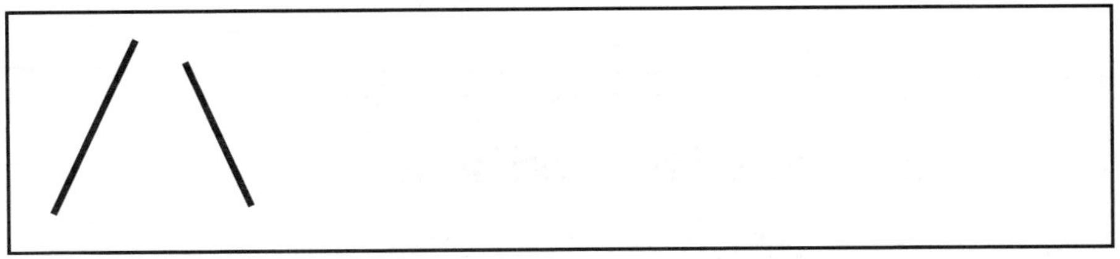

Draw a picture using four kinds of lines.

Keys to Legibility

Digital Tutor
Keys to Legibility

Shape

Shape Look at the shape of these letters. Trace the letters.

t i G Q K

Manuscript letters contain vertical lines (|), horizontal lines (—), circle lines (O C Ɔ), and diagonal lines (\ /).

Spacing

Spacing Look at the spacing in this writing. Trace the words.

a good book

The letters are neither too close together nor too far apart.

There is enough space for your finger between words.

Size

Size Look at the size of these letters. Trace the letters.

A b c e p

Tall letters touch the headline.
Short letters touch the midline.
Letters with descenders go below the baseline and touch the next headline.

Slant

Slant Look at the vertical slant of this writing. Trace the word.

letters

Manuscript letters are straight up and down. To write with good slant

1. Place your paper correctly.
2. Pull down in the proper direction.
3. Shift your paper as you write.

Name:

Numerals

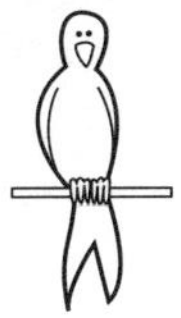

Write 1.

1 1 1 1 1 1 1

Write 2.

2 2 2 2 2 2 2

Home Practice

Instructions to guide numeral formation at home:

1. Pull down straight.

1. Curve forward; slant left. Slide right.

Digital Tutor

Numeral Models and Formations

Name:

Numerals

Write 3.

3 3 3 3 3 3

Write 4.

4 4 4 4 4 4

Home Practice

Instructions to guide numeral formation at home:

3
1. Curve forward. Curve forward.

4
1. Pull down straight. Slide right. Lift.
2. Pull down straight.

Digital Tutor

Numeral Models and Formations

Name:

Numerals

Write **5**.

5 5 5 5 5 5

Write **6**.

6 6 6 6 6 6

Home Practice

Instructions to guide numeral formation at home:

5
1. Pull down straight. Circle forward. Lift.
2. Slide right.

6
1. Curve down; curve up and around.

Digital Tutor
Numeral Models and Formations

Name:

Numerals

Write 7.

7 7 7 7 7 7

Write 8.

8 8 8 8 8 8

Home Practice

Instructions to guide numeral formation at home:

7 **1.** Slide right. Slant left.

8 **1.** Curve back; curve forward; slant up.

Digital Tutor
Numeral Models and Formations

Name:

Numerals

Write 9.

9 9 9 9 9 9

Write 10.

10 10 10 10 10 10

Home Practice

Instructions to guide numeral formation at home:

9
1. Circle back all the way around. Pull down straight.

10
1. Pull down straight. Lift.
2. Curve down; curve up.

Digital Tutor

Numeral Models and Formations

Name:

Numerals

Write 11.

11 11 11 11 11 11

Write 12.

12 12 12 12 12 12

Home Practice

Instructions to guide numeral formation at home:

11
1. Pull down straight. Lift.
2. Pull down straight.

12
1. Pull down straight. Lift.
2. Curve forward; slant left. Slide right.

Digital Tutor
Numeral Models and Formations

Name:

Numerals

Write 13.

13 13 13 13 13 13

Write 14.

14 14 14 14 14 14

Home Practice

Instructions to guide numeral formation at home:

13
1. Pull down straight. Lift.
2. Curve forward.
   Curve forward.

14
1. Pull down straight. Lift.
2. Pull down straight.
   Slide right. Lift.
3. Pull down straight.

Digital Tutor

Numeral Models and Formations

Name:

Numerals

Write 15.

15 15 15 15 15 15

Write 16.

16 16 16 16 16 16

Home Practice

Instructions to guide numeral formation at home:

15
1. Pull down straight. Lift.
2. Pull down straight. Circle forward. Lift.
3. Slide right.

16
1. Pull down straight. Lift.
2. Curve down; curve up and around.

Digital Tutor

Numeral Models and Formations

Name:

Numerals

Write 17.

17 17 17 17 17 17

Write 18.

18 18 18 18 18 18

Home Practice

Instructions to guide numeral formation at home:

17
1. Pull down straight. Lift.
2. Slide right. Slant left.

18
1. Pull down straight. Lift.
2. Curve back; curve forward; slant up.

Digital Tutor

Numeral Models and Formations

Name:

Numerals

Write 19.

19 19 19 19 19 19

Write 20.

20 20 20 20 20 20

Home Practice

Instructions to guide numeral formation at home:

19
1. Pull down straight. Lift.
2. Circle back all the way around. Pull down straight.

20
1. Curve forward; slant left. Slide right. Lift.
2. Curve down; curve up.

Digital Tutor

Numeral Models and Formations

Numeral Review

Write 1–5.

1 2 3 4 5

Write 6–10.

6 7 8 9 10

Write the number sentence.

$1 + 3 = 4$

Numeral Review

Write 11–15.

11 12 13 14 15

Write 16–20.

16 17 18 19 20

Write the number sentence.

12 + 6 = 18

Name:

Digital Tutor

Letter Model and Formation

l

Write the letter and the words.

l l l l l l l

lie life late left

land last line lunch

Home Practice

Letter Formation

l

1. Pull down straight.

Name:

Digital Tutor

Letter Model and Formation

Write the letter, words, and sentence.

L L L L L

Logan Ling Lee Lily

Lune lives in Lima.

Home Practice **Letter Formation**

1. Pull down straight. Slide right.

Name:

Digital Tutor

Letter Model and Formation

i

Write the letter and the words.

i i i i i i i

if idea his iron

is inside ice in

Home Practice **Letter Formation**

1. Pull down straight. Lift.
2. Dot.

Name:

Digital Tutor

Letter Model and Formation

Write the letter, words, and sentence.

I I I I I I I

Ian Iris Isaac Ike

Ira lives in Iowa.

Home Practice **Letter Formation**

1. Pull down straight. Lift.
2. Slide right. Lift.
3. Slide right.

Name:

Digital Tutor

Letter Model and Formation

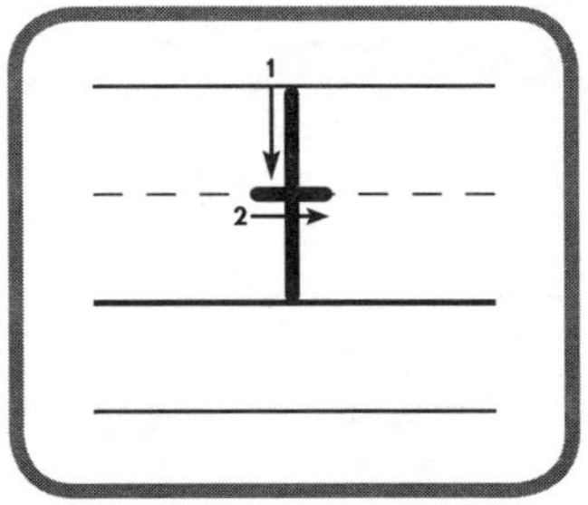

Write the letter and the words.

t t t t t t t

tail tie tree two

table tall tea teeth

Home Practice

Letter Formation

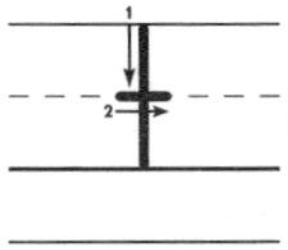

1. Pull down straight. Lift.
2. Slide right.

Name:

Digital Tutor

Letter Model and Formation

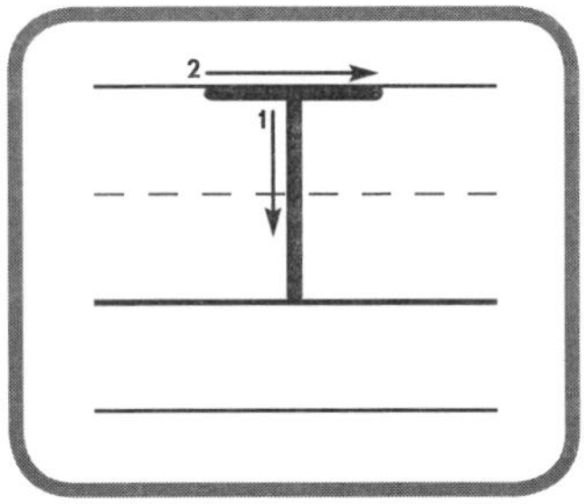

Write the letter, words, and sentence.

T T T T T T

Tom Ted Tina Teri

Tia met me in Texas.

Home Practice

Letter Formation

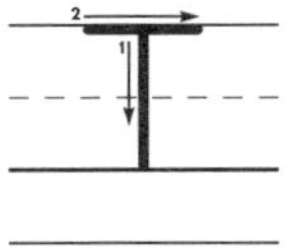

1. Pull down straight. Lift.
2. Slide right.

Name:

Digital Tutor

Letter Model and Formation

o

Write the letter and the words.

o o o o o o

oil oat only other

one old out over

Home Practice

Letter Formation

o

1. Circle back all the way around.

Name:

Digital Tutor

Letter Model and Formation

Write the letter, words, and sentence.

O O O O O

Omar Olga Orena

Olive shops in Ohio.

Home Practice

Letter Formation

1. Circle back all the way around.

Name:

Digital Tutor

Letter Model and Formation

Write the letter and the words.

a

a a a a a a

aid also air apple

at as ago about

Letter Formation

a

1. Circle back all the way around; push up straight. Pull down straight.

Name:

Digital Tutor

Letter Model and Formation

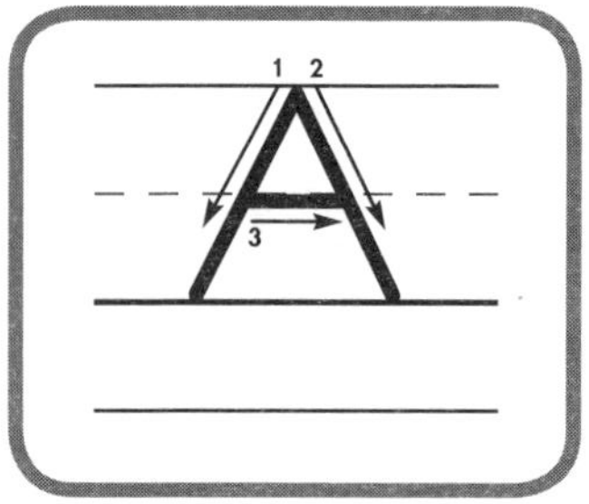

Write the letter, words, and sentence.

A A A A A

Alba Ally Ace Aldo

Amy saw the Andes.

Home Practice

Letter Formation

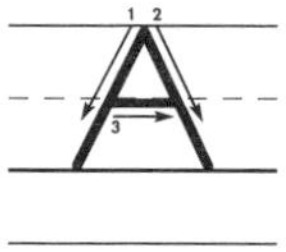

1. Slant left. Lift.
2. Slant right. Lift.
3. Slide right.

Name:

Digital Tutor

Letter Model and Formation

d

Write the letter and the words.

d d d d d d

dial day deal dirt

dear did draw dog

d **1.** Circle back all the way around; push up straight. Pull down straight.

Name:

Digital Tutor

Letter Model and Formation

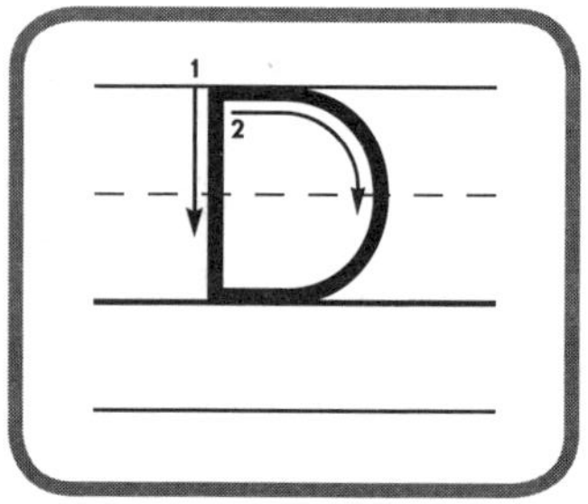

Write the letter, words, and sentence.

D D D D D

Doug Deon Dora Dee

Dottie danced in Denver.

Home Practice

Letter Formation

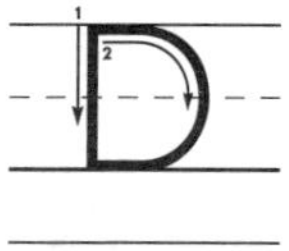

1. Pull down straight. Lift.
2. Slide right; curve forward; slide left.

Name:

Digital Tutor

Letter Model and Formation

c

Write the letter and the words.

c c c c c c

cloud call curl close

cave city can circus

Home Practice

Letter Formation

c

1. Circle back.

Name:

Digital Tutor

Letter Model and Formation

C

Write the letter, words, and sentence.

C C C C C

Cathy Cord Carmen

Chase called me in China.

Home Practice **Letter Formation**

C

1. Circle back.

Name:

Digital Tutor

Letter Model and Formation

Write the letter and the words.

e e e e e e

ear else elm each

eel seed ever eye

Home Practice **Letter Formation**

1. Slide right. Circle back.

Name:

Digital Tutor

Letter Model and Formation

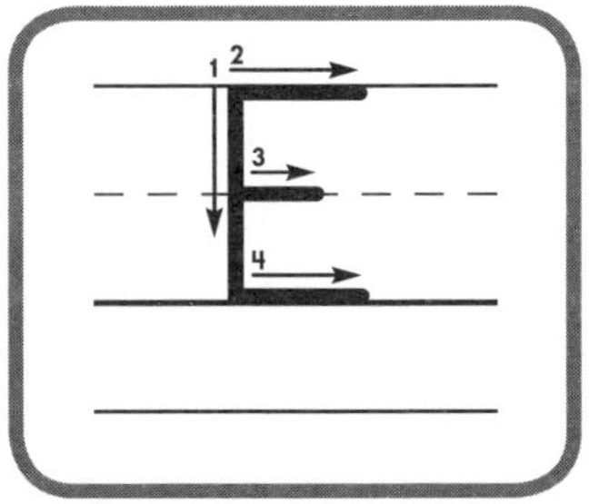

Write the letter, words, and sentence.

E E E E E

Ebony Ellie Emil Erv

Elsa left Egypt.

Home Practice **Letter Formation**

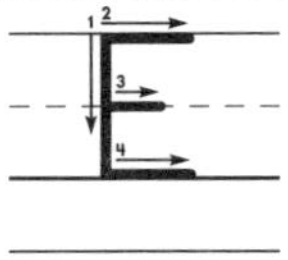

1. Pull down straight. Lift.
2. Slide right. Lift.
3. Slide right; stop short. Lift.
4. Slide right.

Name:

Digital Tutor

Letter Model and Formation

f

Write the letter and the words.

f f f f f f

fold feet farm fill

feel for foot fire

f

1. Curve back; pull down straight. Lift.
2. Slide right.

Name:

Digital Tutor

Letter Model and Formation

F

Write the letter, words, and sentence.

F F F F F

Fiona Faro Fivel

Frank flew to France.

Home Practice **Letter Formation**

F

1. Pull down straight. Lift.
2. Slide right. Lift.
3. Slide right; stop short.

Name:

Digital Tutor

Letter Model and Formation

g

Write the letter and the words.

g g g g g g

gold glass goal get

good green grass game

Home Practice **Letter Formation**

g

1. Circle back all the way around; push up straight. Pull down straight; curve back.

Name:

Digital Tutor

Letter Model and Formation

G

Write the letter, words, and sentence.

G G G G G

Gil Gina Galo Greg

Gia goes to Greece.

Home Practice **Letter Formation**

G

1. Circle back. Slide left.

Name:

Digital Tutor

Letter Model and Formation

j

Write the letter and the words.

j j j j j j

jay joy just juice

jug jet junk job

Home Practice

Letter Formation

j

1. Pull down straight; curve back. Lift.
2. Dot.

Name:

Digital Tutor

Letter Model and Formation

J

Write the letter, words, and sentence.

J J J J J

Jake Josh Julie Jill

Julio jets in July.

Home Practice **Letter Formation**

1. Pull down straight; curve back. Lift.
2. Slide right.

Name:

Digital Tutor

Letter Model and Formation

q

Write the letter and the words.

q q q q q

quick quiz quack quite

quill quail quote quest

Home Practice **Letter Formation**

q

1. Circle back all the way around; push up straight. Pull down straight; curve forward.

Name:

Digital Tutor

Letter Model and Formation

Q

Write the letter, words, and sentence.

Q Q Q Q Q

Quincy Quito Quon

Mrs. Quinn called me.

Home Practice **Letter Formation**

Q

1. Circle back all the way around. Lift.
2. Slant right.

Name:

Digital Tutor

Letter Model and Formation

Write the letter and the words.

u u u u u u

use until ugly unite

bug upset untie

Home Practice **Letter Formation**

1. Pull down straight; curve forward; push up.
   Pull down straight.

Name:

Digital Tutor

Letter Model and Formation

U

Write the letter, words, and sentence.

U U U U U

Uda Ursa Usa Urich

Una is in Utah.

Home Practice

Letter Formation

U

1. Pull down straight; curve forward; push up.

Name:

Digital Tutor

Letter Model and Formation

s

Write the letter and the words.

s s s s s s

sleep salt seat still

sad same seed shoe

Home Practice

Letter Formation

s

1. Curve back; curve forward.

Name:

Digital Tutor

Letter Model and Formation

S

Write the letter, words, and sentence.

S S S S S

Stella Santo Sam Sal

Sally is at Sid's house.

Home Practice

Letter Formation

S

1. Curve back; curve forward.

Name:

Digital Tutor

Letter Model and Formation

b

Write the letter and the words.

b b b b b b

bug bat boss bill

bean bark big bee

Home Practice

Letter Formation

b

1. Pull down straight. Push up; circle forward.

Name:

Digital Tutor

Letter Model and Formation

B

Write the letter, words, and sentence.

B B B B B

Barb Bella Bart Ben

Bruno biked to Boise.

Home Practice **Letter Formation**

B

1. Pull down straight. Lift.
2. Slide right; curve forward; slide left.
Slide right; curve forward; slide left.

Name:

Digital Tutor

Letter Model and Formation

Write the letter and the words.

p p p p p p

pop party pup paper

pat page pet pretty

Home Practice **Letter Formation**

1. Pull down straight. Push up; circle forward.

Name:

Digital Tutor

Letter Model and Formation

P

Write the letter, words, and sentence.

P P P P P

Pete Paco Pam Paul

Polly paddled to Peru.

Home Practice

Letter Formation

P

1. Pull down straight. Lift.
2. Slide right; curve forward; slide left.

Name:

Digital Tutor

Letter Model and Formation

Write the letter and the words.

r r r r r r

real red roll road

rope ride room right

Home Practice **Letter Formation**

1. Pull down straight. Push up; curve forward.

Name:

Digital Tutor

Letter Model and Formation

R

Write the letter, words, and sentence.

R R R R R

Ross Rex Reid Renee

Raj ran to Reno.

Home Practice **Letter Formation**

R

1. Pull down straight. Lift.
2. Slide right; curve forward; slide left. Slant right.

Name:

Digital Tutor

Letter Model and Formation

Write the letter and the words.

n

n n n n n n

never none nice near

new next nose noise

Home Practice

Letter Formation

n

1. Pull down straight. Push up; curve forward; pull down straight.

Name:

Digital Tutor

Letter Model and Formation

N

Write the letter, words, and sentence.

N N N N N

Nan Nate Nell Niko

Neva is in Newark.

Letter Formation

N

1. Pull down straight. Lift.
2. Slant right. Push up straight.

Name:

Digital Tutor

Letter Model and Formation

m

Write the letter and the words.

m m m m m

meal made middle miss

moo must make may

Home Practice

Letter Formation

m

1. Pull down straight. Push up; curve forward; pull down straight. Push up; curve forward; pull down straight.

Name:

Digital Tutor

Letter Model and Formation

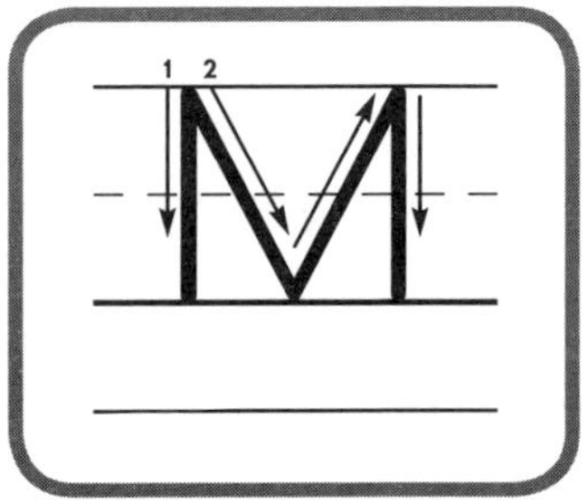

Write the letter, words, and sentence.

M M M M M

Meg Mel Maria Mitch

Mario misses Mrs. Mack.

Home Practice

Letter Formation

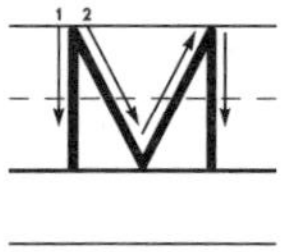

1. Pull down straight. Lift.
2. Slant right. Slant up. Pull down straight.

Name:

Digital Tutor

Letter Model and Formation

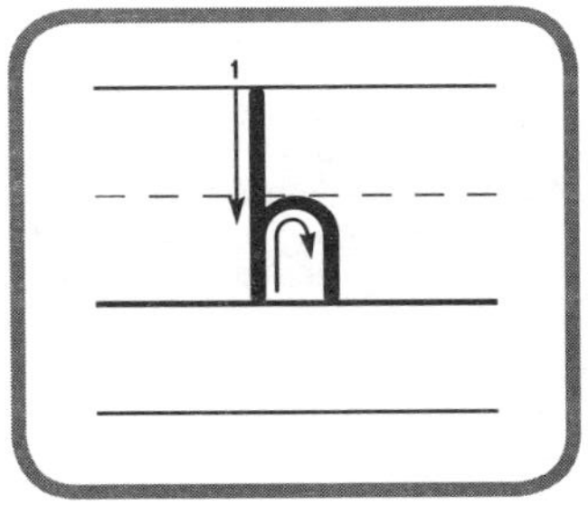

Write the letter and the words.

h h h h h h

hen hush hand hot

had has hurt hat

Home Practice **Letter Formation**

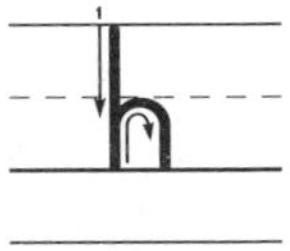

1. Pull down straight. Push up; curve forward; pull down straight.

Name:

Digital Tutor

Letter Model and Formation

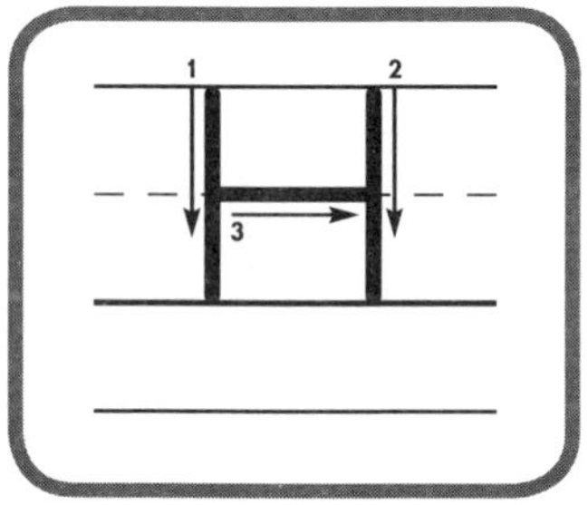

Write the letter, words, and sentence.

H H H H H

Hal Hope Helga Helen

Hilary is here in Haiti.

Home Practice **Letter Formation**

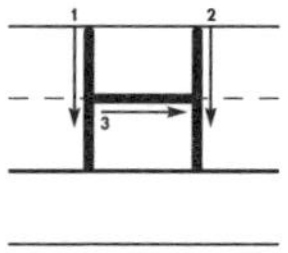

1. Pull down straight. Lift.
2. Pull down straight. Lift.
3. Slide right.

Name:

Digital Tutor

Letter Model and Formation

v

Write the letter and the words.

v v v v v v

voice valley van vine

give hive vase velvet

Home Practice

Letter Formation

v

1. Slant right. Slant up.

Name:

Digital Tutor

Letter Model and Formation

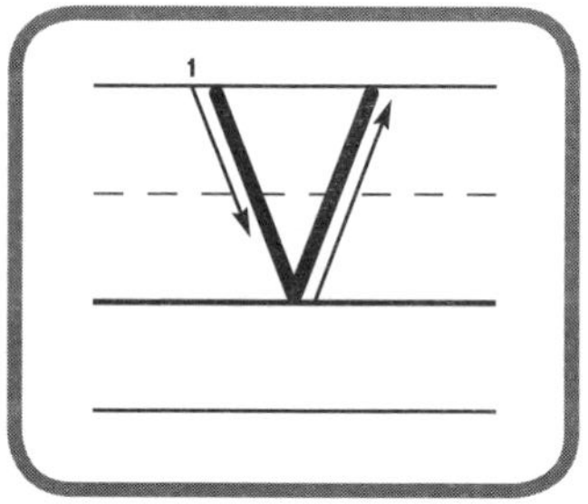

Write the letter, words, and sentence.

V V V V V

Velma Vince Vito Val

Vera visited Vermont.

Home Practice **Letter Formation**

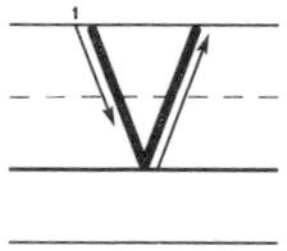

1. Slant right. Slant up.

Name:

Digital Tutor

Letter Model and Formation

y

Write the letter and the words.

y y y y y y

your yet yellow youth

year yum young hay

y

1. Slant right. Lift.
2. Slant left.

Name:

Digital Tutor

Letter Model and Formation

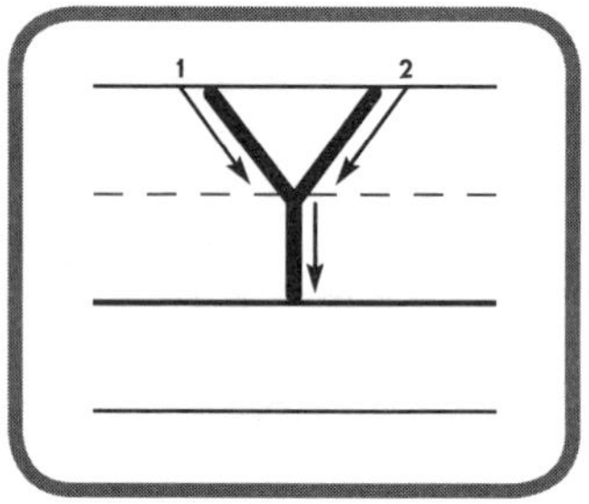

Write the letter, words, and sentence.

Y Y Y Y Y

Yanni Yvette Yasi Yuri

Yes! Yasmine is happy.

Home Practice

Letter Formation

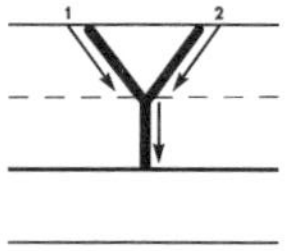

1. Slant right. Lift.
2. Slant left. Pull down straight.

Name:

Digital Tutor

Letter Model and Formation

w

Write the letter and the words.

w w w w w

white wash wet work

wing will wood wind

Home Practice

Letter Formation

w

1. Slant right. Slant up. Slant right. Slant up.

Name:

Digital Tutor

Letter Model and Formation

Write the letter, words, and sentence.

W W W W

Wilma Walt Wally

We went to Wyoming.

Home Practice

Letter Formation

W

1. Slant right. Slant up. Slant right. Slant up.

Name:

Digital Tutor

Letter Model and Formation

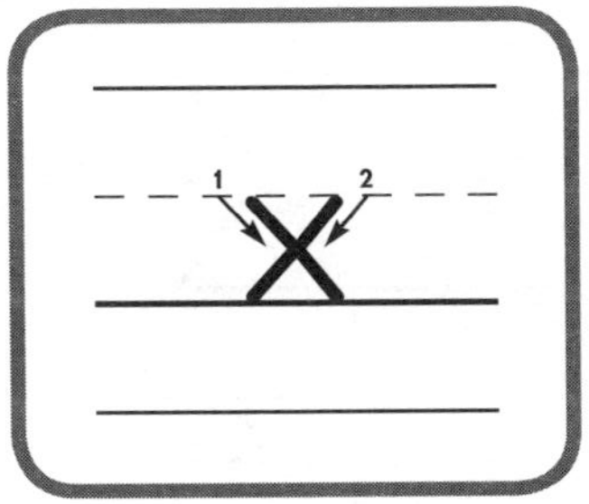

Write the letter and the words.

x x x x x x

next six wax ox

ax xylophone exact

Home Practice **Letter Formation**

1. Slant right. Lift.
2. Slant left.

Name:

Digital Tutor

Letter Model and Formation

X

Write the letter, words, and sentence.

X X X X X

Xena Xerxes Xanthe

Xena is from Xenia.

Home Practice

Letter Formation

X

1. Slant right. Lift.
2. Slant left.

Name:

Digital Tutor

Letter Model and Formation

k

Write the letter and the words.

k k k k k k

king kit know knot

kind knock sock talk

Home Practice **Letter Formation**

k

1. Pull down straight. Lift.
2. Slant left. Slant right.

Name:

Digital Tutor

Letter Model and Formation

K

Write the letter, words, and sentence.

K K K K K

Kay Kim Kadeem Kit

Karlo knows Kelly.

Home Practice **Letter Formation**

K

1. Pull down straight. Lift.
2. Slant left. Slant right.

Name:

Digital Tutor

Letter Model and Formation

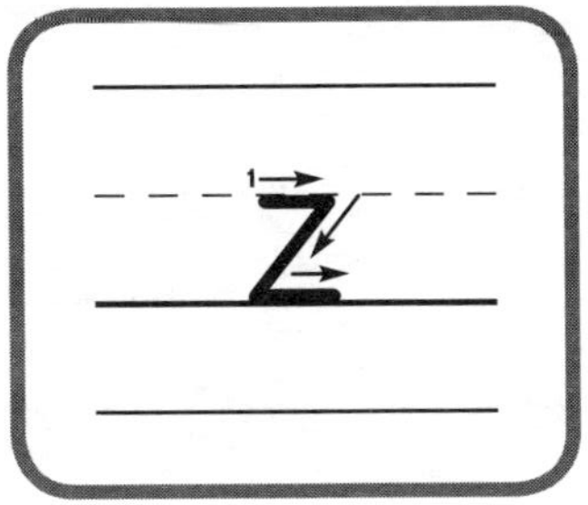

Write the letter and the words.

z z z z z z z

fizz puzzle prize daze

maze zipper buzz size

Home Practice Letter Formation

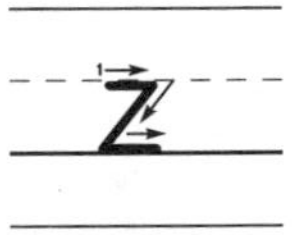

1. Slide right. Slant left. Slide right.

Name:

Digital Tutor

Letter Model and Formation

Z

Write the letter, words, and sentence.

Z Z Z Z Z

Zena Zuri Zack Zelda

Zumar likes the City Zoo.

Home Practice **Letter Formation**

Z

1. Slide right. Slant left. Slide right.

Name: ______________________

Digital Tutor

Letter Models and Formations

Home Practice

Note to Families: In handwriting, we have been writing the letters **L** and **l**. Use the models at the bottom of the page to review the formation of these letters with your child. Then spend a few moments completing the following activity together. For additional practice, have your child use his or her finger to write the letters **L** and **l** in the air.

Trace the hidden letters found in the picture. Color the picture.

Letter Formations

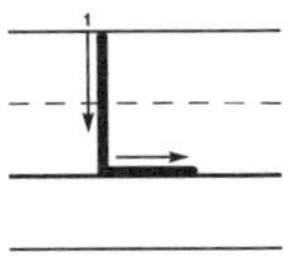

1. Pull down straight. Slide right.

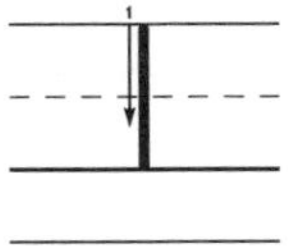

1. Pull down straight.

Name: ____________________

Digital Tutor

Letter Models and Formations

Home Practice

Note to Families: In handwriting, we have been writing the letters **I** and **i**. Use the models at the bottom of the page to review the formation of these letters with your child. Then spend a few moments completing the following activity together. For additional practice, have your child find more words that contain **I** or **i** and practice writing them.

Write **i** to complete the words.

___nk

___gloo

m___ss

th___nk

Write **I** to complete the names.

___da

___ke

___taly

___daho

Letter Formations

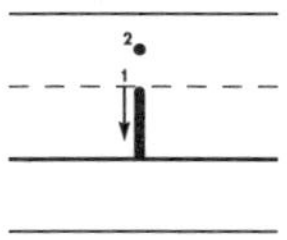

1. Pull down straight. Lift.
2. Dot.

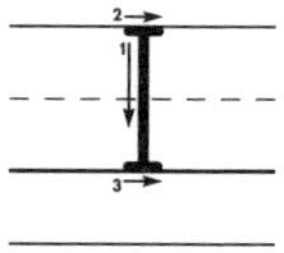

1. Pull down straight. Lift.
2. Slide right. Lift.
3. Slide right.

Name:

Digital Tutor

Letter Models and Formations

Home Practice

Note to Families: In handwriting, we have been writing the letters **T** and **t**. Use the models at the bottom of the page to review the formation of these letters with your child. Then spend a few moments completing the following activity together. For additional practice, have your child use craft sticks to make **T** and **t**.

Write **T** and **t** with a dark crayon or marker. Then use other colors to draw your own letter creatures.

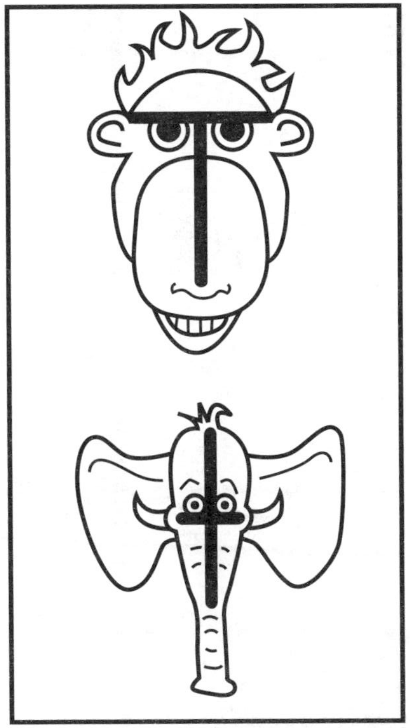

Letter Formations

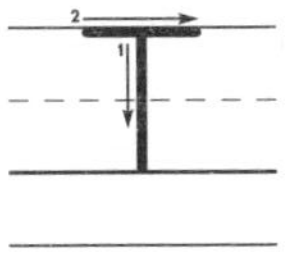

1. Pull down straight. Lift.
2. Slide right.

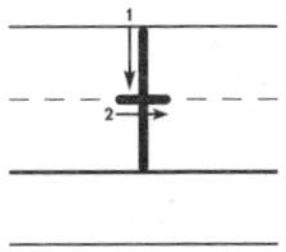

1. Pull down straight. Lift.
2. Slide right.

Name:

Digital Tutor

Letter Models and Formations

Home Practice

Note to Families: In handwriting, we have been writing the letters **O** and **o**. Use the models at the bottom of the page to review the formation of these letters with your child. Then spend a few moments completing the following activity together. For additional practice, have your child trace the **O** shape in a tray of rice or sand.

Trace the hidden letters in the picture. Color the picture.

Letter Formations

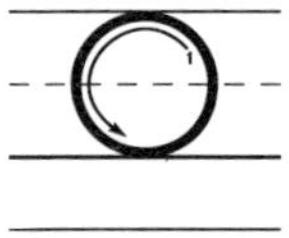

1. Circle back all the way around.

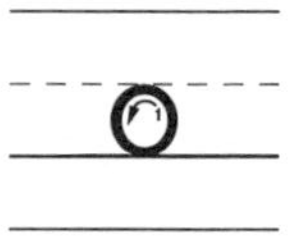

1. Circle back all the way around.

Name:

Digital Tutor

Letter Models and Formations

Home Practice

Note to Families: In handwriting, we have been writing the letters **A** and **a**. Use the models at the bottom of the page to review the formation of these letters with your child. Then spend a few moments completing the following activity together.

Change the shaded letter to **a** and write the new word.

mop

bed

pest

Change the shaded letter to **A** and write the new name.

Flex

Slice

Ice

Letter Formations

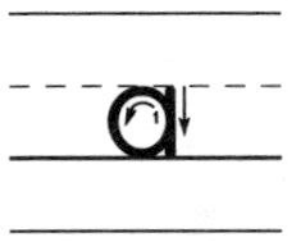

1. Circle back all the way around; push up straight. Pull down straight.

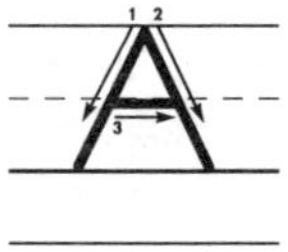

1. Slant left. Lift.
2. Slant right. Lift.
3. Slide right.

Name:

Digital Tutor
Letter Models and Formations

Home Practice

Note to Families: In handwriting, we have been writing the letters **D** and **d**. Use the models at the bottom of the page to review the formation of these letters with your child. Then spend a few moments completing the activity together. For additional practice, have your child place the letters on items at home that begin with **D**.

Cut out the letter cards. Make textured letters by attaching dry noodles, sand, or glitter with glue. Trace the letters with your finger, following the correct letter formation.

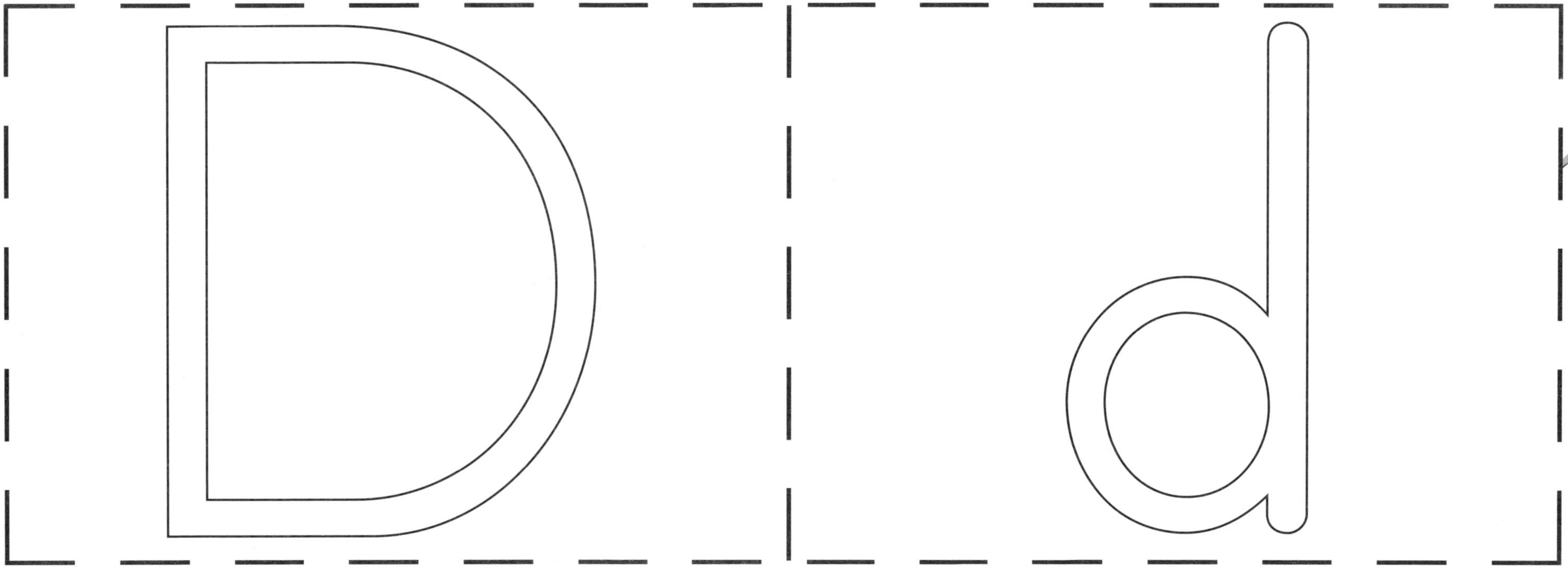

Letter Formations

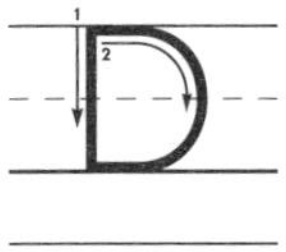

1. Pull down straight. Lift.
2. Slide right; curve forward; slide left.

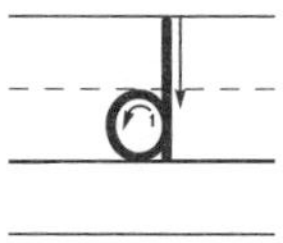

1. Circle back all the way around; push up straight. Pull down straight.

Name:

Digital Tutor

Letter Models and Formations

Home Practice

Note to Families: In handwriting, we have been writing the letters **C** and **c**. Use the models at the bottom of the page to review the formation of these letters with your child. Then spend a few moments completing the activity together.

Trace the letter to complete the maze. Circle items in the picture that begin with **C**.

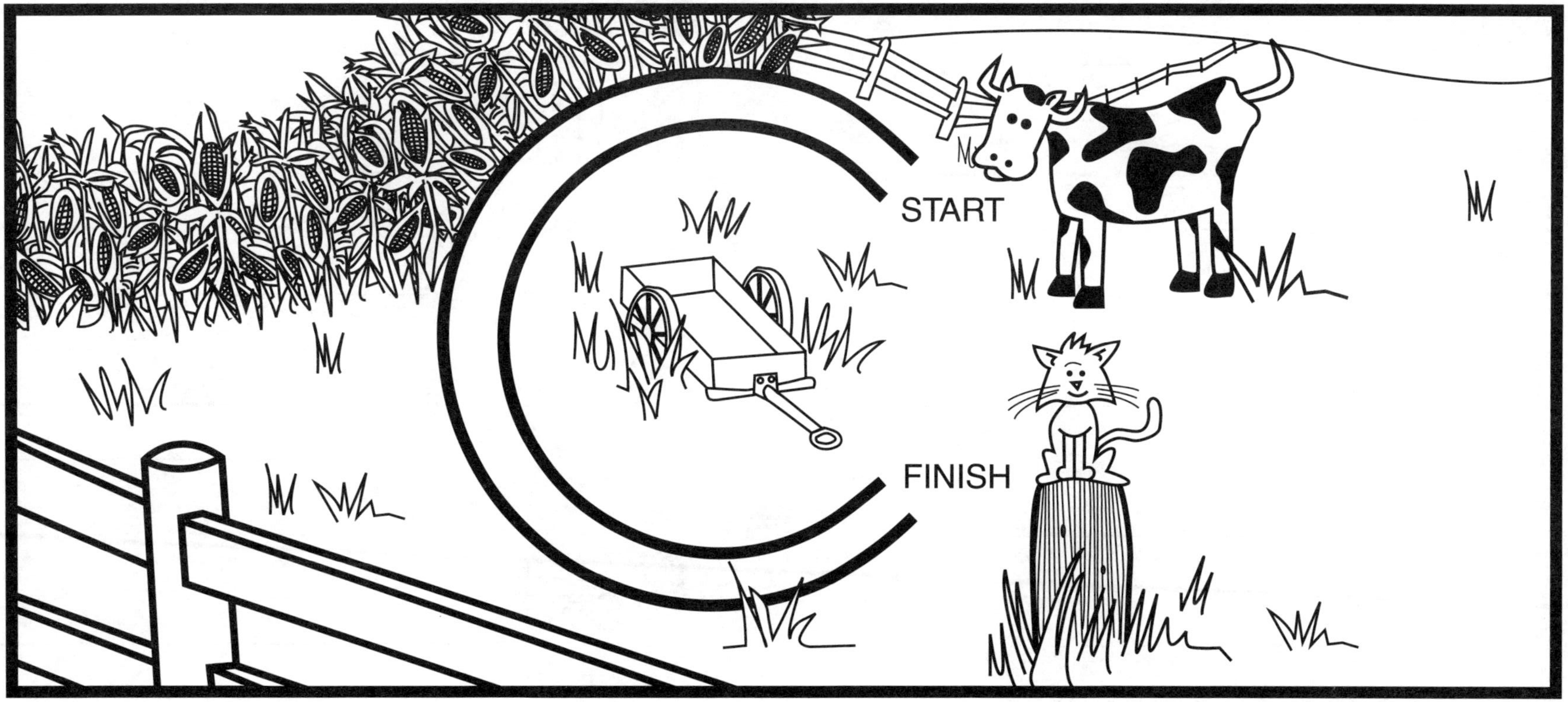

Letter Formations

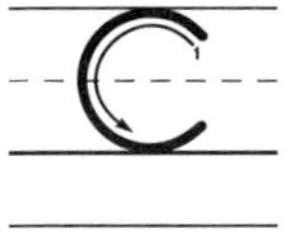

1. Circle back.

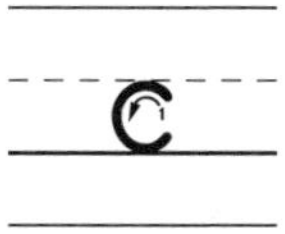

1. Circle back.

Name: ______________________

Digital Tutor

Letter Models and Formations

Home Practice

Note to Families: In handwriting, we have been writing the letters **E** and **e**. Use the models at the bottom of the page to review the formation of these letters with your child. Then spend a few moments completing the activity together.

Change the shaded letter to **e** and write the new word.

log

tan

put

Change the shaded letter to **E** and write the new name.

Allie

Grin

Fast

Letter Formations

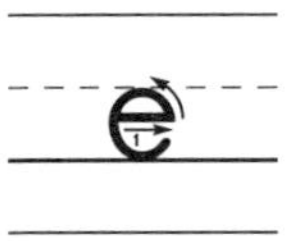

1. Slide right. Circle back.

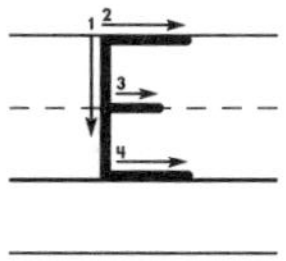

1. Pull down straight. Lift.
2. Slide right. Lift.
3. Slide right; stop short. Lift.
4. Slide right.

Name: ______________________

Digital Tutor

Letter Models and Formations

Home Practice

Note to Families: In handwriting, we have been writing the letters **F** and **f**. Use the models at the bottom of the page to review the formation of these letters with your child. Then spend a few moments completing the activity together. For additional practice, have your child write the letters **F** and **f** in shaving cream.

Trace the hidden letters in the picture. Color the picture.

Letter Formations

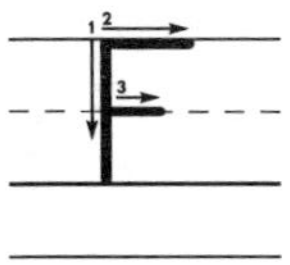

1. Pull down straight. Lift.
2. Slide right. Lift.
3. Slide right; stop short.

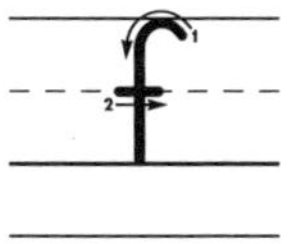

1. Curve back; pull down straight. Lift.
2. Slide right.

Name:

Digital Tutor

Letter Models and Formations

Home Practice

Note to Families: In handwriting, we have been writing the letters **G** and **g**. Use the models at the bottom of the page to review the formation of these letters with your child. Then spend a few moments completing the activity together. For additional practice, have your child use his or her finger to write the letters **G** and **g** in the air.

Make a list of things that begin with **G** or **g**. Don't forget to include names of people you know.

Letter Formations

G

1. Circle back. Slide left.

g

1. Circle back all the way around; push up straight. Pull down straight; curve back.

Name:

Digital Tutor

Letter Models and Formations

Home Practice

Note to Families: In handwriting, we have been writing the letters **J** and **j**. Use the models at the bottom of the page to review the formation of these letters with your child. Then spend a few moments completing the activity together. For additional practice, have your child find words that contain **J** and **j** and practice writing them.

Trace the hidden letters in the picture. Color the picture.

Letter Formations

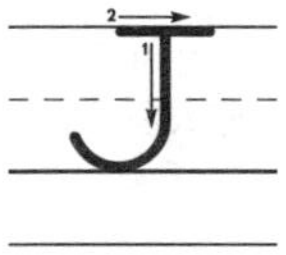

1. Pull down straight; curve back.
Lift.
2. Slide right.

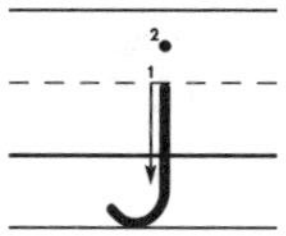

1. Pull down straight; curve back.
Lift.
2. Dot.

Name:

Home Practice

Note to Families: In handwriting, we have been writing the letters **Q** and **q**. Use the models at the bottom of the page to review the formation of these letters with your child. Then spend a few moments completing the activity together. For additional practice, have your child use his or her finger to write the letters **Q** and **q** in the air.

Cut out the letter cards. Make textured letters by attaching dry noodles, sand, or glitter with glue. Trace the letters with your finger, following the correct letter formation.

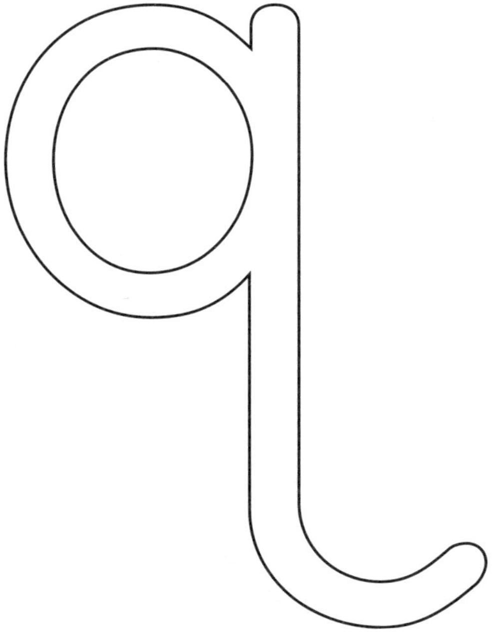

Letter Formations

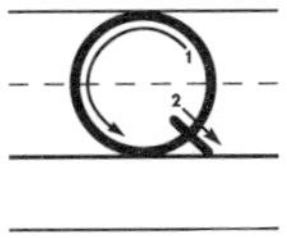

1. Circle back all the way around. Lift.
2. Slant right.

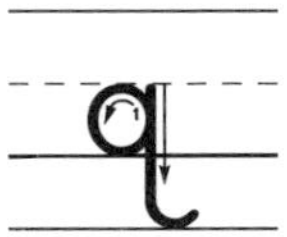

1. Circle back all the way around; push up straight. Pull down straight; curve forward.

Name:

Digital Tutor

Letter Models and Formations

Home Practice

Note to Families: In handwriting, we have been writing the letters **U** and **u**. Use the models at the bottom of the page to review the formation of these letters with your child. Then spend a few moments completing the activity together. For additional practice, have your child write **U** and **u** in a tray of rice or sand.

Write **U** and **u** with a dark crayon or marker. Then use other colors to draw your own letter creatures.

Letter Formations

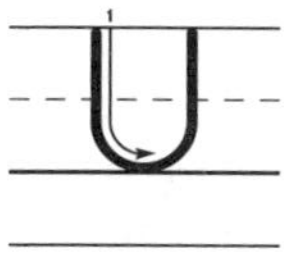

1. Pull down straight; curve forward; push up.

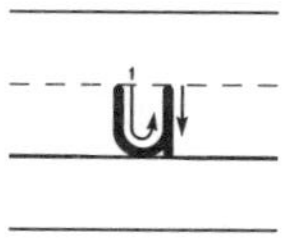

1. Pull down straight; curve forward; push up. Pull down straight.

Name:

Digital Tutor

Letter Models and Formations

Home Practice

Note to Families: In handwriting, we have been writing the letters **S** and **s**. Use the models at the bottom of the page to review the formation of these letters with your child. Then spend a few moments completing the activity together. For additional practice, have your child find words that contain **S** and **s** and practice writing them.

Trace the letter to complete the maze. Circle items in the picture that begin with **S**.

Letter Formations

S **1.** Curve back; curve forward.

s **1.** Curve back; curve forward.

Name:

Digital Tutor

Letter Models and Formations

Home Practice

Note to Families: In handwriting, we have been writing the letters **B** and **b**. Use the models at the bottom of the page to review the formation of these letters with your child. Then spend a few moments completing the activity together. For additional practice, have your child list items he or she spots that start with **B** or **b**.

Cut out the letter cards. Make textured letters by attaching dry noodles, sand, or glitter with glue. Trace the letters with your finger, following the correct letter formation.

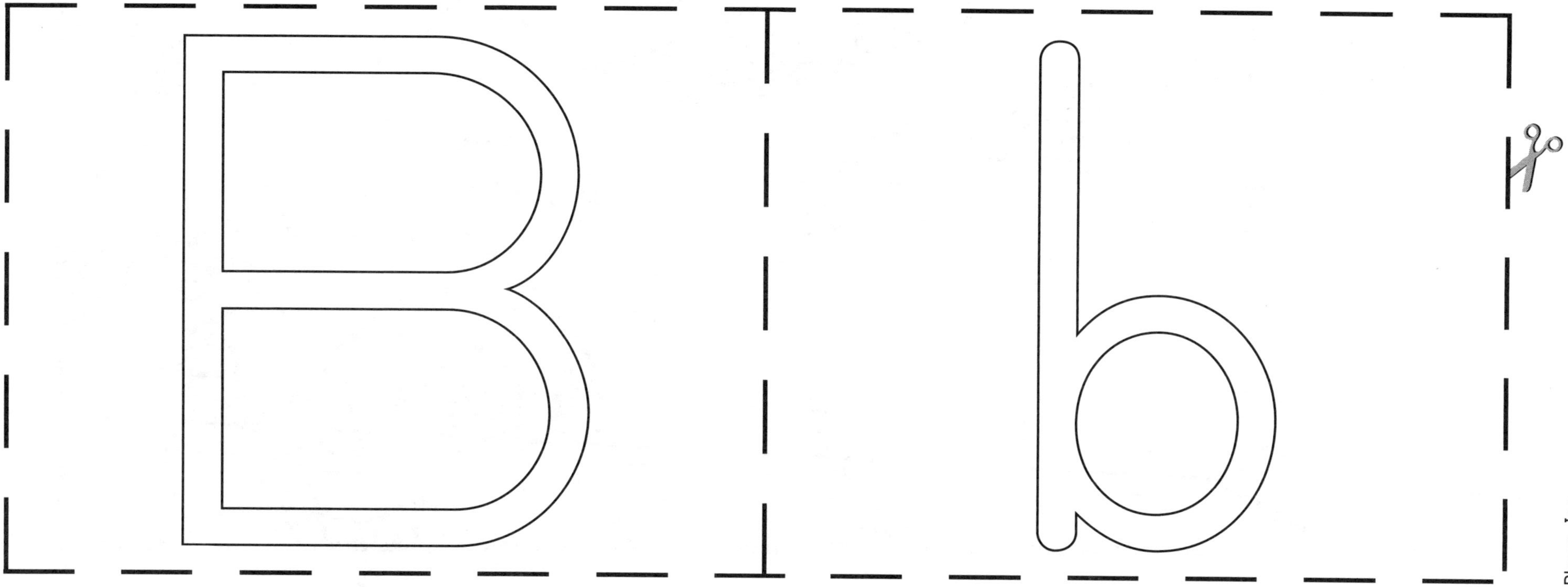

Letter Formations

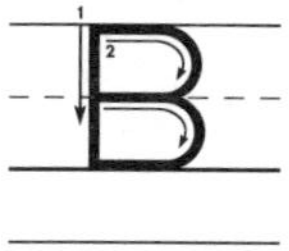

1. Pull down straight. Lift.
2. Slide right; curve forward; slide left. Slide right; curve forward; slide left.

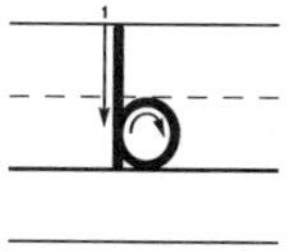

1. Pull down straight. Push up; circle forward.

Name: ____________________

Digital Tutor

Letter Models and Formations

Home Practice

Note to Families: In handwriting, we have been writing the letters **P** and **p**. Use the models at the bottom of the page to review the formation of these letters with your child. Then spend a few moments completing the activity together. For additional practice, have your child look for objects at home that start with **P** or **p**.

Trace the letters in the picture. Color the picture.

Letter Formations

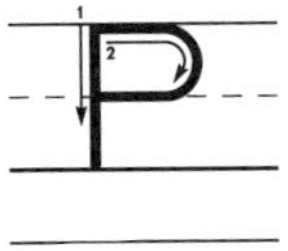

1. Pull down straight. Lift.
2. Slide right; curve forward; slide left.

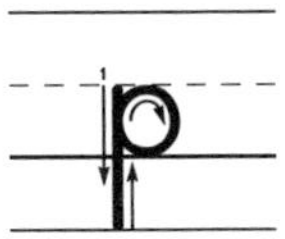

1. Pull down straight. Push up; circle forward.

Name:

Digital Tutor

Letter Models and Formations

Home Practice

Note to Families: In handwriting, we have been writing the letters **R** and **r**. Use the models at the bottom of the page to review the formation of these letters with your child. Then spend a few moments completing the activity together. For additional practice, have your child find more words that contain **R** and **r** and practice writing them.

Change the first letter of each word to **r** and write the new word.

dust

sock

bag

Change the first letter of each name to **R** and write the new name.

Bob

Connie

Sandy

Letter Formations

r

1. Pull down straight. Push up; curve forward.

R

1. Pull down straight. Lift.
2. Slide right; curve forward; slide left. Slant right.

Name:

Digital Tutor

Letter Models and Formations

Home Practice

Note to Families: In handwriting, we have been writing the letters **N** and **n**. Use the models at the bottom of the page to review the formation of these letters with your child. Then spend a few moments completing the activity together. For additional practice, have your child use his or her finger to write the letters **N** and **n** in the air.

Cut out the letter cards. Make textured letters by attaching dry noodles, sand, or glitter with glue. Trace the letters with your finger, following the correct letter formation.

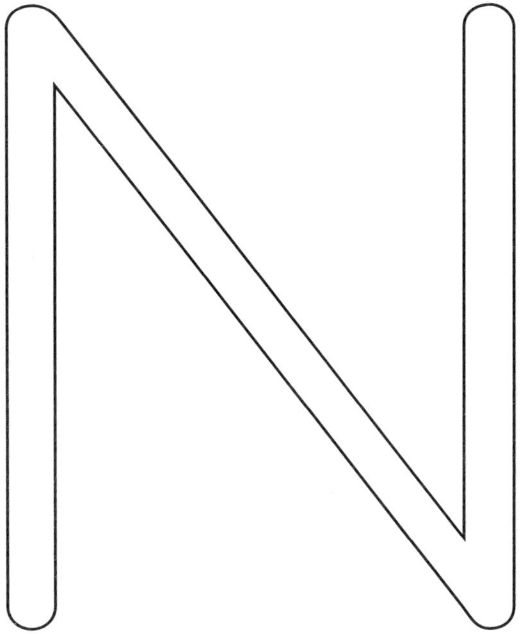

Letter Formations

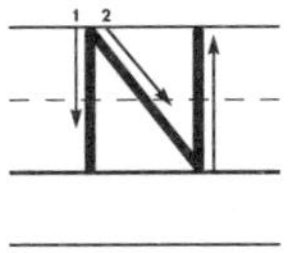

1. Pull down straight. Lift.
2. Slant right. Push up straight.

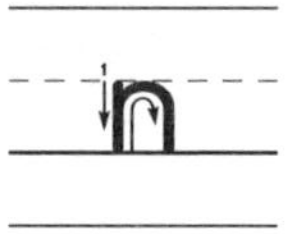

1. Pull down straight. Push up; curve forward; pull down straight.

Name:

Digital Tutor

Letter Models and Formations

Home Practice

Note to Families: In handwriting, we have been writing the letters **M** and **m**. Use the models at the bottom of the page to review the formation of these letters with your child. Then spend a few moments completing the activity together. For additional practice, have your child use his or her finger to write **M** and **m** in the air.

Trace the hidden letters in the picture. Color the picture.

Letter Formations

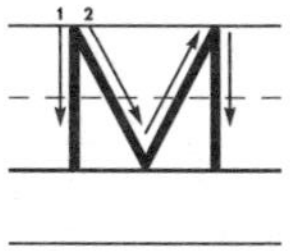

1. Pull down straight. Lift.
2. Slant right. Slant up. Pull down straight.

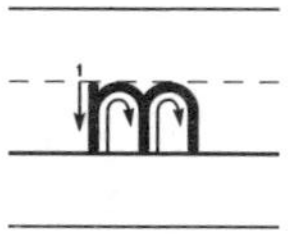

1. Pull down straight. Push up; curve forward; pull down straight. Push up; curve forward; pull down straight.

Name:

Digital Tutor

Letter Models and Formations

Home Practice

Note to Families: In handwriting, we have been writing the letters **H** and **h**. Use the models at the bottom of the page to review the formation of these letters with your child. Then spend a few moments completing the activity together. For additional practice, have your child write a note to a friend or a family member.

Address the envelope with the following information:

Hannah Hush
634 Holly Lane
Hutch, NH 52486

Letter Formations

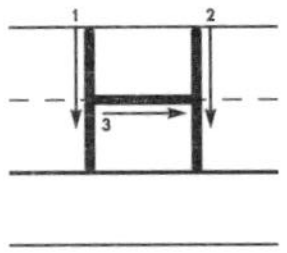

1. Pull down straight. Lift.
2. Pull down straight. Lift.
3. Slide right.

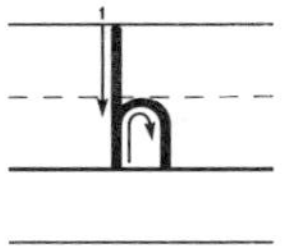

1. Pull down straight. Push up; curve forward; pull down straight.

Name: ____________________

Digital Tutor

Letter Models and Formations

Home Practice

Note to Families: In handwriting, we have been writing the letters **V** and **v**. Use the models at the bottom of the page to review the formation of these letters with your child. Then spend a few moments completing the activity together. For additional practice, have your child look for objects that have the **V** or **v** shape.

Trace the hidden letters in the picture. Color the picture.

Letter Formations

V **1.** Slant right. Slant up.

v **1.** Slant right. Slant up.

Name:

Digital Tutor

Letter Models and Formations

Home Practice

Note to Families: In handwriting, we have been writing the letters **Y** and **y**. Use the models at the bottom of the page to review the formation of these letters with your child. Then spend a few moments completing the activity together. For additional practice, have your child look for and trace **Y** and **y** with their finger in a favorite picture book.

Write **Y** and **y** with a dark crayon or marker. Then use other colors to draw your own letter creatures.

Letter Formations

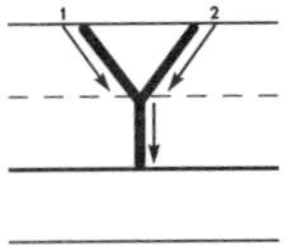

1. Slant right. Lift.
2. Slant left. Pull down straight.

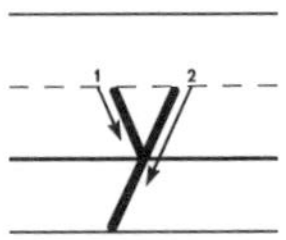

1. Slant right. Lift.
2. Slant left.

Name:

Digital Tutor

Letter Models and Formations

Home Practice

Note to Families: In handwriting, we have been writing the letters **W** and **w**. Use the models at the bottom of the page to review the formation of these letters with your child. Then spend a few moments completing the activity together. For additional practice, have your child hold up three fingers to make the **W** shape.

Trace the letter to complete the picture. Color the picture.

Letter Formations

W **1.** Slant right. Slant up. Slant right. Slant up.

w **1.** Slant right. Slant up. Slant right. Slant up.

Name:

Digital Tutor

Letter Models and Formations

Home Practice

Note to Families: In handwriting, we have been writing the letters **X** and **x**. Use the models at the bottom of the page to review the formation of these letters with your child. Then spend a few moments completing the activity together. For additional practice, have your child use his or her finger to write the letters **X** and **x** in the air.

Write **x** next to each animal. Write **X** next to each person.

Letter Formations

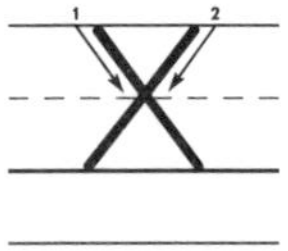

1. Slant right. Lift.
2. Slant left.

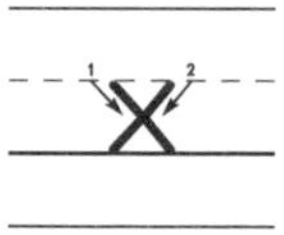

1. Slant right. Lift.
2. Slant left.

Name:

Digital Tutor

Letter Models and Formations

Home Practice

Note to Families: In handwriting, we have been writing the letters **K** and **k**. Use the models at the bottom of the page to review the formation of these letters with your child. Then spend a few moments completing the activity together.

Change each shaded letter to **k** and write the new word.

bite

jeep

mitten

Change each shaded letter to **K** and write the new name.

Earl

Tim

Ben

Letter Formations

k
1. Pull down straight. Lift.
2. Slant left. Slant right.

K
1. Pull down straight. Lift.
2. Slant left. Slant right.

Name:

Digital Tutor

Letter Models and Formations

Home Practice

Note to Families: In handwriting, we have been writing the letters **Z** and **z**. Use the models at the bottom of the page to review the formation of these letters with your child. Then spend a few moments completing the activity together. For additional practice, have your child write **Z** and **z** in a tray of rice or sand.

Trace the letter to complete the maze. Color the picture.

Letter Formations

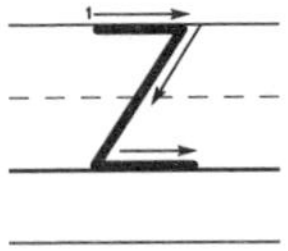

1. Slide right. Slant left. Slide right.

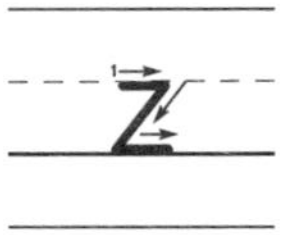

1. Slide right. Slant left. Slide right.

Record of Student's Handwriting Skills

Manuscript

	Needs Improvement	Shows Mastery
Uses good sitting position	☐	☐
Positions paper correctly	☐	☐
Holds pencil correctly	☐	☐
Writes vertical lines	☐	☐
Writes horizontal lines	☐	☐
Writes backward circle lines	☐	☐
Writes forward circle lines	☐	☐
Writes diagonal lines	☐	☐
Writes numerals **1–10**	☐	☐
Writes numerals **11–20**	☐	☐
Writes **l** and **L**	☐	☐
Writes **i** and **I**	☐	☐
Writes **t** and **T**	☐	☐
Writes **o** and **O**	☐	☐
Writes **a** and **A**	☐	☐
Writes **d** and **D**	☐	☐
Writes **?**	☐	☐
Writes **!**	☐	☐
Writes **c** and **C**	☐	☐

	Needs Improvement	Shows Mastery
Writes **e** and **E**	☐	☐
Writes **f** and **F**	☐	☐
Writes **g** and **G**	☐	☐
Writes **j** and **J**	☐	☐
Writes **q** and **Q**	☐	☐
Writes **u** and **U**	☐	☐
Writes **s** and **S**	☐	☐
Writes **b** and **B**	☐	☐
Writes **p** and **P**	☐	☐
Writes **r** and **R**	☐	☐
Writes **n** and **N**	☐	☐
Writes **m** and **M**	☐	☐
Writes **h** and **H**	☐	☐
Writes **v** and **V**	☐	☐
Writes **y** and **Y**	☐	☐
Writes **w** and **W**	☐	☐
Writes **x** and **X**	☐	☐
Writes **k** and **K**	☐	☐
Writes **z** and **Z**	☐	☐

Zaner-Bloser Handwriting

Certificate of Excellence

Awarded to

____

In recognition of outstanding excellence toward the goals and standards set forth in the Zaner-Bloser Handwriting Program.

Given this ____________ day of ________________ , 20____ .

____
Grade

____
Teacher/Principal

____
School

Zaner-Bloser
Handwriting

Certificate of Progress

Awarded to

____

In recognition of outstanding progress toward the goals and standards set forth in the Zaner-Bloser Handwriting Program.

Given this __________ day of ______________ , 20___ .

____
Grade

____
Teacher/Principal

____
School

Alphabet

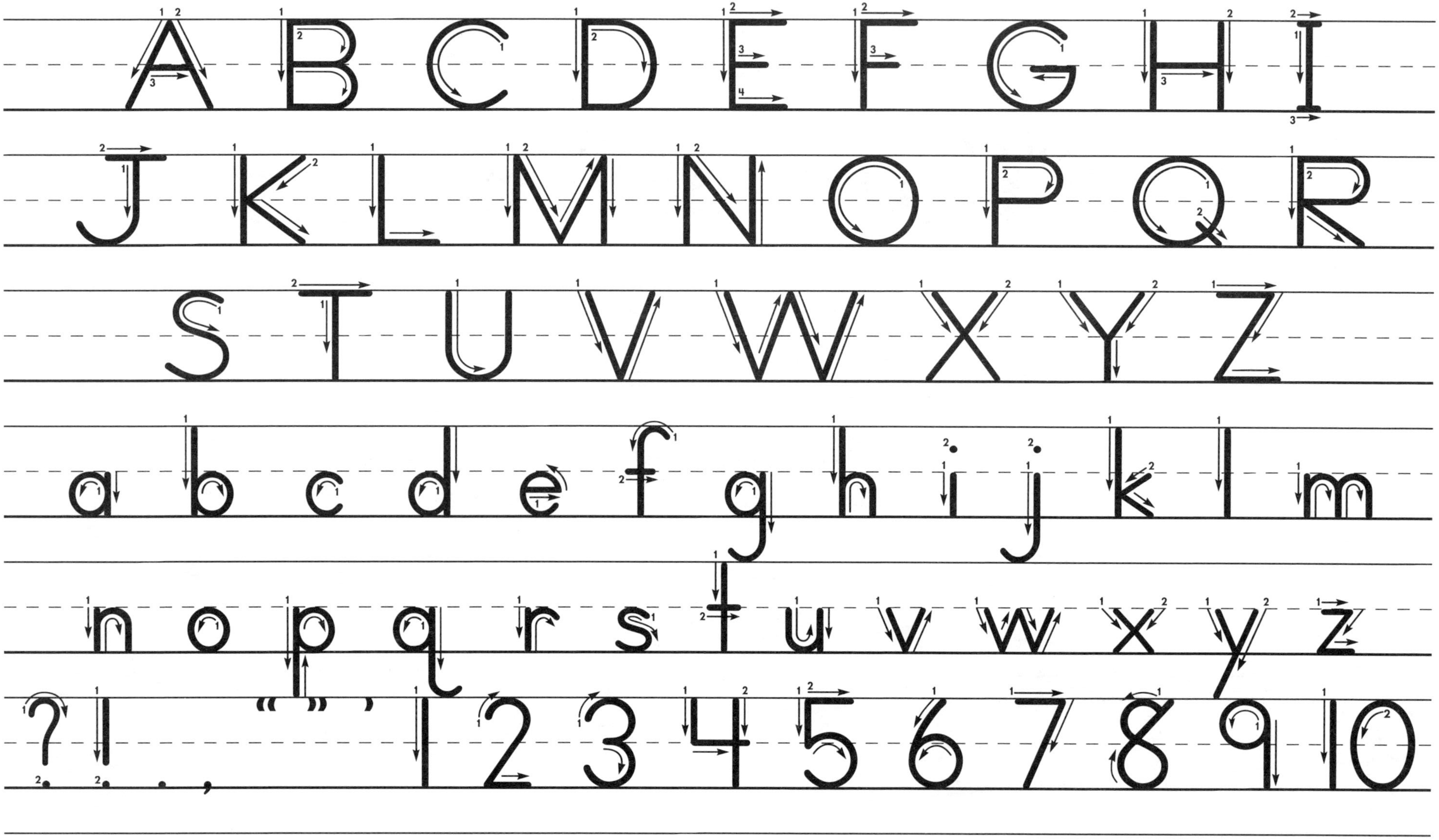
A B C D E F G H I
J K L M N O P Q R
S T U V W X Y Z
a b c d e f g h i j k l m
n o p q r s t u v w x y z
? ! . , “ ” ’ 1 2 3 4 5 6 7 8 9 10

Manuscript Letter and Numeral Formations

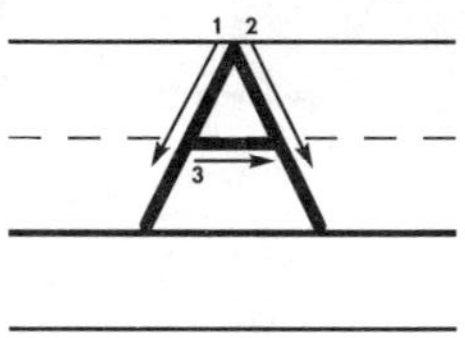

1. Slant left. Lift.
2. Slant right. Lift.
3. Slide right.

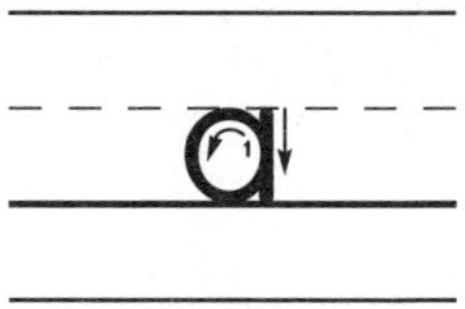

1. Circle back all the way around; push up straight. Pull down straight.

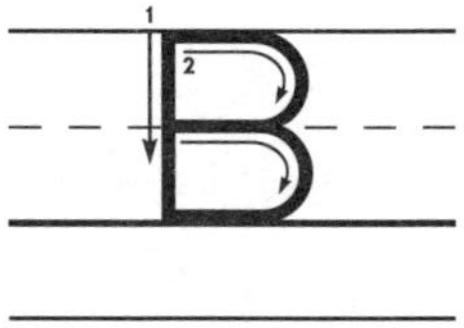

1. Pull down straight. Lift.
2. Slide right; curve forward; slide left. Slide right; curve forward; slide left.

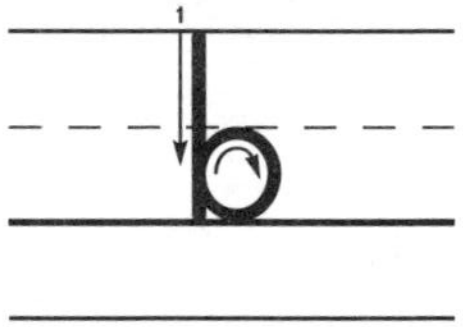

1. Pull down straight; push up. Circle forward.

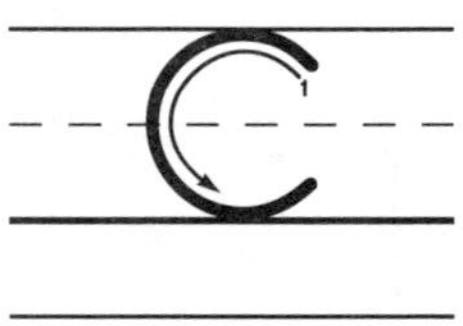

1. Circle back.

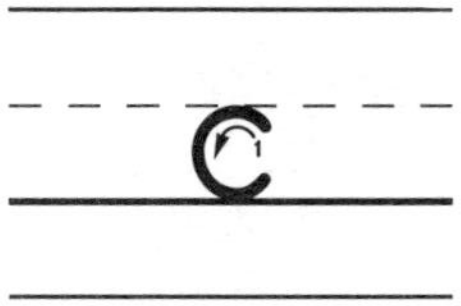

1. Circle back.

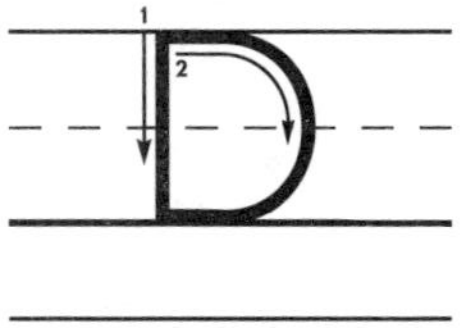

1. Pull down straight. Lift.
2. Slide right; curve forward; slide left.

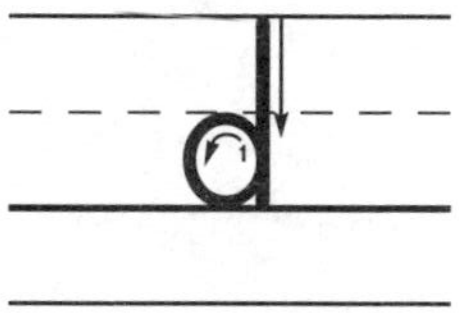

1. Circle back all the way around; push up straight. Pull down straight.

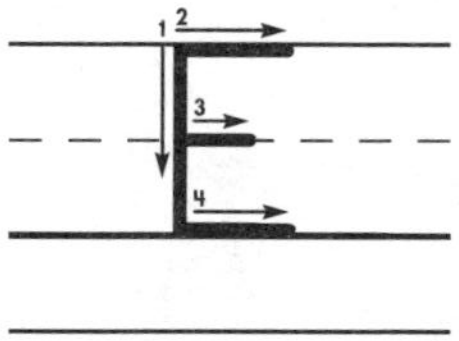

1. Pull down straight. Lift.
2. Slide right. Lift.
3. Slide right; stop short. Lift.
4. Slide right.

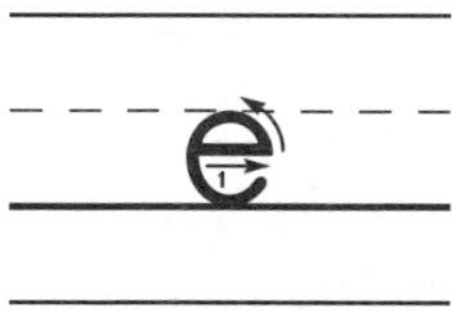

1. Slide right. Circle back.

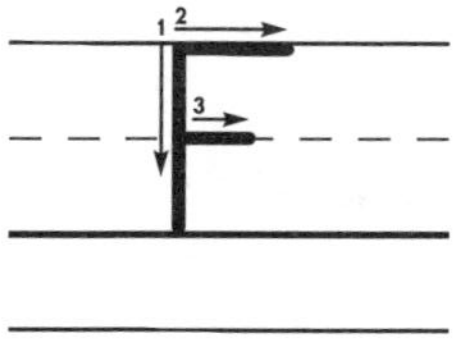

1. Pull down straight. Lift.
2. Slide right. Lift.
3. Slide right; stop short.

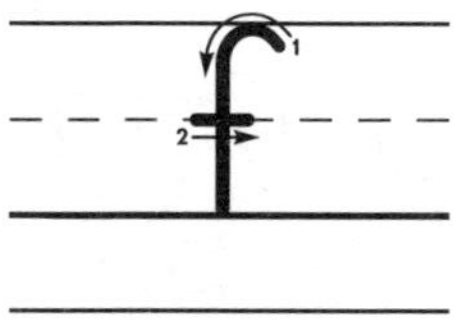

1. Curve back; pull down straight. Lift.
2. Slide right.

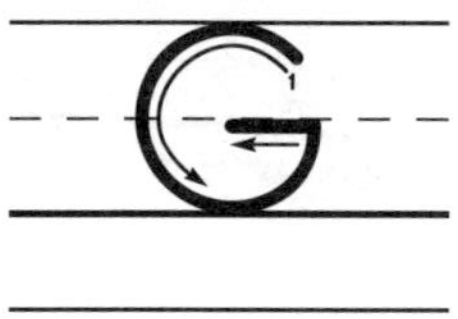

1. Circle back. Slide left.

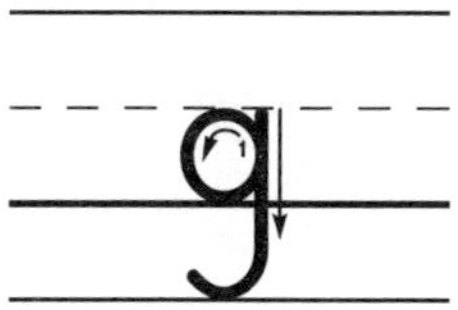

1. Circle back all the way around; push up straight. Pull down straight; curve back.

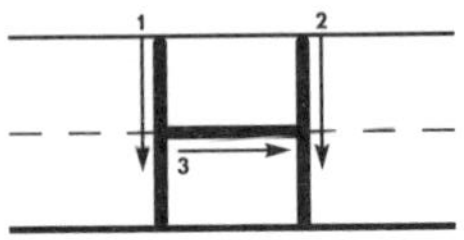

1. Pull down straight. Lift.
2. Pull down straight. Lift.
3. Slide right.

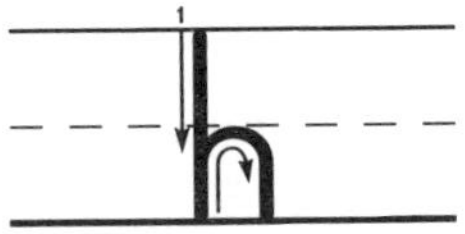

1. Pull down straight. Push up; curve forward; pull down straight.

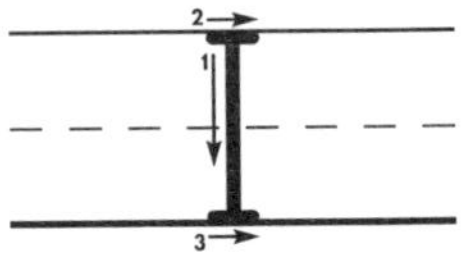

1. Pull down straight. Lift.
2. Slide right. Lift.
3. Slide right.

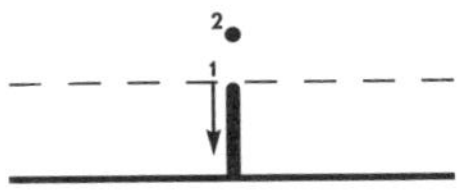

1. Pull down straight. Lift.
2. Dot.

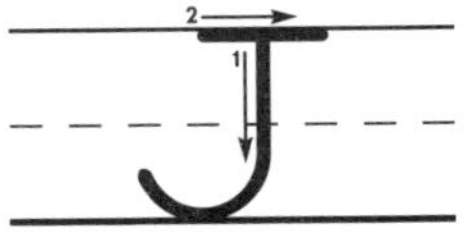

1. Pull down straight; curve back. Lift.
2. Slide right.

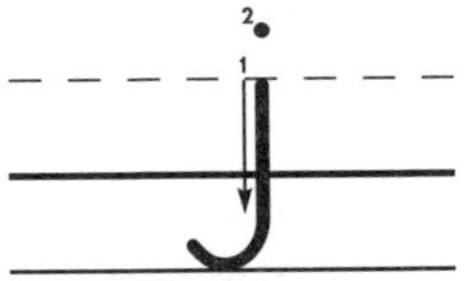

1. Pull down straight; curve back. Lift.
2. Dot.

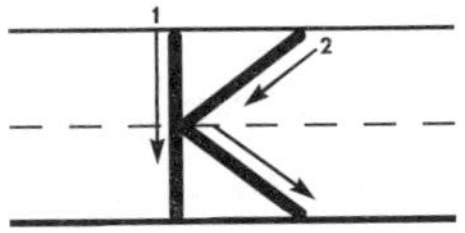

1. Pull down straight. Lift.
2. Slant left. Slant right.

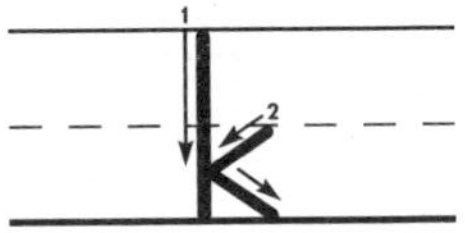

1. Pull down straight. Lift.
2. Slant left. Slant right.

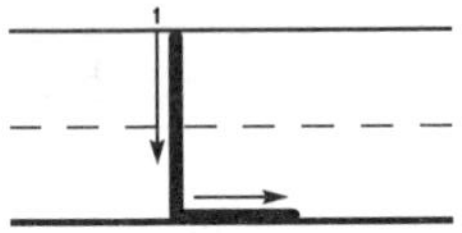

1. Pull down straight. Slide right.

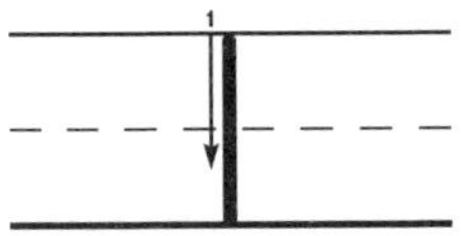

1. Pull down straight.

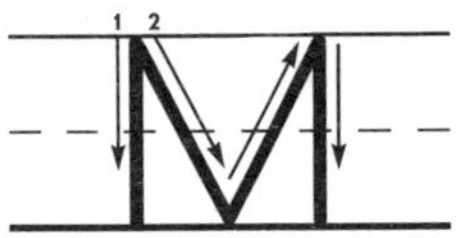

1. Pull down straight. Lift.
2. Slant right. Slant up. Pull down straight.

1. Pull down straight. Push up; curve forward; pull down straight. Push up; curve forward; pull down straight.

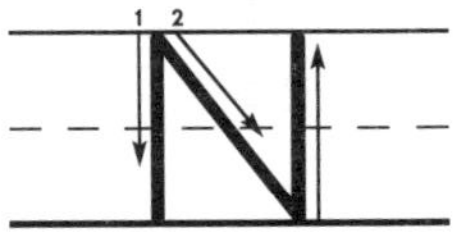

1. Pull down straight. Lift.
2. Slant right. Push up straight.

1. Pull down straight. Push up; curve forward; pull down straight.

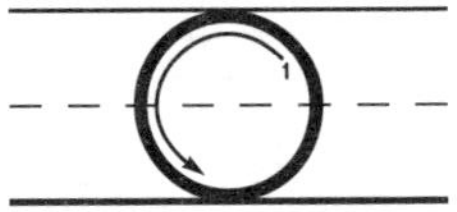

1. Circle back all the way around.

1. Circle back all the way around.

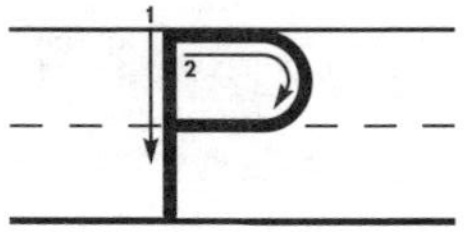

1. Pull down straight. Lift.
2. Slide right; curve forward; slide left.

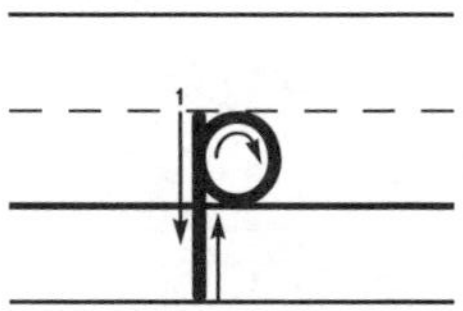

1. Pull down straight. Push up. Circle forward.

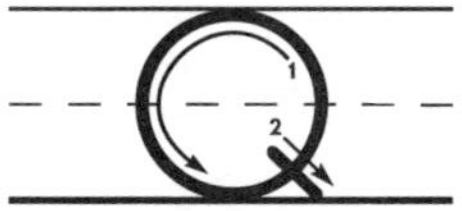

1. Circle back all the way around. Lift.
2. Slant right.

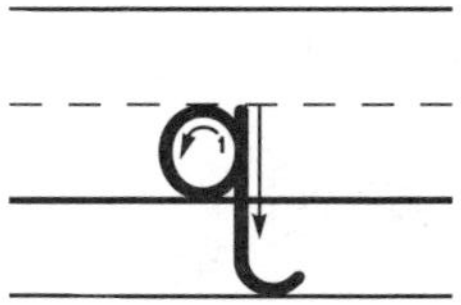

1. Circle back all the way around; push up straight. Pull down straight; curve forward.

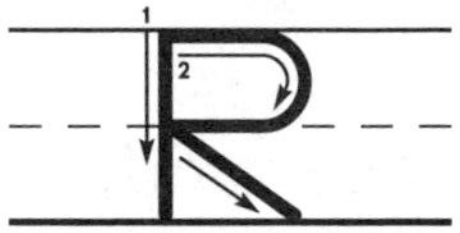

1. Pull down straight. Lift.
2. Slide right; curve forward; slide left. Slant right.

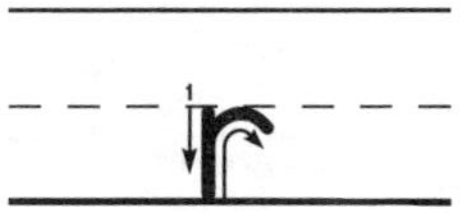

1. Pull down straight. Push up; curve forward.

1. Curve back; curve forward.

1. Curve back; curve forward.

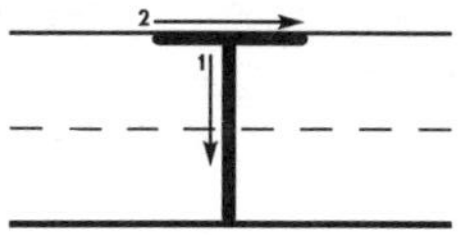

1. Pull down straight. Lift.
2. Slide right.

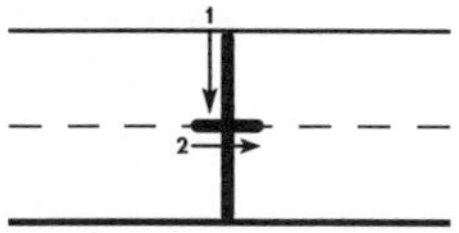

1. Pull down straight. Lift.
2. Slide right.

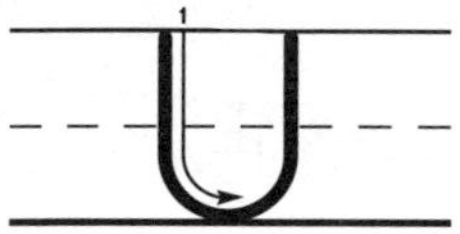

1. Pull down straight; curve forward; push up.

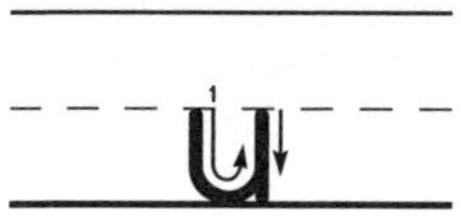

1. Pull down straight; curve forward; push up. Pull down straight.

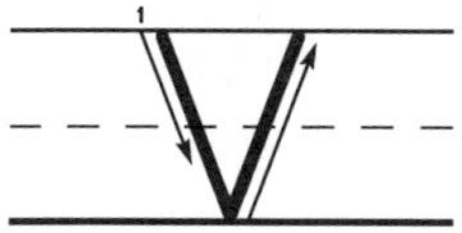

1. Slant right. Slant up.

1. Slant right. Slant up.

1. Slant right. Slant up. Slant right. Slant up.

1. Slant right. Slant up. Slant right. Slant up.

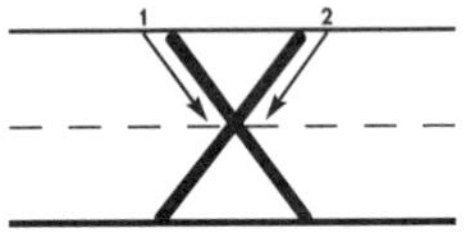

1. Slant right. Lift.
2. Slant left.

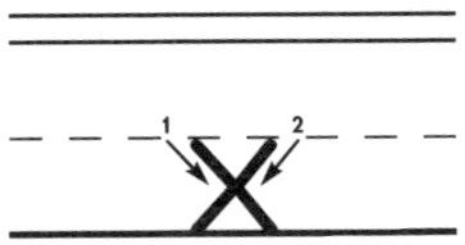

1. Slant right. Lift.
2. Slant left.

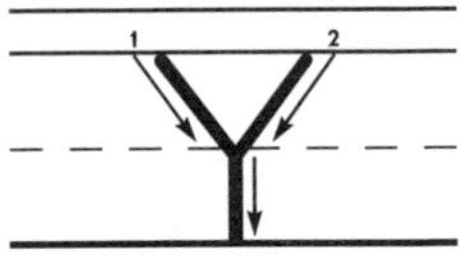

1. Slant right. Lift.
2. Slant left. Pull down straight.

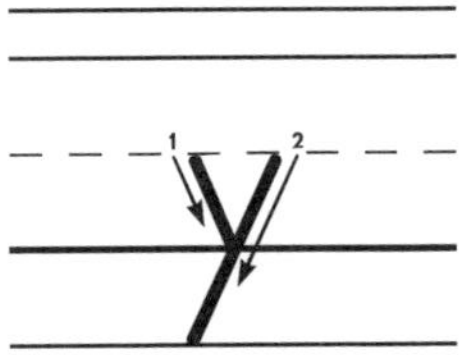

1. Slant right. Lift.
2. Slant left.

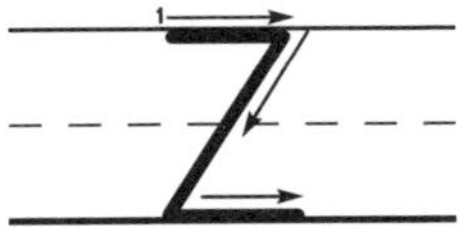

1. Slide right. Slant left. Slide right.

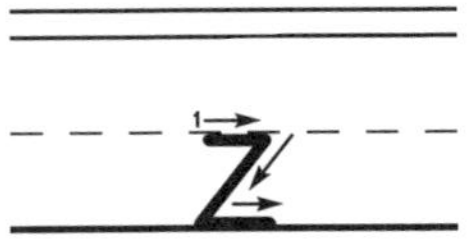

1. Slide right. Slant left. Slide right.

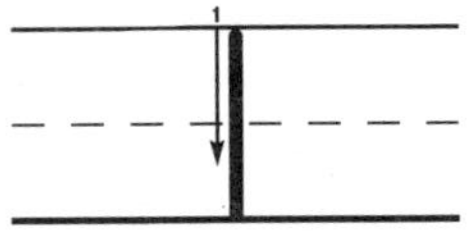

1. Pull down straight.

1. Curve forward; slant left. Slide right.

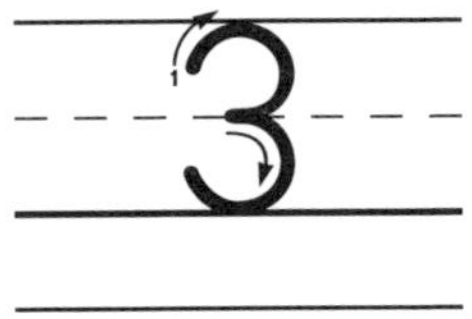

1. Curve forward. Curve forward.

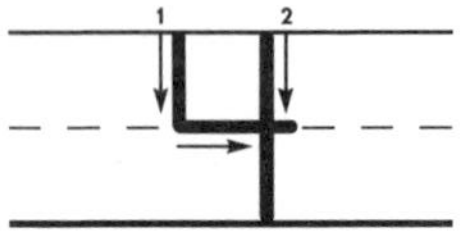

1. Pull down straight. Slide right. Lift.
2. Pull down straight.

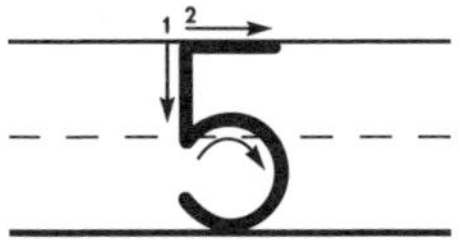

1. Pull down straight. Circle forward. Lift.
2. Slide right.

1. Curve down. Curve up and around.

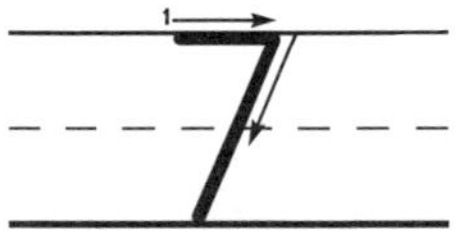

1. Slide right. Slant left.

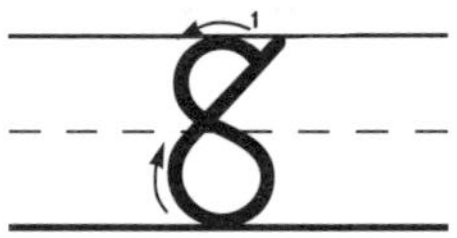

1. Curve back; curve forward. Slant up.

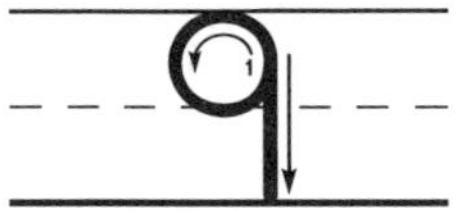

1. Circle back all the way around. Pull down straight.

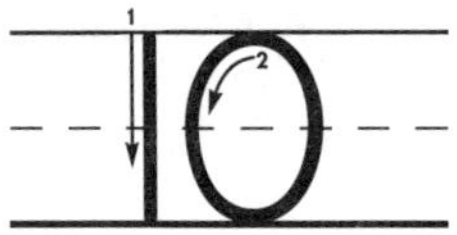

1. Pull down straight. Lift.
2. Curve down; curve up.

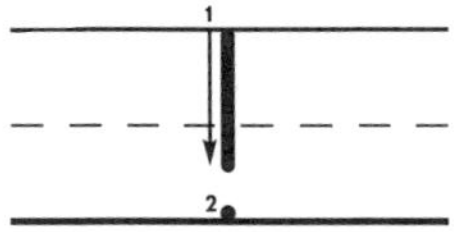

1. Pull down straight. Lift.
2. Dot.

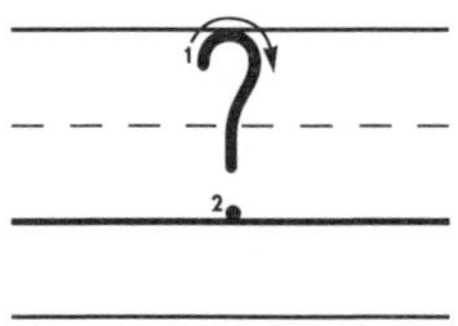

1. Curve forward; pull down straight. Lift.
2. Dot.